延安时期红十字运动研究

延安市红十字会　红十字运动研究中心　编

宋双印　池子华　主编

合肥工業大學出版社

图书在版编目(CIP)数据

延安时期红十字运动研究/宋双印,池子华主编.—合肥:合肥工业大学出版社,2019.12

(红十字文化丛书)

ISBN 978-7-5650-4819-7

Ⅰ.①延… Ⅱ.①宋…②池… Ⅲ.①红十字会—史料—延安—1935-1948 Ⅳ.①D632.1

中国版本图书馆 CIP 数据核字(2019)第 284496 号

延安时期红十字运动研究

宋双印　池子华　主编

责任编辑	章　建　张　燕
出版发行	合肥工业大学出版社
地　　址	(230009)合肥市屯溪路 193 号
网　　址	www. hfutpress. com. cn
电　　话	总　编　室:0551-62903038 市场营销中心:0551-62903198
开　　本	710 毫米×1010 毫米　1/16
印　　张	16.25
字　　数	277 千字
版　　次	2019 年 12 月第 1 版
印　　次	2019 年 12 月第 1 次印刷
印　　刷	安徽昶颉包装印务有限责任公司
书　　号	ISBN 978-7-5650-4819-7
定　　价	48.00 元

《红十字文化丛书》编辑委员会

《延安时期红十字运动研究》编辑委员会

总　　序

150 年前，高举人道主义旗帜，旨在促进人类持久和平的红十字运动在欧洲兴起并迅速走向世界。一百多年来，红十字会为世界和平与发展做出的巨大贡献有目共睹，因而日益受到世界各国、各地区的欢迎，已发展成为与联合国、奥委会并称的世界三大国际组织之一。究其原因，乃其所奉行的七项基本原则——也是红十字文化的内核——涵盖了世界上各种不同文化的共同点，能为文化和制度不同的国家所接受，故而具有强大的生命力。

100 年前，红十字运动东渐登陆中国。在其中国化的发展过程中，红十字会不断吸取中国传统文化的精髓，茁壮成长，逐步形成了“人道、博爱、奉献”的文化内涵，并成为中华文化的瑰宝之一。

百余年来，红十字运动在波澜壮阔的实践中积累了丰富的经验，也留下了许多教训。经验与教训需要上升为理论；也只有理论才能更好地指导红十字事业持续、健康发展。学界、业界对此都进行了持续的关注。

2005 年 12 月 7 日，苏州大学社会学院与苏州市红十字会携手合作，成立全国首家红十字运动研究中心，旨在通过学界和业界的联合，推动和加强红十字运动的理论研究，探究红十字运动中国化的过程与特色，凝练红十字文化价值，探求红十字运动在构建国家软实力和促进中华民族伟大复兴中的地位与作用。同年 12 月 9 日，中国红十字会总会也提出，“确定一批研究课题，组织专家学者开展对国际红十字运动及中国红十字运动的深入研究”[①]。由此，学界、业界共同开展了对红十字运动的学术研究与理论探讨。

多年来，红十字运动研究中心除通过专业网站（http://www.hszyj.net）发布和交流学界、业界动态外，已出版研究成果数十

① 中国红十字会总会：《关于加强和改进宣传工作的意见》，红总字［2005］19 号。

部；帮助一些地方红十字会建立与高校的合作，搭建平台，共同开展研究；举办了首届红十字运动与慈善文化国际学术研讨会；培养了一批专门研究红十字运动的生力军；积累了大量的学术资料。中心主要研究人员还借助在各地讲学的机会，传播重视红十字运动研究的理念。正是在红十字运动研究中心的引领之下，红十字运动研究在中华大地上呈现出生机勃勃的发展态势，并取得了丰硕的成果，“新红学”[①] 呼之欲出。仅以2011 年为例，各地以纪念辛亥革命一百周年为契机，纷纷整理、编辑出版了地方红会百年史；有的红会还与高校合作组建相关研究中心，等等，[②] 通过这些方式，有力地推动了红十字运动研究向更深更广的方向发展。

当今世界正处于大发展大变革大调整时期，多极化、经济全球化深入发展，科学技术日新月异，各种思想文化交流交融交锋更加频繁，文化在综合国力竞争中的地位和作用更加凸显。2011 年 10 月 18 日，党的十七届六中全会通过的《中共中央关于深化文化体制改革推动社会主义文化大发展大繁荣若干重大问题的决定》，提出要推动社会主义文化大发展大繁荣。11 月 7 日，教育部发布了《高等学校哲学社会科学繁荣计划（2011—2020 年）》，强调要大力提升高等学校人才培养、科学研究、社会服务、文化传承创新的能力和水平。12 月 7 日，全国人大常委会副委员长、中国红十字会会长华建敏在中国红十字会九届三次理事会上提出，“要深化理论研究，充分挖掘红十字文化内涵，推进红十字文化中国化，广泛传播人道理念，在全社会推动形成良好的道德风尚。”[③] 红十字“文化工程”已然成为红十字会总体建设目标之一[④]。进一步加强与拓展红十字运动理论研究，尤其是对红十字文化中国化的研究，已成为历史与现实的呼唤。

有鉴于此，红十字运动研究中心继续发挥高等学校与业界合作的优势，汇聚研究队伍，科学选题，出版一套《红十字文化丛书》，弘扬有

① 在2009 年4 月于苏州大学召开的“红十字运动与慈善文化”国际学术研讨会上，红十字运动研究中心主任、江苏红十字运动研究基地负责人、苏州大学教授池子华指出，经过一百多年波澜壮阔的实践发展和学术界呕心沥血的开拓性研究，在人文社科领域构建一门“新红学”——红十字学，条件已经具备，时机已经成熟。见池子华：《创建“红十字学”刍议》，《中国红十字报》2009 年4 月17 日。

② 池子华、郝如一：《2011 年红十字理论研究之回顾》，《中国红十字报》2012 年1 月3 日。

③ 《中国红十字会九届三次理事会召开》，《中国红十字报》2011 年12 月9 日。

④ 池子华：《“文化工程”应成为红十字会总体建设目标之一》，《中国红十字报》2009 年12 月11 日。

利于国家富强、民族振兴、人民幸福、社会和谐的思想和精神，凸显红十字文化在中国文化园地中的地位，使红十字文化在神州大地上更加枝繁叶茂，促进中国红十字事业可持续发展，推动红十字文化的国际交流。

《红十字文化丛书》的出版，得到了中国红十字基金会、江苏省红十字会、苏州大学社会学院、上海市嘉定区红十字会、浙江省嘉兴市红十字会、江苏省盐城市盐都区红十字会、陕西省延安市红十字会等单位的鼎力支持，也得到红十字国际委员会东亚代表处及中国红十字会总会的关心和指导，在此谨致衷心感谢。

池子华

2012 年 6 月于苏州大学

前　言

延安时期是指中共中央在陕北的13年，即从1935年10月19日中共中央随中央红军长征到达陕北吴起镇（今吴起县）起，至1948年3月23日毛泽东、周恩来、任弼时在陕北吴堡县东渡黄河，迎接革命胜利曙光的这近13年时间。延安和陕甘宁边区成为中国人民抗日战争的领导中心、解放战争的总后方、万众瞩目的革命圣地。其间，中国红十字会救护总队部派出多支救护医疗队以及国际援华医疗组织来到延安，在陕甘宁边区开展医疗救护工作，留下了闪光的足迹，建立了不朽的历史功勋。对延安时期以延安地区为中心的陕甘宁边区的红十字运动进行系统研究，对于明确陕西及延安红十字运动在中国红十字运动史上的地位具有重要意义；同时，对于填补学术研究空白，丰富延安红十字文化展馆——中国红十字会文化传播教育基地——的内涵，拓展红十字运动研究的领域，也具有不可忽视的价值。因此，由延安市红十字会与红十字运动研究中心合作完成的、呈现在读者面前的这本《延安时期红十字运动研究》，就是有关这一课题研究的最新成果。

延安时期的红十字运动具有鲜明的“外源性”特点，据此，本书分为三编架构起全面抗战8年中延安红十字运动研究的框架系统：上编论述了在全面抗战爆发初期，中国红十字会救护总队派往延安地区的医疗队、医护队所进行的医疗援助工作；中编论述了抗战期间前往延安的外籍医疗专家和团体，尽管这些专家和团体前往延安的动因各不相同，但他们都在红十字精神的感召下向延安伸出了援手；下编考察了艾格尼斯·史沫特莱、宋庆龄这两位杰出女性为延安争取人道援助所做出的巨大努力，而延安日本工农学校的创建，亦体现了中国共产党对人道主义的坚守，成为延安红十字运动不可分割的一部分。当然，根据书中所叙述内容的需要，以及保证行文的完整性和规范性，本书的论述时间范围有一些超出了延安时期的 13 年，论述地区范围也有一些在延安及陕甘宁边区之外，特此说明。

本书是集体合作的结晶，初稿由王帅、池子华撰写，宋双印、池子华修改定稿。在此过程中，无论是延安市红十字会工作人员，还是红十字运动研究中心的博士生、硕士生，都在资料搜集等方面给予了协助、配合，谨此致谢。但因资料有限，本书还存在诸多不尽如人意之处，欢迎读者批评指正。

目　　录

中篇　红十字的召唤：活跃在延安的外籍医生和医疗团体

下篇　人道的光辉：国际援助的路径和延安的人道关怀

绪　　论

150 多年前，高举人道主义旗帜、旨在促进人类持久和平的红十字运动在欧洲兴起并迅速走向世界。至今，国际红十字组织已发展成与联合国、国际奥委会并称的世界三大国际组织之一。

中国红十字会是国际红十字运动大家庭的成员之一。1904 年，为救助日俄战争中的东北难民，中国红十字会应运而生。之后，中国红十字运动逐渐发展起来，并在抗日战争中发挥了巨大作用。也正是在抗战时期，延安地区红十字运动蓬勃开展，引人瞩目。

一、本课题的价值

本课题的学术价值主要体现在以下两个方面：

首先，本课题弥补了中国红十字运动研究在抗战敌后战场这一领域的不足。中国红十字会自 1904 年诞生以来，在百余年时间里，历经了晚清、中华民国、中华人民共和国三个历史时期。全面抗战时期，国际红十字运动和中国红十字会救护总队在延安及其他敌后抗日根据地开展的人道主义救护工作十分活跃。中国红十字会救护总队先后派出多支医疗救护队奔赴延安开展战地救护工作；国际红十字志愿者，如马海德、白求恩以及印度援华医疗队等，秉持人道主义精神远道而来，为陕甘宁边区的医疗卫生事业发展和中国人民的抗日战争都做出了重要贡献。中国共产党在延安乃至整个敌后根据地所施行的人道主义方针和实践，更是为中国和国际红十字运动做出了独特的贡献，为国际红十字文化增添了中国色彩。如果能够厘清抗日战争时期中国红十字会救护总队以及国际红十字志愿者在敌后战场开展的人道行动，那么对于丰富中国红十字运动研究的内容，拓展红十字运动研究的领域，特别是敌后战场的红十字运动研究无疑具有重要的意义。

其次，本课题拓宽了对于抗日战争研究的领域。抗日战争之所以能取得胜利，最主要的原因是国共两党建立了抗日民族统一战线，正面战场、敌后战场相互配合，使日本侵略者深陷于人民战争的汪洋大海。其中，中国共产党领导的敌后战场在抗战中发挥了中流砥柱的作用，但学术界对于抗战时期敌后战场的研究多着眼于根据地政权建设、经济生产、延安整风等领域，而对抗战时期延安地区红十字运动的研究则涉及不多。因此，深入研究红十字运动在延安地区的发展历史，可以弥补相关研究的不足，拓宽抗日战争史研究的领域。

本课题的研究同样具有重要的现实意义。

当前，随着我国经济社会的快速发展，中国红十字会在构建社会主义和谐社会中的作用日益凸显。中国红十字会总会确立了“十三五”期间将重点建设上海、贵州图云关、辽宁营口、陕西延安 4 个红十字文化传播教育基地，以弘扬红十字精神，传播红十字文化。上海是中国红十字运动的发源地，图云关是中国红十字会救护总队部的大本营，营口是红十字会战地救护起源地和中国红十字会第一个分会所在地，而延安则是中国红十字会敌后抗战的救护中心。因此，深化延安时期红十字运动研究，有助于红十字文化传播教育基地的建设，因而具有突出的史鉴价值。

延安是闻名中外的革命圣地，延安时期的红十字运动历史是那段革命历史的特殊组成部分。国际红十字组织和中国红十字会一贯秉承人道主义精神，在战地救护、组织国际红十字志愿者支持中国抗战的同时，对当时缺医少药的陕甘宁边区和中国共产党领导的广大敌后抗日根据地也提供了极大的帮助，而中国共产党对国际红十字运动也做出了具有延安特色的贡献。

加强延安时期的红十字运动研究，还可以在一定程度上发挥延安作为红十字文化传播教育基地在传播红十字文化方面的“窗口”作用。众所周知，2011 年“网络风波”之后，“红十字会的知晓率飙升，但认知率却很低，换句话说，知道红十字会的人多，真正了解红十字会的人却很少，而且由于舆论风波的负面影响，使得很多人对红十字会存有偏见误解，使红十字会公信力受挫。如何重建公信力，文化传播是关键。设立红十字文化传播教育基地，正在于通过这一载体，告诉人们一个真实的红十字会，从而使人们认识、认知、认同红十字事业，为红十字事业发展营造良好的社会环境”[①]。而且，“人道、博爱、奉献”是红十字文

① 池子华：《红十字文化传播教育基地建设漫谈》，《中国红十字报》2017 年 12 月 29 日。

化的精神内核，“人道是信仰，博爱是情感，奉献是行动；人道是价值观，博爱是指导原则，奉献是行为方式；人道是基础，博爱是桥梁，是人道的延伸，奉献是博爱的结果；人道代表对生命的尊重，博爱代表生命的平等，奉献是对生命的救助；人道是呼唤爱，博爱是歌颂爱，奉献是践行爱”①。不言而喻，传播红十字文化，弘扬红十字精神，对于提振红十字会的公信力至关重要，这其中加强红十字运动的理论研究就显得刻不容缓。

综上所述，本课题的研究具有一定的理论价值和现实意义。

二、学术史回顾

红十字会作为一个国际性组织，在世界范围内广受关注。但学界对延安时期红十字运动的研究却十分薄弱，无论是在国内还是在国外公开发表的研究成果中，专门以研究抗日战争时期包括延安地区在内的敌后红十字运动为主题的成果不多，即便有所涉及，基本上都是作为个别研究主题的“副产品”出现的，且常常只是史料的考证和史实的叙述，缺少理论上的分析与研究。不过，这些论著都或多或少地介绍了延安时期中国红十字会救护总队派出的医疗队和国际红十字援华志愿者在延安地区开展救护活动的部分史实，为进一步深化研究提供了一个良好的起点。目前，学术界对此的研究成果主要涉及三个方面。

第一，研究延安时期的红十字会。这一时期，在延安等地区开展救护活动的主要是中国红十字会救护总队。戴斌武、池子华在其论文中提到，“中国红十字会作为全国最大的慈善团体，其与一般慈善机构最大的区别，便是它有战地救护的内容。在抗战初期，中国红十字会充分利用其组织功能，动员社会医疗救护力量，组建救护队、医院、伤兵分发站及南京伤兵医院，积极参与华北战场、淞沪战场及南京保卫战的战地救护工作”②。戴斌武所著的《抗战时期中国红十字会救护总队研究》，是目前学术界研究救护总队比较全面的学术专著，其对抗战时期救护总队的组建、变迁、开展的救护工作等都进行了系统研究③；在戴斌武的

① 杨方方：《红十字文化特征探析》，《中国红十字报》2017 年 10 月 31 日。

② 戴斌武、池子华：《抗战初期中国红十字会战地救护工作论述》，《历史教学》2010 年第 18 期。

③ 戴斌武：《抗战时期中国红十字会救护总队研究》，天津古籍出版社 2011 年版。

另一部著作《中国红十字会救护总队与抗战救护研究》中，介绍了救护总队向西北地区派出第一中队的有关情况，其中第一中队所辖第23医疗队更是作为红会的先锋前往延安的八路军后方医院开展了救护工作①。在孙柏秋主编，池子华、杨国堂等著的《百年红十字》中，也有关于敌后战场红十字会的相关论述，该书第四章对于救护总队派往陕北的第23医疗队，以及对于支援中国抗战的国际援华医疗队和国际友人在延安及敌后抗日根据地的救护活动做了较为详细的描述②。同时，池子华的论文《抗战初期中国红十字会的战地救护》和《1937年中国红十字会淞沪抗战救护简论》，对抗战初期中国红十字会的战地救护进行了论述③。

在八路军建立的抗日根据地，邓红和郑立柱认为，侵华日军推行细菌战、毒气战是根据地疫病严重的重要原因，并且日军的"三光"和"扫荡"政策严重恶化了边区的卫生状况，加之战争年代军民生活水平普遍低下，营养不良，这就使得边区面临严重的卫生防疫工作任务④。但是，通过红十字医疗队和国际援华红十字志愿者的帮助，根据地的卫生防疫工作有了很大进展，王元周在其论文中指出："1943年以后各根据地普遍强调群众医疗卫生工作的重要性，初步建立了各级医疗卫生机构，提倡中西医合作，组织中医，建立医疗合作社，开展清洁卫生运动，在疫病流行时组织医疗队进行救治，取得了一定的效果。"⑤

第二，关于抗战时期国际援华医疗队和国际友人的相关论述。抗战时期关于国际友人的研究，重点是史沫特莱的研究。1928年底，史沫特莱以德国《法兰克福报》特派记者的身份来到中国，她对中国底层民众的命运满怀关切，对中国革命者的遭遇充满同情。她与宋庆龄、鲁迅、茅盾等人结下了深厚的友谊，与中国革命事业的关系日益密切。1937年初，史沫特莱抵达延安，全面抗战爆发后，她在毛泽东、朱德等领导

① 详见戴斌武：《中国红十字会救护总队与抗战救护研究》，合肥工业大学出版社2012年版，第158—165页。

② 详见孙柏秋主编，池子华、杨国堂等著：《百年红十字》，安徽人民出版社2003年版，第168—192页。

③ 池子华：《抗战初期中国红十字会的战地救护》，《江海学刊》2003年第4期；池子华：《1937年中国红十字会淞沪抗战救护简论》，《徐州师范大学学报》（哲学社会科学版）2003年第4期。

④ 邓红、郑立柱：《抗战时期晋察冀边区疫病及其防治》，《河北大学学报》（哲学社会科学版）2004年第4期。

⑤ 王元周：《抗战时期根据地的疫病流行与群众医疗卫生工作的开展》，《抗日战争研究》2009年第1期。

下，为“报道抗日战争”而积极工作。10 月，史沫特莱来到了位于五台山的八路军总部，为战地救护工作奔走呼号。1938 年 1 月，为了“发挥更大的作用”，史沫特莱到了汉口，以英国《曼彻斯特卫报》记者和中国红十字会工作人员的身份，一面救护伤员和难民，一面报道中国抗战，积极向世界舆论呼吁给予中国以人道救援。

赵红和张思文对 2000 年以来学术界关于史沫特莱的研究进行了概括和总结："2000 年以来国内外学者对史沫特莱的研究主要集中在史沫特莱与延安经历；史沫特莱的女权主义；史沫特莱与左翼作家；史沫特莱与西安事变等方面。总体上看，对史沫特莱的叙述性研究成果较多，考证性研究成果不足。比如对史沫特莱性格与命运之间关系的剖析、支持印度民族运动与支持中国抗战事业之间的关系等探讨相对较少。完善史沫特莱各方面的研究，有利于我们更加客观地了解她对中国抗日战争的贡献和浓郁的中国革命情结。"①

另外，史沫特莱作为红会人员对新四军的医疗卫生条件改善也做出了一定的贡献。在新四军成立后，史沫特莱推动中国红十字会救护总队援助新四军，还亲自从救护总队运送药品到新四军军部，并推动救护总队向新四军派出了两支医疗队；宣传新四军的医疗卫生工作，对新四军伤兵救护的报道是史沫特莱在华中抗日根据地时期关注的重点，而且史沫特莱还亲自参加新四军的伤兵救护工作。总之，史沫特莱不畏艰险为新四军募集医药，不仅缓解了新四军的医药压力，而且鼓舞了新四军伤兵的士气，也使她赢得了“中国伤兵之母”的美誉②。

抗战爆发后，国际社会对中国人民的抗战深表同情。其中，印度国大党领袖尼赫鲁为支援中国人民持久抗战，组织了医疗队来华进行战地救护，以帮助改善中国抗战前线的医疗卫生状况。尚劝余在其论文中提到，“1937 年底，尼赫鲁就开始计划组织援华医疗队。1938 年 5 月，在尼赫鲁的建议下，国大党工作委员会在其孟买会议上做出决定，派遣一支援华医疗队，帮助抗战之中的中国人民。1938 年 9 月，一支由 5 位医生组成的印度援华医疗队在马丹·爱德尔博士（Ramadan Atal）的带领下，来到中国，辗转到达延安，在抗日根据地工作”③。

---

① 赵红、张思文：《21 世纪以来艾格尼丝·史沫特莱研究述评》，《延安大学学报》（社会科学版）2016 年第 4 期。

② 任中义：《试论史沫特莱对新四军医疗卫生工作的历史贡献》，《延安大学学报》（社会科学版）2016 年第 4 期。

③ 尚劝余：《尼赫鲁对中国抗战的贡献》，《抗日战争研究》2007 年第 1 期。

抗日战争期间，支援中国抗战的国际医疗队还有很多，李洪河、李乾坤在《抗战时期国际社会对华医疗援助探析》一文中，全面介绍了抗战时期前往我国的国际红十字志愿者，为我们了解抗战时期的国际援助提供了宝贵资料。“比印度援华医疗队还早一点到达中国的是加美流动医疗队。1938 年 1 月，在以纽约为基地的‘中国援助基金会’和宋庆龄筹办的‘保卫中国同盟’的帮助下，加拿大和美国共产党派遣了一支由加拿大著名外科医生诺尔曼·白求恩任队长，美国医生帕尔斯和加拿大护士琼·尤恩为队员的加美流动医疗队，携带一批医疗器材，到达中国……1939 年至 1940 年年初，另有一支由 16 个欧洲国家的医生所组成的‘国际援华医疗队’分批来到中国。该医疗队后经重庆，乘汽车翻越娄山关，渡过乌江，最后到达贵阳图云关。因其分属不同的国籍，又都来自地中海西岸的西班牙，参加过反佛朗哥政权的西班牙战争，且将西班牙语作为其间通用的交流语言，因此被统称为西班牙医生”[①]。

第三，关于中国共产党在抗战时期的俘虏政策及其所创办的日本工农学校的研究。王玉贵认为，我党在抗战时期对待日军俘虏的政策经历了从不杀俘虏并优待俘虏，对受伤俘虏进行治疗；到宣传我军思想之后的释放政策，并对愿意归国的俘虏发给路费；最后到用人道的精神改造俘虏[②]。焦彦芹在其论文中提到，当时到达延安的日本战俘大体可以分为 3 个类型：第一类是极其顽固者，这些人往往不听劝告且在言语上经常反驳八路军，他们认为日本一定会在战争中获胜，不相信在战时日本国内人民生活困苦；第二类人往往沉默寡言，患有思乡病；第三类人逐渐习惯了八路军的生活，被俘时的悲观情绪已经消失，并且感到前途光明。所以，根据不同战俘的特殊情况，学校将学员分为 A、B、C 共 3 个组进行有针对性的教育[③]。共产党领导的八路军用人道主义精神积极改造俘虏，这些日本俘虏不仅在生活上享有种种优待，而且在政治上还可以参与陕甘宁边区政府参议员的竞选，这就使得延安日本工农学校中学员的物质生活和精神生活都十分丰富[④]。

最后，要说明的是，本课题的研究对象主要是全面抗战时期延安的红十字运动，主要侧重点包括：中国红十字会救护总队向延安地区所派

① 李洪河、李乾坤：《抗战时期国际社会对华医疗援助探析》，《中州学刊》2015 年第 10 期。

② 王玉贵：《论中国共产党的战俘改造工作》，《江苏社会科学》2008 年第 5 期。

③ 焦彦芹：《野坂参三与日本工农学校》，《日本问题研究》1998 年第 3 期。

④ 赵安博：《抗日战争时期延安日本工农学校》，《历史教学》1985 年第 3 期。

遣的医疗队、医护队以及防疫队；同期，外国为支援中国人民抗战所派出的国际援华医疗队，以及以个人名义前往延安的国际志愿者；中国共产党在人道主义的旗帜下创办的日本工农学校，改造日本战俘成为反法西斯战士，以及宋庆龄领导的“保卫中国同盟”（本书以下简称“保盟”）对延安的援助等。因为无论是医疗救护队的队员，还是前往延安的外籍医生和医疗队，抑或是宋庆龄领导的“保盟”，在他们身上都体现了“人道、奉献、博爱”的红十字精神，都是延安时期红十字运动的有机组成部分。

在时间上，本课题主要研究全面抗战时期中国红十字会与延安及敌后抗日根据地的联系及关系。但由于历史事件的发生及其影响并不局限于全面抗战的8年时间，因此本课题在研究的时间跨度上包括1937年之前和1945年之后。

在空间上，以延安地区为中心，但由于中国红十字会医疗队跟随八路军深入敌后战场开展救护工作，因此在空间上就不仅仅是陕北这一处地方，而是依据各医疗队、救护队的足迹包括陕甘宁、晋察冀和晋西北等抗日根据地，地域上则涉及陕西、山西、河北等地①。

三、研究方法与基本框架

关于历史研究的原则和方法，刘大年曾说过：“抗日战争研究是科学研究，科学研究的头一条就是在于遵守事实，保持客观性。”② 章开沅在为《清末邮传部研究》一书所作的序中指出：“我只想借此机会再次强调：实证研究应是史学研究的基础。”③ 茅海建在其《戊戌变法史事考》“自序”中也强调史学实证方法的重要性，认为“在不可靠的‘史实’上，现在正运行着大量的推导、演绎、归纳也只能是不可靠的，学术发展到今天，我们的手中已经不缺乏结论，相反的是，我们的思考却为各种各样相互抵牾的结论所累。其中一个大的原因，即为各自所握的

---

① 例如，八路军为山西敌后游击战的重要力量，主要着力于分散发动群众、建立根据地等工作。同时，中共北方局在太原失陷后派薄一波对阎锡山做统战工作，加入并改组“牺牲救国同盟会”，并协助其建立以山西抗敌决死队为骨干的武装，称“山西新军”。详见王建朗、曾景忠：《中国近代通史》第9卷，江苏人民出版社2005年版。

② 刘大年：《抗日战争时代》，中央文献出版社1996年版，第3页。

③ 章开沅：《序言一》，参见苏全有：《清末邮传部研究》，中华书局2005年版。

‘史实’皆不可靠。因此，到了21世纪，我个人认为，在我们这一专业中，最重要的工作似为‘史实重建’”①。

上述3位学者都强调，历史研究必须建立在掌握大量的、充分的史料基础之上。基于此，本课题秉承历史学实证方法，以大量档案、报刊及历史文献等原始资料为依据，注重对资料进行细致分析。目前，学术界还没有系统研究延安时期红十字运动的学术成果，并且诸多史料散布于不同资料中，所以，本课题重在爬梳史料，钩沉历史，同时尽量借鉴不同学科的理论和方法，对这一论题进行多层次、多角度的分析。

本课题的主要研究对象为全面抗战时期延安地区的红十字运动，所涉及的内容不仅包括中国红十字会救护总队部先后派往延安地区的医疗队和医护队，同时也包括中共方面对中国红十字会医疗援助的争取和在人道主义、国际主义的强烈感召下前往延安的外籍医疗专家，以及像史沫特莱、宋庆龄等这样在延安与中国红十字会之间牵线搭桥的重要人物。有鉴于此，本课题分为三编，架构起对研究主题的框架系统：上编论述了在全面抗战爆发初期，中国红十字会救护总队派往延安地区的医疗队和医护队；中编论述抗战期间前往延安的外籍医疗专家和团体，尽管这些专家前往延安的缘由各不相同，但其身上所体现的“人道”和“奉献”精神，与红十字精神不谋而合，并且这些经验丰富的医生们的到来，为延安完善其医疗体系带来巨大帮助；下编选取艾格尼斯·史沫特莱与宋庆龄，详细论述这两位杰出女性为延安争取人道援助所做出的巨大努力，而同时延安日本工农学校的创建，则体现了中国共产党对人道主义的坚守，这也是延安红十字运动不可分割的一部分。

① 茅海建：《戊戌变法史事考·自序》，生活·读书·新知三联书店2004年版。

上篇

博爱恤兵：

中国红十字会救护总队对延安的医疗援助

第一章　全面抗战与中国红十字会救护总队部的组建

当全面抗战开始后，中国红十字会调整了原有的、依托大型医院进行战地救护的工作策略，改为编遣灵活的医疗队、医护队派往各大战区，随战线的变动实时开展战地救护。中国红十字会救护总队曾先后派遣数支医疗队和医护队前往延安地区，为在敌后坚持抗战的八路军送去医疗援助。医疗队和医护队中的成员大都是具有丰富临床经验的医师，他们的到来为改善延安的医疗状况做出了突出贡献。同时，在位于贵阳图云关的救护总队内部，中共秘密党组织——红会总支委员会，在争取药品和医疗队前往延安的过程中也功不可没。

第一节　全面抗战爆发前红十字运动在中国的发展

红十字会是一个国际性的组织，源于1863年在瑞士成立的伤兵救护国际委员会[①]，“博爱恤兵”是其一贯宗旨。红十字会虽然诞生于1863年，但是早在之前的几百年甚至上古时代，战场上受伤的士兵也会受到不同程度的照顾。例如，中世纪时在日本和瑞士，18世纪时在奥、

① 关于红十字诞生日问题，国际上尚未有统一认识。分歧有三：一种观点认为是1863年2月9日，即红十字国际委员会的前身伤兵救护国际委员会诞生日。一种观点认为是1864年8月22日，即日内瓦公约签订日。还有一种观点认为它不是一个单一的日期，而是一个历时22个月的阶段，即从1862年11月杜南《索尔费里诺回忆录》一书出版，书中提出两条建议时起，直至1864年8月第一个日内瓦公约的签订，才标志着红十字运动的成熟；因为红十字的孕育和诞生经历了一系列的重要事件，这些事件相互关联，因此很难将其中一个事件的发生确定为红十字的诞生日。不过，目前大多数人都倾向于第一种观点。参见尤德新编著：《闪光的红十字》，湖北科学技术出版社1992年版，第4页。

法、英等国间，都曾签订过不得迫害伤兵的人道协定[①]。

1859 年 6 月 24 日，奥地利军队与法国-撒丁联军激战于意大利北部小镇索尔费里诺，途经此地的亨利·杜南目睹了上万伤兵无人救助、哀鸿遍野的惨状，遂号召当地居民同他一起对伤兵进行不分国籍的救助。杜南返回瑞士后，把这次经历写成《索尔费里诺回忆录》，在书中他呼吁各国自发成立民间的人道组织，对伤兵进行救助。当时的日内瓦公益协会主席莫瓦尼埃与杜南的想法一致，遂决定成立一个由 5 人组成的伤兵救护国际委员会（史称“五人委员会”，即红十字国际委员会的前身）。1864 年 8 月 8 日至 22 日，由瑞士联邦委员会和法国政府共同发起，在日内瓦召开有瑞士、比利时、丹麦、西班牙、荷兰、意大利、葡萄牙、法国、美国、英国、瑞典、撒克逊 12 国全权代表参加的外交会议（另有日耳曼 4 个邦国——巴顿、海西、普鲁士、乌登堡的代表出席），通过了“五人委员会”起草的 10 条公约文本，定名为《1864 年 8 月 22 日改善战地陆军伤者境遇之日内瓦公约》。为了表示对瑞士的敬意，会议选择了与瑞士国旗颜色颠倒的白底红十字符号，作为救助与保护的标志，交战国对于红十字都不得伤害[②]。这就是红十字标志的由来。

亨利·杜南

历史往往有惊人的相似之处。国际红十字的诞生得益于战争的强力推动，那场战争就是众所周知的索尔费里诺之战。中国红十字会的诞生，同样得益于战争的强力推动，这场战争就是发生在中国领土上的日俄战争。

近代史上，日本、俄国都是掠夺中国、将近代中国一步步推向半殖民地深渊的元凶。俄国曾通过逼签《瑷珲条约》《北京条约》《勘分西北界约记》等不平等条约，将中国北方 150 余万平方公里的领土划入俄国版图；日本则通过《马关条约》攫得两亿两的战争赔款，以及对台湾岛及其附属各岛屿、澎湖列岛等地的殖民统治。但欲壑难填，沙俄有“黄俄罗斯计划”，日本制定了“大陆政策”，双方均想独占东

① 《红十字会》，《青年文会》1939 年第 13 期。
② 参见《红十字会的来源》，《时兆月报》1939 年第 6 期。

北，进而扩张殖民统治的“势力范围”。为此，日俄两国明争暗斗，剑拔弩张。1904 年 2 月 8 日，日军突袭旅顺港，日俄战争爆发。但可悲的是，懦弱无能的清政府不能阻止战火在自己国土上燃烧，竟将辽东划为交战区，宣布“局外中立”。

日俄战争中的东北难民

为救助东北难民，在上海绅商沈敦和、英国传教士李提摩太的奔走联络下，1904 年 3 月 10 日，中、英、法、德、美 5 国代表会集于上海英租界公共工部局，发起成立上海万国（“国际”之意）红十字会。这也同时标志着中国红十字会的诞生。

沈敦和

李提摩太

中国红十字会成立后，积极投身日俄战争、辛亥革命等战地救护工作，取得了突出的成绩。特别是经过1912年的改组后，中国红十字会成为具有全国统一性的人道救助团体，广泛开展了战地救护、灾难救济、医药服务及各种社会服务活动，受到社会各界的普遍赞誉。

1931年9月18日，日本关东军炸毁沈阳北郊柳条湖附近的一段铁路，并以此为借口向东北军沈阳北大营发动进攻，拉开了蓄谋已久的侵华战争的序幕。从此，中国军民开始了长达14年的艰苦抗战。“九一八”事变发生后，中国红十字会拟派遣救护队前往救护，但是因为山海关交通阻隔，未能即时出发。不久，“一·二八”事变爆发，中国红十字会迅速在上海组织救护队，开展战事救护，直至签订《上海停战协定》。在这期间，中国红十字会共救助伤兵8600余名、伤民100余名，收容难民53100人，共用款项283000元①。

1933年1月，山海关失守，华北烽烟再起。有鉴于此，时任国民政府卫生署署长的刘瑞恒与中国红十字会理事长王培元、中华医学会上海地方协会代表颜福庆，会商各慈善团体，依旧沿用红十字会的名义，改组中国红十字会华北救护委员会。在华北实际作战的11个星期中，华北救护委员会“以医师八十五人，护士三十一人，高级医学生四十九人，治疗喜峰口以西各路一万二千伤兵中之七千六百零五人，以汽车运送以上七千余人，往返里数共行九万五千余里”②。

中国红十字会早期使用的救护车

① 胡兰生：《中华民国红十字会历史与工作概述》，《红十字月刊》1947年第18期。

② 《中国红十字会华北救护委员会报告》（1933年），参见池子华、丁泽丽主编：《中国红十字运动史料选编（第五辑）》，合肥工业大学出版社2016年版，第14页。

经历了1932年上海淞沪抗战和1933年华北长城抗战两次战地救护的洗礼，中国红十字会取得的成就令人瞩目，但同时也存在医药救援材料短缺、平时救护力量缺乏训练、战时无法第一时间组织救援等缺陷。有鉴于此，1934年9月24日至28日，中国红十字会在上海召开直辖内政部后第一次全国会员代表大会，旨在强化组织建设，而“应对即将面临的民族自卫战争救护的迫切需要，组织动员社会资源，把工作重点转移到抗战救护的轨道上来，是中国红十字会改变工作方向的根本原因”①。1936年初，中国红十字会为适应未来全面抗战的需要，决定先成立设计、救护、经济等3个委员会，作为发展业务的机构②，随后正式成立了中国红十字会总会救护委员会。救护委员会成立以后，立即进行抗战救护的全面准备工作，主要有：统计医务人才；设班训练学员；检阅学员操演；储备药品材料；运输医械药品等③。正因为总会救护委员会的及时成立以及在相当一段时间里所做的准备，使得中国红十字会在全面抗战初期的战地救护中扮演了十分重要的角色。

第二节　全面抗战初期中国红十字会的战地救护

全面抗战初期的中国红十字会，在从事战地救护方面经历了华北战场救护、淞沪战场救护以及南京保卫战中组建南京伤病医院等工作。这是中国红十字会救护总队部“转型”救护方式的“序曲”。

1937年7月7日，驻卢沟桥地区的日军借口演习中一名士兵失踪，炮击宛平城，史称“卢沟桥事变”（亦称“七七事变”）。中国军队宋哲元所部29军奋起反击，由此揭开了长达8年的全面抗战的序幕。

卢沟桥事变后，中国共产党立刻发表《中共中央为日军进攻卢沟桥通电》，指出：“日本帝国主义武力侵占平津与华北的危险，已经放在每一个中国人面前”，“全中国的同胞们！平津危急！华北危急！中华民族危急！只有全民族实行抗战，才是我们的出路！”并且号召“全中国同

① 参见戴斌武：《抗战时期中国红十字会救护总队研究》，天津古籍出版社2011年版，第68页。

② 《总会近讯》，《中国红十字会月刊》1936年第12期。

③ 参见戴斌武：《抗战时期中国红十字会救护总队研究》，天津古籍出版社2011年版，第70—74页。

卢沟桥事变

胞，政府，与军队，团结起来，筑成民族统一战线的坚固长城，抵抗日寇的侵掠！”①

中国红十字会作为全国规模最大的人道救助组织，战地救护是其题中应有之意。当华北抗战开始之后，中国红十字会华北分会立刻组织动员，以北平协和医院及山东齐鲁大学医科学生为基本人员，第一时间投入对伤员的救助，尤其是进行了大量的外科手术②。国民政府卫生署长刘瑞恒为了筹商华北战地的救护工作，于7月22日与上海各界领袖晤谈，决定上海的中国红十字会医院、中华医学会、医师公会，以及各界医师、医学院等均需开始筹备药品器械，联合动员北上实施救护③。与此同时，上海全国道路协会鉴于前线将士浴血奋战，需要运输军需粮食及救护车辆，特联合中国红十字会共同发起组织筹款购车运动。总体而言，中国红十字会一方面向各方筹集巨款，购办大宗医药救护用品运往前线以应急；另一方面，开办临时救护医院及难民收容所，同时加紧赶制衣服，分发给收容所难民④。

但自七七事变后，沪地风云日紧，处于临战状态。中国红十字会除扩大救护训练积极准备外，于7月20日联络上海市商会、地方协会、医

① 《中共中央为日军进攻卢沟桥通电》（1937年7月8日），引自《建党以来重要文献选编（1921—1949）》第十四册，中央文献出版社2011年版，第356、357页。

② 《红十字会华北救护》，《申报》1937年7月22日。

③ 《非常时期之救护准备》，《申报》1937年7月23日。

④ 《救护加紧工作》，《中国红十字会月刊》1937年第27期。

师公会、中华医学会、药业公会、医事教育机关及其他与救护有关的团体，在上海市救护事业协进会基础上，重组“中国红十字会总会上海市救护委员会”，以“扩大组织，充实力量”[①]。救护委员会内设总务、医务两组，下设事务、医院、材料、救护、文书、纪录、会计、庶务、运输、情报、交际、稽查、慰劳、掩埋等14课。

形势的发展果不出所料，1937年8月13日，淞沪抗战爆发。日军组织上海派遣军，并编组第3师团和第11师团在吴淞方面登陆，为占领上海及上海北部的重要地带与中国军队展开激战[②]。在这场历时3个月、中日双方投入100多万兵力的淞沪抗战中，中国红十字会由于战前准备较为充分，所以救护行动有条不紊。在整个淞沪抗战中，中国红十字会“由本会联合上海市救护委员会，组织救护队十队，急救队十二队，救护医院二十四所，征集救护汽车九十八辆，另特约公私医院十六所及国际委员会所设之医院，分布淞沪前线及上海租界，协同一致，执行救护、输送、医疗等作业，并于接近前线之交通孔道，设置伤兵分发站，为受伤军民办理登记、交换绷带，然后分批指送医院收容”[③]。

淞沪抗战中运送伤兵和难民的红十字会汽车

① 《救护事业会扩大组织》，《申报》1937年7月21日。

② ［日］日本防卫厅防卫研究所战史室编：《中国事变陆军作战史》（齐福霖译），中华书局1981年版，第6—9页。

③ 中华民国红十字会编宣股编：《中华民国红十字会战时工作概况》（1942年内部印行），第3页。

淞沪抗战救护，中国红十字会成绩斐然，但是所暴露出的问题也十分突出：首先是面对突如其来的众多伤员，红十字会的应急反应能力仍然显得捉襟见肘，一方面是合格医师、护士的储备不足，另一方面是对于药品和医疗器械的准备不充分。其次是红十字会对于此次淞沪抗战救护的报道并不充分，为此中国红十字会曾发布启事解释称："本会综理全国救护，负有重大使命，迩来夙夜布置，紧张万分，尤以沪战，当前各路救伤，急如星火，一切办理经过，他日自有详报。乃各界人士感于爱国热忱，纷纷来会探询前线状况、伤亡数字及本会工作详情，本当掬诚相告，然格于军部约束，未便率尔宣扬，惟有埋头做去，暂安缄默，至因此引起各方之怀疑与责难，目前亦无可置辩，事后自可明了，有识之士，谅能鉴原。"[①] 红会固然有红会的难处，可以理解，但也因此造成救护工作的现实困难，即无法取得社会各界最大限度的支持。

1937 年 11 月 12 日，上海沦陷，首都南京已有唇亡齿寒之感。随着战线延伸，中国红十字会的救护工作也因时因地而异，不断进行必要的调整。总计在淞沪抗战期间，中国红十字会先后在松江、苏州、杭州、昆山、无锡等地设立了重伤医院，既减轻了上海各救护医院的压力，同时也为持久抗战救护准备了条件。

另外，红会在南京"设立打破世界纪录能容五千床位之大规模重伤医院"[②]。10 月 15 日，这一拥有 5000 张床位（一说 3000 张床位），"内部工作之医护人员达三百余人，工役凡四百人，其手术室同时可供七个患者之用，实为抗战初期我国最大之伤兵医院"[③] 正式投入使用。但遗憾的是，因战局迅速恶化，一个月后的 11 月 16 日，红会"奉令赶办结束"，所有医师、护士除遣散一部分外，其余 200 余人分三批撤退至武汉，"听候调用"[④]。首都医院没有发挥它应有的作用而草草终结。12 月 13 日，日军占领南京，开始了惨绝人寰的大屠杀。

① 《中国红十字会总会启事》，《申报》1937 年 8 月 20 日。

② 《中国红十字会将恢复野战救护队》，《申报》1938 年 4 月 6 日。

③ 中华民国红十字会总会编印：《中华民国红十字会战时工作概要》（1946 年内部印行），第 2—3 页。

④ 《中国红十字总会救护伤兵工作——庞京周由沪抵汉谈片》，《大公报》1937 年 12 月 9 日。

第三节　中国红十字会救护总队部的组建

面对类似淞沪抗战、南京保卫战这样大规模的战争，面对日军炮火下源源不断的伤兵，中国红十字会所采取的救援策略是依托当地的伤兵医院开展救护，但随着战争规模的扩大以及战线的延伸，这一策略已无法适应大规模战地救护的需要。因为伤兵医院距离火线较远，受伤士兵如果无法在第一时间得到救治，则极有可能因失血过多，在送往医院的途中死去。因此，要适应今后抗战救护的需要，中国红十字会的救护策略亟须调整。淞沪抗战、南京保卫战先后失利后，中国红十字会工作人员陆续迁往汉口，12 月 6 日，在汉口成立了中国红十字会战时救护委员会，以中国红十字会会长王正廷为主席，杜月笙、刘鸿生、王晓籁、林康侯、钱新之、刘月如为委员[①]。同时将撤退到汉口的红会医护人员大约 200 余人暂编为 6 支救护队，派往当地的伤兵医院进行辅助工作[②]。

王正廷

救护委员会另一项重大决策，就是聘请林可胜为救护委员会总干事，“秉承总会办理一切救护工作”[③]；彭达谋、张祖棻、陈璞、胡会林、柳安昌、杨崇瑞、高家聚等 7 人为干事，“分办各主管事项，协助进行”[④]。干事室下设总务、医务、运输、材料 4 股，架构起救护组织系统。在人员数量方面，干事室有 11 人，总务股 9 人，医务股 702 人（其中包括各医疗队人员，内女性 222

① 《中华民国红十字会总会临时救护委员会组织规程》，贵阳市档案馆编：《战地红十字——中国红十字会救护总队抗战救护实录》，贵州人民出版社 2009 年版，第 440 页。

② 《驻汉办事处经过情形》，《中国红十字会月刊》1938 年第 58 期。

③ 《调整中国红十字会总会救护事业办法》，贵阳市档案馆编：《战地红十字——中国红十字会救护总队抗战救护实录》，贵州人民出版社 2009 年版，第 441 页。

④ 《红十字会首次报告书》，《申报》1938 年 3 月 10 日。

人），材料股32人（女性3人），运输股73人，总计827人[①]。

1937年9月，林可胜"潜出北平，急趋南京会晤刘部长瑞恒。经漏夜之研商，乃出任中国红十字会总干事，筹组救护总队部，兼任总队长"[②]。可见，林可胜不仅出任救护委员会总干事，而且受命筹组救护总队部，救护委员会干事室所辖的医务等股，实际上就是救护总队部的基干力量。首先，林可胜立即着手现有医疗队的改编。关于"改编"的情况，《新华日报》报道说："为适应环境及继续实施救护工作起见，（红十字会）不得不彻底改编，经会同该会救护委员会代总干事林可胜教授详筹办理，编竣者已有甲乙两种医疗队十六队，分担大手术及绷扎任务，每队包括医师、护士、事务员等二十人，每队每月经费预计为国币一千二百元，且有数队业已出发平汉、赣湘两路，实施救护。此种医疗队特点有四：（一）技术及医疗器械俱极优良；（二）人数少而移动方便；（三）男女分队工作，前后方支配适当；（四）经济而易于举办。"[③]显然，改编后医疗队的最大特点是人数少，移动十分方便，而且由于男女分工，所以前后方支配适当。

经过积极筹备，1938年春，救护总队部（史书及今人著述中所称的"救护总队"，多数情况指救护总队部而言）宣告成立[④]。林可胜任总队长，并由此成为中国红十字会救护总队部的"主心骨"。

林可胜（Robert Khoseng Lim，1897—1969），祖籍福建海澄（今属福建龙海市），1897年生于新加坡，1913年考入英国爱丁堡大学学习医学，1919年以优异成绩获双学士学位[⑤]，留校担任生理学讲师。随后的几年中，林可胜以卓越的学术成就先后获哲学博士学位（1920年）[⑥]、

---

① 王化棠：《红会救护总队的组织简况》，《贵阳文史资料选辑》第22辑《红会救护总队》，贵阳市政协文史资料研究委员会1987年编印，第96页。

② 陈韬：《领导战时救护之林可胜先生》，《贵阳文史资料选辑》第22辑《红会救护总队》，贵阳市政协文史资料研究委员会1987年编印，第191页。

③ 《红会成立医疗队》，《新华日报》1937年12月15日。

④ 胡兰生：《中华民国红十字会历史与工作概述》，中国红十字会总会编：《中国红十字会历史资料选编，1904—1949》，南京大学出版社1993年版，第506页。关于救护总队部成立的时间，回忆文章有1937年10月或11月者，地点有作长沙者，均不准确。

⑤ 曹育先生称获医学和化学双学士学位，参见曹育：《中国现代生理学奠基人林可胜博士》，《中国科技史料》1998年第1期，第27页；陈民先生则称获医学内科学士和外科学士学位，参见陈民：《林可胜》，《中华民国史料丛稿》第12辑《人物传记》，第94页。

⑥ 吕运明：《林可胜教授在抗日战争期间的卓越贡献》，《贵阳文史资料选辑》第22辑《红会救护总队》，贵阳市政协文史资料研究委员会1987年编印，第187页。

生理学博士学位（1921年）[①]和科学博士学位（1924年）[②]，1923年当选为英国皇家学会爱丁堡分会会员。1924年10月，林可胜进入协和医学院担任生理系教授兼系主任，“为协和医学院第一个华人教授”[③]。1926年，他出任中国生理学会首任会长。1927年，《中国生理学杂志》创刊，他担任主编。1928年，他出任中华医学会会长。林可胜是中国现代生理学奠基人，被誉为“中国生命科学之父”[④]。作为杰出的生理学家，林可胜有望冲击诺贝尔奖，但为了抗战救护事业，他不得不放弃科学研究[⑤]。

林可胜

救护总队部是中国红十字会“专负军事救护之机构”，它的成立，掀开了抗战救护新的一页。救护总队部隶属于中国红十字会总会，直接受其监督指挥。救护总队部设有医务、材料、运输、人事、文书、事务、技术、会计等科室，各科室之间分工明确且相互配合。“救护总队部视军事情况之需要，依每一战区设置医疗大队一个为原则，并酌配属医疗中队及区队”；另外，在火线救助伤员的同时，“救护总队部视战区及地方卫生情况之需要，酌设战区医院及诊疗所”[⑥]。

1938年夏，日军攻占江西九江，武汉地区遂面临战火的威胁。有鉴于此，中国红十字会救护总队部被迫迁至长沙，继而迁湖南祁阳，1939

① 曹育：《中国现代生理学奠基人林可胜博士》，《中国科技史料》1998年第1期。

② 陈民：《林可胜》，《中华民国史料丛稿》第12辑《人物传记》，第94页。

③ 陈民：《杰出的华侨生理学家林可胜》，宋嘉沛主编：《民国著名人物传》第4卷，中国青年出版社1997年版，第659页。

④ 转引自饶毅：《几被遗忘的中国生命科学之父：林可胜》，《世纪中国》（网络版）2002年7月9日。

⑤ 参见池子华：《史沫特莱与林可胜——“伤兵之母”与她心中的“男神”》，《中国红十字报》2019年3月15日。

⑥《中华民国红十字会总会救护总队部组织规程》，贵阳市档案馆编：《战地红十字——中国红十字会救护总队抗战救护实录》，贵州人民出版社2009年版，第446—448页。

年春落户贵阳东南郊的图云关①。直到抗战结束，图云关救护总队部成为全国各战区抗战救护的指挥调度中心。

贵阳图云关中国红十字会救护总队部

救护总队部进驻图云关以后，为了适应当时国内大面积战争的需要，加强战地救护、医防、医疗等工作，“医疗大队增加到9个，共辖47个中队，94个区队，9个手术队。预备大队设在贵阳，下设10个中队，预备使用”②。1940—1942年是救护总队的全盛时期，在这一时期大小医疗队发展到150余个，医务人员及各类辅助人员达到3420人。

据1942年的资料显示，抗战中期，全国统一划分为9个战区，救护总队也相应地按每一个战区配置一个医疗大队，每个医疗大队按工作需要下设5个中队，中队下设2个区队及手术队等③。这样150余个医疗队就遍及全国各个战区，这当然也包括共产党领导的敌后抗日根据地，前后有多支医疗队奔赴延安、太行山区、皖南地区，为共产党领导的抗日武装和当地群众进行医疗援助。

① 参见戴斌武：《抗战时期中国红十字会救护总队研究》，天津古籍出版社2011年版，第123—124页。

② 《抗日战争中的中国红十字会总会救护总队概述》，贵阳市档案馆编：《战地红十字——中国红十字会救护总队抗战救护实录》，贵州人民出版社2009年版，第3—4页。

③ 参见《中国红十字会总会救护总队部各医疗队配属表》，贵阳市档案馆编：《战地红十字——中国红十字会救护总队抗战救护实录》，贵州人民出版社2009年版，第493—498页。

第二章　救护总队派往延安地区的救护队

抗日战争时期延安所处的陕甘宁边区，是中国共产党在土地革命时期唯一没有丧失的根据地，所以它会成为党中央和红军结束长征之后的落脚点，同时也是中国共产党领导全国人民进行持久抗战的出发点。在抗日战争时期，延安一直都是老一辈革命家生活和战斗的地方，在这里，中国共产党领导中国革命由极端困难走向伟大胜利，为新中国的诞生奠定了坚实的基础。

抗战初期，在医疗卫生方面，延安地区的处境极端困难，前线负伤转运后方的伤兵使得原本就十分落后的医疗条件更显得捉襟见肘。中国红十字会救护总队部派出医疗队前往陕甘宁边区服务，不啻为雪中送炭，对边区医疗卫生事业的发展和中国革命的胜利做出了不容忽视的贡献。

第一节　各支救护队概况

陕甘宁边区的医疗机构大致可分为3个系统：由中央卫生处领导的中共中央系统，下辖延安中央医院、中央门诊部、学生疗养院等；由军委总卫生部领导的中央军委系统，下辖第二兵站医院（原第一后方医院）、八路军军医院（1939年12月1日，为纪念白求恩改名为白求恩国际和平医院）、八路军门诊部，以及后来成立的八路军制药厂、抗大卫生处、八路军留守兵团卫生处及野战医院等；由边区政府卫生处领导的边区系统，下辖边区医院、门诊部、卫生材料厂、荣誉军人疗养院等[1]。

① 参见陕西卫生志编纂委员会办公室编：《陕甘宁边区医药卫生史稿》，陕西人民出版社1994年版，第4—5页。

抗战初期，上述医疗机构均处于初创阶段，囿于自身人员和器械的不足，往往无法承担大规模的伤兵救治工作。例如，当时延安地区水平较高的中央医院，即使在1942年发展最为鼎盛的时期，医师只有20人，护士不过100人左右①，其余野战医院的情况更不必说了。所以，在抗战初期，能否争取到医疗援助就显得十分重要。

不分畛域、救死扶伤是红十字运动的宗旨，中国红十字会也不例外，“博爱恤兵”是其一贯的主张。在抗日战争全面爆发后，中国红十字会救护总队改变了之前在大城市依托大医院救护伤兵的方针，组织了多支医疗队及医护队前往各个战区，深入一线开展救护工作，但是正面战场和敌后战场在医疗资源的分配上却极不平衡。

众所周知，抗战初期的延安，医务人员、药品以及医疗器械都极度匮乏。而随着广州、武汉的失守，抗日战争进入相持阶段后，敌后战场成为日军进攻的重点，国民党方面则对陕甘宁边区进行封锁，使得边区的医药资源补给“难于上青天”，正如宋庆龄“一语道破，他划了一条横贯中国的虚构线，在虚构线一边的抗日战争伤兵能受到照顾，在另一边的伤兵则不能”②。中国红十字会救护总队部的成立，为延安的抗战救护事业带来了希望。

自救护总队部成立后，八路军驻汉口办事处就立即与林可胜取得了联系，寻求帮助。林可胜本着“中立”的原则，组编第13医疗队及第61医防队，由第十中队墨树屏中队长带领前往西安八路军办事处驻地开展工作③。

全面抗战初期，中国红十字会救护总队部编组派遣的救护队大致可分为甲种医疗队（手术组）和乙种医疗队（绷扎队）。甲种医疗队有医师5人、护理员5人、医护助理员5人，由于配备具有丰富临床经验的外科医师，所以可以施行手术；乙种医疗队一般由1名外科医师带领15名护士组成，主要负责包扎、换药等基本操作，条件允许的情况下也可以进行小手术。各支医疗队编组完成后派遣全国各战区，“在各地伤兵医院处理重伤病人、急诊科手术及换药工作”④。

随着全面抗战的持续，救护总队最初根据全国战局之需要首批设立

① 《中央医院纪念三周年》，《解放日报》1942年11月14日。

② 爱泼斯坦：《宋庆龄传》（中译本）下卷，（台北）日臻出版社1994年版，第459页。

③ 《救护总队总报告》，贵阳市档案馆藏：《救护总队档案》，档号：40-3-58。

④ 《中国红十字总会救护委员会办事章程》，贵阳市档案馆编：《战地红十字——中国红十字会救护总队抗战救护实录》，贵州人民出版社2009年版，第442—443页。

了3个医疗大队；救护总队部从汉口撤离后，又根据实际需要划分为4个大队，各个大队又下辖若干中队。驻西安第一战区的第一大队队长为万福恩，同时他又兼任第一中队长，下辖5个区队，即第7、第25、第10、第29、第23队[①]。

1938年初，第一中队分为两组进行工作，其中第二组所属的第23医疗队、第10医疗队及第7医护队，即为最早进入延安地区工作的救护总队医疗队[②]。而根据相关资料，中国红十字会救护总队除派出上述3支队伍外，还先后派第33医疗队、第29医疗队、第35医疗队、第39医疗队、第54医防队（即国联防疫团一团第三组，来延安后曾改为西北防疫处第三组）赴延安地区工作。因为这些队伍里的医师和护士不仅医术高超，而且还携带了边区亟须的药品和医疗器械，这对于“没有得到一片奎宁和一个包扎包”[③] 的八路军来说可谓雪中送炭。他们为支援延安地区的抗战做出了重要的贡献。

林伯渠

首先来到延安的是第23医疗队、第10医疗队和第7医护队。1937年12月20日，他们由汉口乘车北上郑州，转趋西安。途中几经周折，月底始抵西安中国红十字会救护总队第一大队部，进行组编：第7医护队主要组成人员为护士和助理护士，承担伤员的绷扎和看护任务，队长宋文楷，副队长刘贡和；第10医疗队队长为高丕泰，第23医疗队队长为侯道之。这3支队伍出发延安之时，八路军西安办事处的中共中央代表林伯渠在七贤庄驻地接见了他们。之后，他们于1938年1月乘坐八路军西安办事处的汽车前往延安。

① 任中义：《抗战时期中国红十字会救护总队对中共的医疗援助》，《湖北大学学报》（哲学社会科学版）2016年3期。

② 《民国27年2月救护委员会各队分布地点表》，贵阳市档案馆藏：《救护总队档案》，档号：40-3-60。

③ 贵阳市档案馆编：《战地红十字——中国红十字会救护总队抗战救护实录》，贵州人民出版社2009年版，第585页。

抵达延安后，第23医疗队、第10医疗队和第7医护队的队员们受到八路军留守处首长及相关部门负责人的热烈欢迎与盛情款待，当晚还举行了欢迎会，毛泽东主席亲临会场并致辞欢迎，这使队员们深受鼓舞①。

鉴于第23医疗队整体实力较强，他们被派往距离前线最近的第二后方医院工作；后于1938年4月，又被派往位于延安东北部甘谷驿的八路军第二兵站医院工作，直到1939年6月离开为止。其间，第23医疗队先后派出数支小分队前往拐木沟、延长、交口、张家驿、延川等地协助八路军第一、第二后方医院及第一兵站医院救治伤兵②。第10医疗队被派往宝塔山医院（即边区医院）工作。第7医护队则留在延安城内门诊部工作。后随着日军“治安战”的不断强化，八路军伤病员持续增多，为了诊疗上的便利，第10医疗队、第23医疗队又请求西安方面调X光机来延安协助诊疗。不久，两台X光机运抵延安后，山东齐鲁医学院的学生刘筠负责一台，跟随第10医疗队在边区医院工作；另一台则由山东医专的学生于保良负责，跟随第23医疗队在甘谷驿第二兵站医院内工作。“工欲善其事，必先利其器”，这两台X光机的应用，“解决了诊断上的难题，提高了医疗质量，得到中央各位首长的欢迎”③。

第一批援助边区的两支医疗队和一支医护队，与延安当地的医务人员和睦相处，密切配合，并且“医疗队的医师们与该院医师们共同研究，悉心诊治，对病院极度负责……医护队的护士们在门诊部与医师们配合，积极主动，认真负责，也得到医师们和病员们的好评”④。尤其值得一提的是，这些医疗队、医护队虽然工作在延安，距离前线较远，但却在日军飞机的轰炸范围之内。例如，1939年11月，“第7、第10医疗队设在陕西延安之门诊部，遭敌机炸毁，所有房屋卫生器材及设备全失”⑤。鉴于损失惨重，第7医护队被调回西安进行改组，随后被派往眉

① 参见池子华：《红十字人在敌后战场——中国红十字会抗战期间的敌后救护行动》，《中国红十字报》2015年7月7日。

② 《总会救护总队第四次报告》，贵州省档案馆藏：《救护总队档案》，档号：M116-15。

③ 姚浩然：《去延安》，《贵阳文史资料选辑》第22辑，贵阳市政协文史资料研究委员会1987年编印，第21页。

④ 姚浩然：《去延安》，《贵阳文史资料选辑》第22辑，贵阳市政协文史资料研究委员会1987年编印，第21页。

⑤ 《中国红十字会抗战期间遭受日军危害行为调查表》，贵阳市档案馆编：《战地红十字——中国红十字会救护总队抗战救护实录》，贵州人民出版社2009年版，第309页。

县第149后方医院工作[①]。总之，医疗队员们在日军的炮火下，用实际行动践行了人道、博爱、奉献的红十字精神。

与第23医疗队一起组建并随后前往延安地区的还有第33医疗队，该队于1938年2月从西安出发前往延安，8月因战局变化，第一中队又将其调回西安[②]。同时，第一中队加派第29医疗队至延安[③]，其与第7医护队从1938年3月至11月在边区医院治疗伤兵。据当时的媒体报道，延安边区医院是“中国最大之山洞医院”[④]，但是基础设施极不完善，后经第29医疗队和第7医护队的精心布置，使之逐渐完善起来，成为边区的医疗卫生中心。

1938年11月，由于第一战区战局变化，第29医疗队从延安调回西安救护总队第一大队大队部，接替其前往延安的是第35医疗队，该队依旧在延安的边区医院开展工作。原边区医院里的医护人员由于战时的人员整合，有些被派往兵站医院及野战医院，而之前的第23医疗队队员、妇产科医师金茂岳此时担任了第35医疗队副队长。在薛培基和金茂岳两位队长的带领下，第35医疗队在边区医院内的工作，成绩斐然。1939年夏，医院迁移至安塞后，金茂岳医师调去中央医院妇产科工作。这年秋天，第35医疗队奉命调回西安，结束了在边区医院的工作。

1939年初，国联防疫团第三组来到延安，这是一支医防队，在救护总队序列中称为第54医防队，主要承担战地防疫的职能。第54医防队来到延安后，被分配到宝塔山边区医院工作。由于该队设备先进，所以承担了边区医院大量的化验及传染病筛查工作。当敌机轰炸延安时，第54医防队还积极投入抢救伤员的行动[⑤]。鉴于该队成绩突出，1940年元旦，八路军第二兵站医院第三收容所及全体工（即医务人员）休（兵养人员）人员，特送第54医防队荣誉锦旗一面，上书：“中国红十字总会第54队全体同志存念，‘不辞劳苦，发挥了医人救国的热忱’。八路军二兵站第三所工休人员敬赠。”[⑥]

---

① 《总会救护总队第四次报告》，贵州省档案馆藏：《救护总队档案》，档号：M116-15。

② 《总会救护委员会第二次报告》，贵阳市档案馆藏：《救护总队档案》，档号：40-3-60。

③ 《民国27年8月救护委员会各队分布地点表》，贵阳市档案馆藏：《救护总队档案》，档号：40-3-60。

④ 《延安之山洞医院》，《新闻报》1938年10月8日。

⑤ 参见陕西卫生志编纂委员会办公室编：《陕甘宁边区医药卫生史稿》，陕西人民出版社1994年版，第173页。

⑥ 《第54队关于八路军赠送本队锦旗与慰劳品的报告》，贵阳市档案馆编：《战地红十字——中国红十字会救护总队抗战救护实录》，贵州人民出版社2009年版，第224页。

第二节　各救护队在延安开展的工作

延安地区地处西北，交通闭塞，经济落后，医疗水平较低。虽然中共中央长征后落户延安，其医疗卫生条件有所改善，但随着日军侵华战争的不断扩大和八路军的英勇作战，大批伤员源源而来，使原本就捉襟见肘的医疗资源更加稀缺。中国红十字会救护总队医疗队、医护队的到来，可谓雪中送炭、助益良多。

一、协助延安各医院提高医务水平

中国红十字会救护总队医疗队、医护队入驻延安各医疗单位后，为延安地区各医院注入了新鲜血液，极大地提高了各医院的医务水平，边区医院就是其中一个突出的例子。

1937 年底至 1939 年春，在八路军军医院成立之前，位于甘谷驿的第二兵站医院远离延安，所以从后方运送来的药品、医疗器械都主要用于边区医院的治疗工作。同时，与医疗卫生有关的国内外友好人士、志愿者、慈善团体在初到延安之时，也大都先在边区医院工作，所以在全面抗战之初，延安边区医院的医疗条件和水平在整个陕甘宁边区首屈一指。

1938 年春，救护总队第 23 医疗队率先来到边区医院开展工作。该医疗队里不仅有医术精湛的医师和经验丰富的护士，还携带了一批先进的设备和医疗器械，对边区医疗条件的改善不无小补。在边区医院短暂停留之后，第 23 医疗队由于整体实力较强，又被派往第二兵站医院工作，这是因为前方转运的伤员多集中于甘谷驿第二兵站医院，伤员数量多、救护任务重，亟须加强救护力量所致。而第 29 医疗队和第 7 医护队随后则予以递补，继续在边区医院开展工作。

第 29 医疗队的队长江兆菊，1932 年毕业于北京协和医学院，获医学博士学位，又在欧洲接受过培训，外科技术水平高超。其队内还有数名国内著名医学院校毕业的医师分任内科、妇产科、儿科等科室的医疗工作，这就在一定程度上弥补了边区医院创办之初发展不均衡的局面。

第 7 医护队主要的组成人员为护士和助理护士，承担伤员的绷扎和

江兆菊（右）与同事合影

看护任务。该队被分配在边区医院设在城内教堂的门诊部工作，虽说只是一个小小的门诊部，但是先后有白求恩和中国红十字会救护总队第一大队大队长、协和医学院博士毕业的万福恩医生在此短暂工作过。

第 29 医疗队和第 7 医护队紧密配合，在国内“最大的山洞医院”开展工作。据当时的媒体报道：“此等山洞皆开筑在峻峭的山壁间，山洞皆扩大而舒适，且干燥得宜，壁上皆涂有石灰，阳光亦能充分射入，故施行手术绝无困难。”但是，“在六个月前伤兵须自备行李，自行烹饪，睡床亦皆有不舒适之砖坑”。而经过救护总队第 29 医疗队和第 7 医护队的精心调整后，“一切衣服被褥，皆由院中自备，且皆有个别之床铺，故无需再事趴坑。此项山洞一个，可安置此类床铺五只”，并且“洞中尚有出诊所一处，每天诊治病人二百名，此外更有产科医院一所，

万福恩

每月平均接生三十五个左右”①。

在第29医疗队和第7医护队来到边区医院之后，救护总队部又派出第54医防队和X光队来到边区医院协助诊疗。第54医防队队长蒋烁、副队长花培良带领队员在边区医院内进行临床检验和传染病筛查工作，有效控制了斑疹伤寒、回归热等烈性传染病在边区的传播。X光队的姚浩然队长携带两台X光机前往延安。他将两台机器分成两队，一队跟随第23医疗队前往甘谷驿第二兵站医院对伤兵进行救治；一队在边区医院内，负责放射检查和诊断，同时也对边区居民和经历过长征的老红军指战员进行肺结核的普检。

经过原有医护工作者和中国红十字会救护总队医疗队医护人员的共同努力，边区医院逐渐成为延安地区的医疗中心。在经济落后的延安地区有如此“小型现代化之卫生机关，可谓空前之创举”了。②

二、参与延安城区的疫病防治工作

陕甘宁边区由于地处西部边陲，交通闭塞，缺医少药，并且不卫生的生活习惯由来已久，这就使得当地各种传染病时常发生，发病率居高不下。据统计，在中央红军到达陕北之前，边区每年因传染病死亡约八九万人，而得病后的病死率为60%，其中儿童和妇女又占绝大多数③。陕甘宁边区暴发的烈性传染病主要有鼠疫、霍乱、天花3种，而常见的传染病则有斑疹伤寒、回归热、痢疾、伤寒等。

为改变陕北落后的卫生面貌，1937年3月，军委卫生部在延安组织了一次城区的大清洁运动，当时主要由驻地红军来完成。延安真正成立负责防疫的领导机关则是在1940年，当年党中央在延安召开了防疫会议，5月26日成立了延安防疫委员会，为延安防疫运动的最高领导机关，负责指导延安辖境内的卫生防疫工作。1942年5月，陕甘宁边区防疫委员会通过了《预防管理传染病条例》，将边区流行的传染病分为两类：鼠疫、霍乱、天花为一类，“此类传染病确诊后，用电话电报报告本会”；伤寒、斑疹伤寒、赤痢、回归热、流行性脑膜炎、白喉、猩红

① 《延安之山洞医院》，《新闻报》1938年10月8日。

② 《总会救护总队部第四次报告》，贵州省档案馆藏：《救护总队档案》，档号：M116-15。

③ 参见陕西卫生志编纂委员会办公室编：《陕甘宁边区医药卫生史稿》，陕西人民出版社1994年版，第130页。

热为第二类，“此类传染病应按周报告”①。

但是，延安地区卫生防疫工作开展初期，成效并不尽如人意，因为全面抗战爆发后的一段时间内，八路军主力大部出击抗日，而驻守延安的留守兵团还要承担艰巨的河防任务，延安地区的医务工作者更是忙于救治前线转运到后方的伤兵，一时间没有足够的人手来开展卫生防疫工作。而救护总队派往延安地区的第 54 医防队的到来，则承担起了延安城区的卫生防疫工作。

中國紅十字會
第五十四隊來延
將赴河防一帶擔任救護工作

《新华日报》对第 54 医防队活动情况的报道

第 54 医防队来到延安之后的工作大致可以分为 5 项：第一是环境卫生。由于长期以来延安地区群众没有修建公厕的习惯，这就使得粪便中的细菌极易污染水源，而且夏季臭味也会招来苍蝇、蚊子等传播疾病。针对此种情况，第 54 医防队在城区设立了公厕 20 个，各乡设立水井 2 个；又设立污水坑 50 口、垃圾箱 10 个、垃圾坑 20 个，集中管理城内各种垃圾和污水。第二是检验工作。共检测卫生检材 800 件，并供给卫生部大量医用材料。第三是传染病筛查。筛查结果显示，延安地区流行性感冒、痢疾和伤寒患者最多。第四是预防工作，主要分为打防疫针和种痘，在延安地区打针约 3000 人、种痘约 2600 人。第五是卫生教育，通过设立广告牌等，协助卫生部扩大卫生宣传②。

第 54 医防队还有一项重要任务是设立灭虱站。中国红十字会救护总队针对当时国内流行的传染病，拟定了防治策略，其中最主要的措施就是设立灭虱站。自 1939 年起，救护总队开始在各军医院为伤兵实施

① 《边区防疫委员会讨论工作计划》，《解放日报》1942 年 5 月 15 日。
② 《国联防疫团第三组注意本市卫生》，《新中华报》1939 年 3 月 16 日。

灭虱、沐浴、治疥，由医防队和各救护队推行；此项工作也是救护总队防疫计划的一部分，主要是为防止斑疹伤寒和回归热在军中的大规模传染[①]。1940 年 5 月，第 54 医防队经在西安大队部整训之后回到延安，分为 A、B 两组。A 组由崔辉生队长带领，继续在第二兵站医院开展伤员救护工作，由于此时晋北伤兵源源而来，A 组的工作任务十分艰巨。不仅如此，在 1940 年 7 月第 54 医防队向总队部发送的一份报告中，我们可以看到，在延川的 A 组队员还时常遭受日军飞机的轰炸。由于第 54 医防队工作的第二兵站医院第三分所位于延川，而 1940 年日军加强了对边区的进攻，日机不时来袭，是年 6 月 28 日的一次空袭中，A 组所在的窑洞均被日机炸毁，所幸无人员伤亡。B 组在副队长潘雄敏的带领下，负责在延安抗日军政大学内建立一所示范灭虱站，从事灭虱、治疥、卫生防疫等实际操作，成效显著。

由于第 54 医防队工作业绩突出，八路军总卫生部赠送给他们 1 袋大米、30 斤猪肉等慰问品，以资鼓励[②]。

三、参加伤病人员的救治工作

“博爱恤兵”是红十字会宗旨，中国红十字会救护总队派遣医疗队前往延安地区的主要目的，也正是救治抗战中付出巨大伤亡代价的人民军队。第 10 医疗队、第 23 医疗队和第 7 医护队是最早一批进入延安工作的红十字救护队，虽然这 3 支队伍最初的落脚点是延安的边区医院，但是随着晋北伤员不断转运至第二兵站医院，第 23 医疗队因其人员配置最为齐全、综合实力最强，所以被派往第二兵站医院承担一部分救护伤兵的工作。

第二兵站医院位于延安东北约 80 里的甘谷驿镇。随着第二兵站医院的组建，位于“三延”（延安、延长、延川）交界处的甘谷驿成为后方伤兵最为集中之地。第二兵站医院下辖 5 个医护所和 1 个位于延水关的伤兵转运站，当第 23 医疗队来到甘谷驿后就在医护所救治伤兵。在侯道之队长的带领下，仅在第二兵站医院的一年中，第 23 医疗队即救

① 参见戴斌武：《中国红十字会救护总队与抗战救护研究》，合肥工业大学出版社 2012 年版，第 208 页。

② 《第 54 队分两地工作情况及在延安抗大建设灭虱站情形代电》，贵阳市档案馆编：《战地红十字——中国红十字会救护总队抗战救护实录》，贵州人民出版社 2009 年版，第 223—225 页。

治伤兵40295人次，手术635人次[①]。之后派来的第54医防队的一部分队员，于1940年后接替第23医疗队，在第二兵站医院继续从事救治伤员的工作。

全面抗战开始后，延安成为日军轰炸的重点目标。1938年11月20日，日军第一次轰炸延安时出动了7架飞机，投下159枚炸弹，死伤军民152人[②]。在这次空袭中，救护总队的第29医疗队、第7医护队和第54医防队在救护方面发挥了巨大作用。第54医防队在蒋烁主任的带领下分担延安城南门外的抢救工作，其中毛俊民、张志高、花培良等队员表现突出，受到八路军总卫生部的表彰；第29医疗队在江兆菊队长的带领下和第7医护队相互配合在边区医院抢救伤员，第7医护队上至医师下至普通助理护士，因表现突出也都受到八路军总卫生部的嘉奖[③]。

延安大轰炸

当日机轰炸延安城区后，为了减少伤亡，边区政府下令疏散人口，城区门诊部的病人遂在24小时内，全部迁至拐木沟和二十里铺的窑洞医院内[④]。1939年3月，延安第二次遭到日机轰炸，边区政府乃决定将全部医院迁往二十里铺，此时中国红十字会救护总队还从西安的第一大队部派出骡马队前来协助搬运伤员，搬迁工作于6月14日开始至20日顺利结束。

① 刘斗争：《介绍中国红十字会第23医疗队》，《新中华报》1940年2月21日。

② 据1946年3月10日《解放日报》统计，日机共轰炸延安17次，投弹1690枚。

③ 参见陕西卫生志编纂委员会办公室编：《陕甘宁边区医药卫生史稿》，陕西人民出版社1994年版，第173页。

④ 《总会救护总队第四次报告》，贵州省档案馆藏：《救护总队档案》，档号：M116-15。

边区医院进行转移

第三节　救死扶伤　践行红十字精神

——第 23 医疗队在延安的光辉岁月

在延安地区工作时间最长，并对援助边区医疗卫生事业做出巨大贡献的，当属中国红十字会救护总队第 23 医疗队。

一、奔赴延安

第 23 医疗队队长侯道之，医学博士，山东武城人，1924 年考入齐鲁大学医学院，1931 年毕业后在德州博济医院任医师，全面抗战爆发后毅然南下，投身抗战救护事业，担任第 23 医疗队外科主任。

第 23 医疗队副队长谢景奎，1927 年考入齐鲁大学医学院，1934 年毕业留校任内科助教。1937 年 10 月，日军进犯津浦铁路时，他和齐鲁大学医学院多名医生、护士奔赴南京，参加由中国红十字会组建的中央大学、齐鲁大学联合救护队，先在安庆一个后方医院为上海战场及沪宁路沿线作战中负伤的重伤员进行手术治疗，在短短的 40 天时间里，完成大小手术近 800 例；12 月中旬，联合医疗队到达武汉后被整编为第 23 医疗队，他担任内科主任。

第 23 医疗队主要成员还有李汇文，齐鲁大学医学院毕业，任外科医师；金茂岳，齐鲁大学医学院毕业，任妇产科医师；以及 X 光技师蔡子白，护士长王学礼，护士朱朝成、朱朝正，事务员李福淮等人[①]。从1938年1月来到延安，到1940年5月调往湖北老河口止，第23医疗队在延安工作时间长达两年多，先后在第二后方医院、边区医院、拐峁疗养院、第二兵站医院等处服务，为延安地区医疗卫生条件的改善做出了贡献。

第23医疗队能来到延安工作，应该说与八路军驻西安办事处的努力争取分不开。1937年12月27日，第23医疗队在武汉组建完成，根据战局需要，加之队员多是北方人，所以被派往北方工作；1938年1月到达西安，负责西安至宝鸡一线的救护事宜。但当第23医疗队到达西安与国民党军医署和卫生署交涉准备开展工作之时，两署互相推诿，不愿接纳。八路军驻西安办事处的中共中央代表林伯渠闻讯后，立即前来看望第23医疗队的全体队员，希望第23医疗队前往延安地区；八路军办事处处长伍云甫也向全体队员说明，现阶段在抗日民族统一战线之下，同样都是抗日救国，并没有党派之分。之后，伍云甫在请示中央后表示，不仅欢迎第23医疗队全体队员到延安工作，而且队员的家属也一并在延安安排生活，并给予优待[②]。在共产党方面的大力争取下，第23医疗队欣然接受邀请，前往延安工作。

伍云甫、熊天荆夫妇在八路军办事处
新中国成立后夫妻二人都曾出任中国红十字会副会长

① 参见陕西卫生志编纂委员会办公室编：《陕甘宁边区医药卫生史稿》，陕西人民出版社1994年版，第174页。

② 朱桂同：《金茂岳先生访谈录》，《回民研究》2007年第2期。

时届寒冬，渭河平原和黄土高原苍凉的景象令人望而却步。由于汽油匮乏，汽车燃料由木炭替代，动力不足，所以蜗行了3天，第23医疗队终于到达延安城外的三十里铺，受到八路军留守处首长萧劲光、中共联络员姬鹏飞、后勤部卫生部副部长饶正锡、孙仪之和边区医院院长傅连暲等人的热烈欢迎和盛情款待。在当晚举行的欢迎会上，毛泽东主席亲临会场并致辞欢迎，这使队员们深受鼓舞①。

二、难忘的800多个日日夜夜

1938年初，第23医疗队到达延安后，侯道之队长与八路军总卫生处商定，鉴于第23医疗队整体实力较强，而此时从山西前线转运至后方的伤员又源源不断，所以将其大部分队员派往第二后方医院承担救治伤员的手术任务，妇产科医师金茂岳、内科医师谢景奎与第7医护队、第10医疗队则留在延安边区医院工作。

谢景奎

延安地区地处陕北，由于黄土高原特殊的地理环境，人们散居各处，无法为大规模的伤员收治建立一个集中的综合性医院，只能就近收容，分散医治。除第二后方医院院部外，第23医疗队还设有4个医疗所：一所在甘谷驿东延水边上的杨家湾，距院部10余里；二所在延川县禹居镇，距院部上百里；三所在延长县交口镇，距离院部近百里；四所在院部西北数十里。这种布局固然便于就地收治伤病人员，在特殊情况下可以及时、安全转移伤员，但不便之处也是显而易见的，即队员要不辞辛劳地到各医疗所为伤兵敷药、疗伤。无论是刮风下雨，还是军情紧张的时刻，他们都必须克服一切困难将温暖与健康

① 参见池子华：《红十字人在敌后战场——中国红十字会抗战期间的敌后救护行动》，《中国红十字报》2015年7月7日。

带给伤兵[1]。

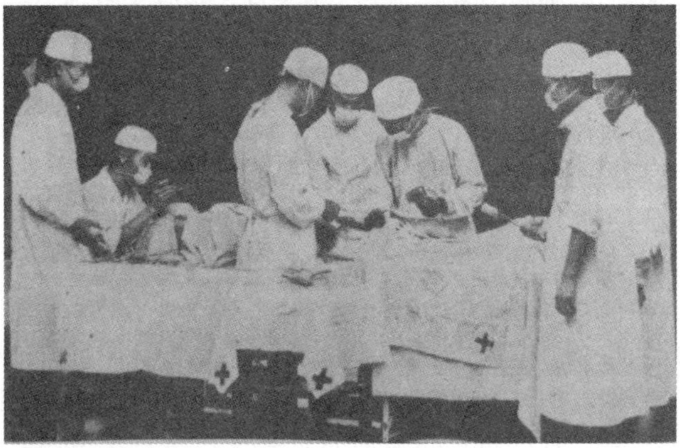

中国红十字会医疗队在陕北工作情形

随着抗战形势的发展，华北日军开始重点进攻敌后根据地。在日军的治安肃正“扫荡”下，八路军将士英勇抗敌，战斗的频繁也使得这一时期伤员数急剧增加。1938 年，第 23 医疗队被派往甘谷驿八路军第二兵站医院工作，并在保证第二兵站医院院本部手术治疗工作的前提下，还先后抽组两个手术小组，分别由侯道之和谢景奎率领到延长县交口镇第三医疗所和延川县禹居镇第二医疗所开展流动手术治疗[2]。第 23 医疗队克服客观条件的限制，争取多救治伤员：没有手术室，手术队便将空窑洞除尘灭菌后改造为手术室；没有电，手术用白布挂在窑洞的壁顶来增加亮度；缺乏医疗器械，他们自己动手制作或者找替代品。第 23 医疗队队员往返各个医疗所之间为伤员手术、换药，在两年多的 800 余个日日夜夜里，从未间断。这种为抗战服务的热情，博得了在医院休养官兵的崇高敬仰，为此他们为第 23 医疗队的 5 位大夫和护士敬献了两面锦旗[3]。

除了为负伤转运至后方的战士和边区的群众诊疗外，第 23 医疗队医术精湛、经验丰富的医生们，也常常为中共中央领导和八路军首长治病。经过长征到达延安的中共干部，许多人的身体都或多或少地出现了各种各样的问题，尤其是长期的营养不良导致许多领导干部患有肺结核。在一份 1942 年的干部体检统计表中，我们可以看出：患有肺结核、

① 孙柏秋主编，池子华等著：《百年红十字》，安徽人民出版社 2003 年版，第 170 页。
② 孙柏秋主编，池子华等著：《百年红十字》，安徽人民出版社 2003 年版，第 171 页。
③ 邓友民：《记一个模范休养所》，《新中华报》1939 年 11 月 10 日。

肺弱和心脏病的比例在三分之一以上①。当第23医疗队在边区医院开展工作时，队中的医师和护士就为中共中央首长检查了身体，并制定了治疗结核病的方案②。

1938年3月1日，八路军第115师师长林彪准备前往晋绥军防区会见第19军70师师长杜堃时，在临近70师师部的地方，由于大雾天气，哨兵误把林彪看成敌军而开枪，一颗子弹穿过林彪的肺部，击断一根肋骨后飞出体外，这种伤在战场上叫贯通伤，子弹没有留在体内，通常做止血包扎处理即可。但是这颗子弹擦着林彪的中枢神经飞过，虽然弹头整体飞出，却仍有少量碎屑残留体内，使得伤口处一直有炎症反应，并伴有经常性的咯血。第23医疗队队长侯道之在为林彪进行清创后进行手术，两周后他的伤口即痊愈。1939年，中共中央副主席周恩来不慎从马背上跌落，右臂骨折，第23医疗队队长侯道之与X光技术员于保良携带X光机赶到延安为周恩来诊疗，经对X光片图像的会诊，最后确诊为右臂肘关节的尺骨鹰嘴骨折③。但是限于当时边区的条件，无法进行此种骨折手术，考虑到如不及时治疗有发展为残疾之虞，所以在进行夹板包扎固定后不久，周恩来转赴莫斯科进行手术治疗。

第23医疗队在延安工作的800多个日日夜夜，队员们兢兢业业，把满腔热情毫无保留地献给人道救护事业。1940年5月，驻西安的救护总队第一大队调第23医疗队到第五战区的湖北老河口前线工作。中共中央副主席周恩来、八路军总司令朱德等各级领导及有关团体对第23医疗队的离开或致辞，或赠旗赠物，以表达边区军民对医疗队的衷心谢意④。

三、"红都名医"金茂岳

在第23医疗队中，有一位富有传奇色彩的妇产科医生金茂岳备受推崇，由他接生的新生儿达3000余人，其中包括毛泽东的女儿李讷、林彪的女儿林豆豆、贺龙的儿子贺鹏飞等。因此，他被称为"红都名医"。

金茂岳祖籍山东历城，1906年出生于泰安。1935年专攻妇产科的他从齐鲁大学医学院毕业，加入中国红十字会成为会员。1936年，中华医学会在上海举办第十一届年会，金茂岳应邀参加。年会上，中国红十

① 马荔：《从干部健康检查说起》，《八路军军政杂志》1942年第4卷第1期，参见《延安时期文献档案汇编》，陕西人民出版社2014年版。

② 朱桂同：《金茂岳先生访谈录》，《回民研究》2007年第2期。

③ 孙柏秋主编，池子华等著：《百年红十字》，安徽人民出版社2003年版，第172页。

④ 侯道之、朱朝政、朱朝成：《中国红十字会第23医疗队在延安》，《中国红十字》1992年第1期。

字会组织会员讨论，如果中日之间爆发大规模的战争，红会的应对之策包括哪些，金茂岳参与了讨论。讨论的最终结果，明确了中国红十字会的战时任务就是进行战场救护，并借鉴外国经验开展战地防疫等。

大学毕业时的金茂岳

1937 年全面抗战爆发后，齐鲁大学响应国民政府号召西迁成都，这时老齐鲁的毕业生王禹昌看到齐鲁大学还有不少医学、护理学专业的毕业生滞留在济南，没有随学校西迁，便萌生了将他们组织起来进行战地救护的念头。金茂岳报名并与其他同学一起前往南京与王禹昌汇合，成立了一个医疗手术队，前往安庆的一个重伤医院救治伤兵。不久南京陷落，安庆岌岌可危，金茂岳一行撤往汉口，继续救治伤兵。12 月 27 日，金茂岳所在的这支手术队被改编为中国红十字会救护总队第 23 医疗队，并于 1938 年初到达延安。

当时延安的边区医院担负着保障边区政府人员和党中央的干部，以及 150 万边区群众身体健康的重任，但是又缺乏相应的专科人才，所以第 23 医疗队留下一部分大夫在边区医院工作，其余的则前往第二兵站医院救治伤员，金茂岳就留在了边区医院。1939 年 9 月中央医院成立后，金茂岳被调往中央医院任医务副主任，并主持妇产科工作。

延安中央医院旧影

在中央医院主持妇产科工作的一段时间里，他的一个记录本上记录了为产妇接生的情况。据不完全统计，从1939年9月中央医院开办，到1949年4月止，金茂岳共接生婴儿3814人①。由于金茂岳负责的妇产科听取了白求恩大夫的建议，做到了预防为主，对孕妇进行产前教育，使她们做到心中有数，保证了顺利生产，提高了婴儿的成活率。从当时的困难条件来看，能取得这样的成绩实属难得。就一般情况而言，产妇分娩的时间，在国统区一般初胎要48小时以上，而在边区则只要16～18小时。1940年7月，江青来到妇产科生产，金茂岳给她做了细致的产前检查，8月3日，江青在医院顺利生下了李讷。

金茂岳（右）与中央医院妇产科同事合影

延安中央医院在当时还承担中央领导人及其家属的卫生保健工作。40年代初，毛泽东由于长时间的伏案写作患上了肩周炎。1942年初，金茂岳到杨家岭给毛泽东看病，发现其得病与工作的环境有关——窑洞很简陋，办公桌正对防空洞的洞口，常有冷风灌入，加上长时间的疲劳，很容易诱发肩周炎。金茂岳提出的办法是将桌子挪一下位置，再吃一段时间的药，即可痊愈。毛泽东听了点点头说："噢，原来是这么回事！有道理，看起来，防病治病还是要以预防为主啊！"这次诊病给毛泽东留下了深刻的印象，不久，他在中央党校的开学典礼上还特别讲起这件事②。

① 转引自朱桂同：《金茂岳先生访谈录》，《回民研究》2007年第2期。

② 参见王帅、池子华：《金茂岳：毛泽东朱德周恩来题词的"红都名医"》，《中国红十字报》2018年4月20日。

1941 年 1 月，皖南事变发生后，中国红十字会所属医疗队被要求全部进入国统区工作。之前，第 23 医疗队等已经从延安撤离了。在这种形势下，面对源源不断的伤兵和亟待解决的边区医疗问题，金茂岳做出了自己的选择。他看到共产党领导的八路军是积极的抗日武装，共产党领导下的边区政府也是一派民主的气氛。更重要的是，他认为在延安的使命还没有完成，而国际友人马海德、白求恩的事迹也激励着他。最后，金茂岳毅然决定不随医疗队转移，继续留在延安，投身于医疗卫生事业。

为了鼓励金茂岳为边区医疗事业的发展贡献更大的力量，毛泽东、朱德和周恩来在 1941 年先后为金茂岳题词。毛泽东的题词是“努力救人事业”，朱德的题词是“不但医人，还要医国”，周恩来的题词是“为边区卫生工作创新纪元”。中央领导的题词给金茂岳指明了工作的方向和前进的道路。他备受鼓舞，一如既往、尽心尽力地为边区军民服务。

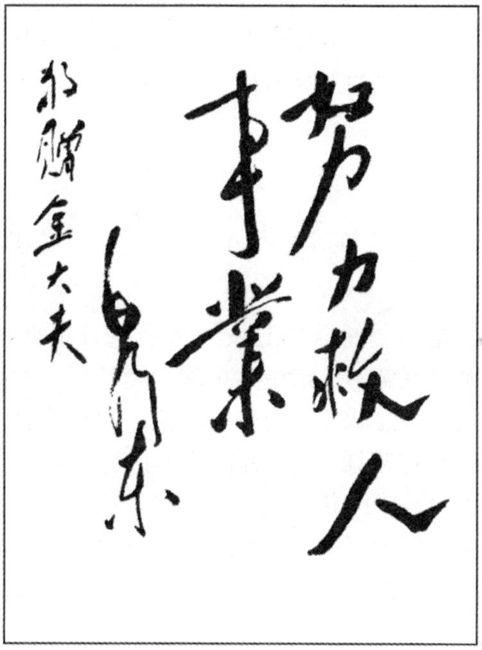

毛泽东为金茂岳的题词

第三章　桥梁与纽带：救护总队里的中共党组织

在抗日民族统一战线的旗帜下，中国红十字会救护总队先后向延安地区派出多支医疗队，同时还向山西的八路军前线以及江南新四军游击区派出医疗队。这本是顺理成章之事，但另一方面，这也和中共自身的争取有很大关系。实际上，当救护总队部成立后，中共就在救护总队内部建立了秘密党支部，之后又成立了归南方局领导的红会总支委员会。正是在救护总队里的党组织的领导下，中共争取到一大批医疗队员来到延安，同时还争取到大量的医疗器械、药品援助，这些为延安地区医疗卫生状况的改善助益颇多。

第一节　中共在救护总队建立秘密党支部

在中国红十字会救护总队向延安及敌后抗日根据地派出医疗队之前，红十字运动就已经常常见诸中共报端，尤其在全面抗战爆发后，中共对中国红十字会救护总队的动向密切关注，对救护总队的改编和派遣医疗队的相关信息报道甚详①。随着抗战的进行，红十字会救护总队的救护工作也不断推进，中国共产党对红十字运动的认识也更加深入。中共报纸不仅报道中国红十字会，而且还经常报道美国等其他国家红十字会对中国的援助②，甚至对举办红十字周这种属于红会系统的活动也有

① 参见《红十字总会救护工作近况》，《新华日报》1938 年 4 月 4 日；《中国红十字总会增派救护队赴前线工作》，《新华日报》1938 年 8 月 28 日。

② 参见《美红会运药来华救济我战区灾民》，《新华日报》1940 年 12 月 12 日；《英助我红会五万英镑》，《新华日报》1942 年 6 月 20 日；《纽西兰捐我红会巨款》，《新华日报》1942 年 9 月 4 日。

不少较大篇幅的报道[①]。可以说，中国共产党始终对红十字会的救护活动表示出极大的关注，对其人道之举表示赞许，并想方设法参与其中，以扩大中共在红十字会系统的影响力，从而更多地争取人道资源为敌后抗战服务。

据曾担任过中共红会总支委员会书记的郭绍兴回忆，早在淞沪抗战期间，救护总队部还未成立之时，郭绍兴就曾担任在南京的“中国红十字会首都医院”环境卫生股股长。当上海、南京相继沦陷之后，1938 年中国红十字会救护总队部与国民政府卫生署在长沙合办“卫生署战时卫生人员训练班”时，郭绍兴便担任了救护总队部的视导员及卫生人员训练班教员[②]。

由于敌后抗日根据地以及八路军、新四军前线缺医少药，由八路军驻武汉办事处公开出面，与中国红十字会救护总队部林可胜总队长取得联系，希望在抗日民族统一战线的旗帜下获得一部分医疗援助。林可胜赞成中国共产党全面抗战主张和抗日民族统一战线政策，赞成中共在敌后发展抗日武装，表示愿意派遣医疗队赴延安等地工作。之后，经叶剑

1938 年叶剑英（左四）、杨尚昆（左三）、朱瑞（左二）、童小鹏（左一）等在武汉八路军办事处

① 参见《红十字会征求会员，许世英播讲红十字周意义》，《新华日报》1941 年 1 月 4 日；《红十字周今天开幕》，《新华日报》1943 年 10 月 1 日。

② 郭绍兴：《回忆抗战时期党在中国红十字会救护总队的工作》，《贵阳文史资料选辑》第 22 辑，贵阳市政协文史资料研究委员会 1987 年编印，第 3 页。

英介绍，中共党员毛华强（又名毛维如）、冯骥（又名方纪）、黄群3人以非党流亡青年身份进入战时卫生人员训练班受训两个月，毕业后即编入第58医疗队。根据郭绍兴回忆，这个队为训练班的教导队，此3人任生活指导员，在学员中进行政治宣传工作，活动的主要方式是每天“朝会”时做时事讲话；课余时间举办时事座谈会；开展歌咏活动，教唱抗战救亡歌曲等。

徐特立

1938年夏，为了加强在救护总队内的工作，争取更多的人道资源，在八路军驻湘代表徐特立的指示下，建立了中国共产党红十字会支部（以下简称红会支部），隶属于中共长沙市委北区委员会，郭绍兴任支部书记，高忻为组织干事，杨震为宣传干事，冯骥为青年干事［主要领导民族解放先锋队（简称“民先”）］。在当时条件下，红会支部的主要任务有：在救护总队内部秘密发展党员及“民先”队员，壮大力量；公开宣传共产党的抗日民族统一战线政策；动员医务人员积极投入抗战救护工作；组织和动员医务人员及输送医药物资到包括延安在内的敌后抗日根据地。由于此时正值国共合作、共同抗日时期，所以在林可胜的帮助下，在救护总队医护人员的支持下，红会支部的工作开展得较为顺利，先后发展了10余名党员、20余名“民先”队员，并且在救护总队中宣传了中共的抗日主张①。据当时工作在救护总队部的工作人员梁钧铤回忆：“郭绍兴那时是救护总队的党支部书记，他暗中考察我们，决定发展梁洁莲、郭步洲和我三人加入中国共产党，但我们三人已在到长沙不久在南区区委入了党。我们征得党的联络员同意，将我们的政治身份告诉了郭绍兴。”②

1938年秋，武汉沦陷的前夕，中国红十字会救护总队部及卫生署战时卫生人员训练所由长沙后撤至桂林，从这时起，红会支部直接由中共

① 郭绍兴：《回忆抗战时期党在中国红十字会救护总队的工作》，《贵阳文史资料选辑》第22辑，贵阳市政协文史资料研究委员会1987年编印，第4页。

② 梁钧铤：《抗战时期我在红会医疗队的一段经历》，《贵阳文史资料选辑》第22辑，贵阳市政协文史资料研究委员会1987年编印，第12页。

中央南方局领导，随救护总队部后撤。到达桂林后，红会支部的工作在八路军桂林办事处叶剑英、李克农等人的领导下，继续开展工作。

1939年春，救护总队部落户贵阳图云关。郭绍兴与八路军贵阳交通站站长袁超俊取得了联系，经周恩来同意，此时的红会党支部由袁超俊领导。据袁超俊回忆，周恩来对红会党支部大加赞扬，认为“中国红十字会党支部是有战斗力的党支部”，并指示袁超俊：“南京到武汉一直归长江局领导，现在由你直接负责联系，任务很重，要领导好。红十字会知识分子多爱国华侨多，要做好统战工作。”①

袁超俊

总体来看，从救护总队成立到落户贵阳图云关，这一时期是中共在救护总队内部建立秘密党支部时期，或者说是党组织在红会救护总队内部的初创时期。虽然党员的身份没有公开，但是党在救护总队内部的宣传和动员工作已经开展起来并初见成效。中国红十字会救护总队多支医疗队被派驻延安等敌后战场，都与秘密党支部的争取、动员有着直接和间接的关系，同时党支部也为创立中共红会总支委员会积累了宝贵经验。

第二节　中共红会总支委员会的成立及其活动

1939年的四五月间，八路军贵阳交通站站长、中共红十字会秘密支部的实际负责人袁超俊，以治疗胃病的缘由住进了图云关救护总队医院。其实这只是借口，他真正的目的是发展组织，增强共产党在救护总队部内的影响力。在袁超俊的主持下，救护总队部内的中共党员秘密召开了支部会议，决定组建中国共产党红十字会总支委员会。经中共中央南方局批准后，总支委员会正式成立，郭绍兴任总支书记，高忻、毛华

① 吕荣斌：《周恩来在国统区》，中央党校出版社1996年版，第76—77页。

强、张宏道（又名章文晋）为总支委员，下设贵阳、桂林、运输股等3个分支部，分别由郭绍兴、高忻、章文晋兼任分支书记①。总支委员会的主要工作如下：

一是继续团结、争取中国红十字会救护总队部总队长林可胜博士；在卫生人员训练所设立组织科，由高级教官、民主爱国人士马家骥任主任，毛华强、黄群、李壬炼（又名李普）、查立平等同志任教官；在学员中进行政治教育，学习内容为党的有关抗日民族统一战线的政策，以及毛泽东所著的《论持久战》等文章。

二是利用红十字会运输股汽车在大后方往来的便利条件，发起成立群众性的“红十字工作者书报供应社”②，向分散在西北、西南、华中各战区的70多个医疗救护队输送各种进步书籍和《新华日报》《群众周刊》等中共主办的报刊，宣传马列主义和共产党的抗日主张。

三是在宣传教育的基础上，广泛动员大后方医务人员到抗日战争前线参加救护工作，特别注意动员医务人员及输送医药物资到敌后根据地。

四是积极发展党员和“民先”队员③。

这4项主要工作在中共中央南方局和八路军贵阳交通站的领导下开展，一直进行到1939年底，其间虽然国民党加强了对救护总队部的监视和控制，但总支委员会的各项工作仍取得较大的进展，中国共产党的政治影响不断扩大，党的抗日救国主张也被红会救护总队中的多数专家学者、医务人员和职工所接受，他们从各方面不同程度地给予中共以同情和支持。在此基础上，总支委员会先后动员了20多支医疗队到延安及敌后抗日根据地进行医疗、医护工作；陆续组织和动员了一批进步青年医务工作者及一些外国医生、国际反法西斯战士到八路军、新四军的部队中服务；还陆续运送了大批来自国际和国内的医药、器材到敌后抗日根据地。

---

① 郭绍兴：《回忆抗战时期党在中国红十字会救护总队的工作》，《贵阳文史资料选辑》第22辑，贵阳市政协文史资料研究委员会1987年编印，第5页。

② “红十字工作者书报供应社”于1939年秋成立，其宗旨为：“做好前线浴血抗战将士的救死扶伤工作；宣传抗日到底；加强学习时事，关心国家大事，提高政治思想觉悟；提倡正当文化娱乐活动，发挥团结友爱精神，支援救亡工作。”汪犹春：《在红会救护总队部的回忆》，《贵阳文史资料选辑》第22辑《红会救护总队》，贵阳市政协文史资料研究委员会1987年编印，第103页。

③ 参见郭绍兴：《回忆抗战时期党在中国红十字会救护总队的工作》，《贵阳文史资料选辑》第22辑，贵阳市政协文史资料研究委员会1987年编印，第6页。

中共红会总支委员会之所以能在救护总队部内部开展活动，也与美国左翼作家史沫特莱的大力帮助是分不开的。据郭绍兴回忆："一九三八年夏，她曾向中共长江局要求派党员去红会救护总队做教育工作。党派冯骥、毛华强和黄群三同志去红会，是和她的努力分不开的。"① 1939年冬，郭绍兴在党的指示下，接受中国红十字会救护总队部的委派，担任第70医疗队队长，带队从贵州出发，赴陕、晋、豫的第一、第二、第十三战区做军队卫生工作。而中共红会总支委员会的活动，在中共中央南方局和八路军贵阳交通站的领导下，一直持续到1940年春。

中共红十字会总支委员会卓有成效的工作，不仅为敌后战场输送了专业的医疗救护人才，而且更突出地表现在转运药品及医疗器械方面，从而为边区医疗条件的改善做出了可贵的努力。

治疗从前线转运至后方的伤兵，最为紧缺的是吗啡类麻醉剂和抗生素类药品，但是这类药品在全面抗战初期的延安地区还无法生产。据相关资料记载，延安地区为解决药品供应不足问题而大规模开办药厂是在1938年8月，边区政府决定从国际福利基金会援助的资金中抽出部分款项，筹建八路军制药厂②。1939年，八路军制药厂开始量产药品，"西药部在翁远技师的监制下，出品计有氯化钙、福白龙（退热剂）、康福那新（治疗外伤）、吗啡注射液及各种丸片二十余种，尤以各种针药最为优良；中药部在尹桂田技师监制下，出品计有止咳丸、红色补丸、健胃散、仁丹等十多种，尤以仁丹为该部特殊出品"③。但治疗效果显著的西药产量不足，成为困扰边区的一大难题。

在中共红会总支委员会的争取下，中国红十字会救护总队给予边区大量的药品"接济"。据郭绍兴回忆，中共红会总支委员会成立后，曾先后多次运送了大批药品和医疗器械到边区，如以英国牛津大学教授巴吉尔为首的英国援华团，携带约10吨贵重的医疗器械和药品，于1939年冬从贵阳图云关救护总队部出发，由林可胜博士以中国红十字会救护总队长的名义，委派驻西北的视导员郭绍兴在陕西汉中接应，并帮助该团经宝鸡把物资运抵西安。郭绍兴秘密与八路军驻西安办事处处长伍云

---

① 郭绍兴：《回忆抗战时期党在中国红十字会救护总队的工作》，《贵阳文史资料选辑》第22辑，贵阳市政协文史资料研究委员会1987年编印，第7页。

② 陕西卫生志编纂委员会办公室编：《陕甘宁边区医疗卫生史稿》，陕西人民出版社1994年版，第125页。

③ 鲁白：《八路军的制药厂》，《八路军军政杂志》1939年第1卷第3期，载于《延安时期档案文献资料汇编》，陕西人民出版社2014年版。

甫联络，共同与巴吉尔团长商谈物资转运延安之事。这期间为了减小国民党方面的阻碍，郭绍兴还与国民党第十战区司令长官蒋鼎文、第34集团军司令胡宗南及兵站少将卫生处长姚典等人进行周旋，最后使这批医药物资在几经周折后运抵延安①。

大批医药物资的转运还仰仗于中共在贵阳设立的交通站，据时任贵阳交通站站长的袁超俊回忆，转运物资是交通站的硬任务。贵阳交通站建立时，正是中共长江局撤销、南方局成立之际，周恩来等人已经转移到重庆。这样，从武汉、长沙、衡阳、桂林等地转运来的物资，八路军从外地购买的物资，以及爱国华侨捐赠的抗战物资都云集贵阳，然后经清点后运送到延安。例如，1939年底，八路军急需一批药品和医疗器械，袁俊超求助于林可胜，林可胜同意从红十字会的物资中分拨一部分给延安方面。但是最大的难题在于如何绕过国民党的封锁把药品运送到目的地，于是袁超俊想到可以利用红十字会车队作为掩护，因为红十字会是国际组织，国民党的检查站不会刁难他们。于是，在袁超俊的请求下，林可胜最后答应派救护总队运输队用汽车把这批医疗器械安全地运送到位于西安的八路军办事处，然后由八路军办事处负责运送到延安②。

救护总队向延安输送医药物资

① 郭绍兴：《回忆抗战时期党在中国红十字会救护总队的工作》，《贵阳文史资料选辑》第22辑，贵阳市政协文史资料研究委员会1987年编印，第6—7页。

② 吕荣斌：《周恩来在国统区》，中共中央党校出版社1996年版，第78—79页。

第三节 红会总支委员会的挫折与解散

1940 年后，红会总支委员会工作的开展非常困难，它遭遇的挫折与国民党对共产党搞摩擦息息相关。在战场上，国民党挑起的国共之间的摩擦和武装冲突不断；在国统区内，国民党则对中共发展党员、宣传抗日主张进行限制和阻挠。据郭绍兴回忆，国民党对中共在贵阳图云关红会救护总队部及卫训总所的活动早有注意，1940 年起，采取了一系列有针对性的措施。例如，派特务干扰、破坏红会总支委员会对救护总队部上层人士的统战工作；搜查红会运输股，抄走红会书报供应社发起人名单及一批马列著作、毛泽东著作和进步书刊；在卫训总所建立“政治部”，将地下党员主持的组织科撤销，后又在陕西褒城、福建邵武、湖北均县 3 个分所设“政治指导员”，从总所到分所，层层建立国民党分党部，发展国民党员，大肆进行反共宣传①。

与此同时，国民党对中国红十字会救护总队部总队长林可胜同情支持共产党、派出医疗队前往延安等敌后抗日根据地的人道之举表示不满，对其进行排挤、打击、恐吓，无所不用其极。林可胜忍无可忍，1941 年 1 月提出辞职，在红会内部激起轩然大波。

关于林可胜辞去总队长的原因，虽然有多种因素，但最主要的“罪名”就是派遣医疗队并提拨物资输送延安而有“亲共”之嫌。

红十字会是一个救死扶伤的人道组织，在战地救护中无分敌我，一视同仁，以体现其“博爱”本旨。这种“红十字精神”为世界各国所遵循，“林可胜先生也是本着这个精神办事。对于国外爱国华侨捐赠的药物，是为一致抗日用的，在国内也不分彼此，凡是抗战的军队均可享用它”②。所以，在救护总队的“林可胜时期”，“任何战区的红十字会救护物资均按当时当地的需要，积极运送。在西北的救护医疗物资，常向延安八路军地区运送，在东南地区的救护物资也向皖南和江北的新

① 郭绍兴：《回忆抗战时期党在中国红十字会救护总队的工作》，《贵阳文史资料选辑》第 22 辑，贵阳市政协文史资料研究委员会 1987 年编印，第 8 页。

② 施正信：《回忆图云关》，《贵阳文史资料选辑》第 22 辑《红会救护总队》，贵阳市政协文史资料研究委员会 1987 年编印，第 81 页。

四军输送”[①]。这原本不成“问题”的问题，却引起国民党的强烈不满，林可胜因此受到指控。有关这方面的口述资料很多，不妨摘引两段：

荣独山的回忆说，林可胜“到香港接受了一批国外左翼人士捐赠的药品、器械，直接运交了白求恩医院。为此，他曾受到指控，说他亲共。他据理反驳说：这是人家指名叫交白求恩医院的，我不能违背国外友人的委托”[②]。

林竞成的回忆说，“林可胜总队长还派一些医疗队到解放区及新四军工作，并赠送大量药品器材，这是个很大胆的行动，因此（包括邀请一些东欧共产党医生来救护总队工作）他被控告为救护总队有赤化嫌疑而获罪。此外救护总队有许多青年人（流亡青年），爱国热忱，吃苦耐劳，不贪污，敢说敢做，也被认为赤化嫌疑罪名之一。据说，林可胜被蒋介石召见，宋美龄当翻译（林可胜的汉语说不好）。蒋问：‘你为什么派队及送药给八路军及新四军？’林答：‘红十字会是国际组织。’蒋厉声说：‘这是中国’！”[③]

荣独山

林竞成

此外，林可胜与美籍左翼女记者史沫特莱交往密切，中共能获得林

① 吕运明：《林可胜教授在抗日战争期间的卓越贡献》，《贵阳文史资料选辑》第22辑《红会救护总队》，贵阳市政协文史资料研究委员会1987年编印，第190页。

② 朱崇演、张建军：《荣独山教授谈红会救护总队》，《贵阳文史资料选辑》第22辑《红会救护总队》，贵阳市政协文史资料研究委员会1987年编印，第87页。

③ 林竞成：《参加红会救护总队部工作的回忆》，《贵阳文史资料选辑》第22辑《红会救护总队》，贵阳市政协文史资料研究委员会1987年编印，第70页。

可胜的医药援助，很大程度上亦得助于史沫特莱的穿针引线[①]。这也成为林可胜授人以“左倾”把柄的口实。

救护总队中共产党活动的频繁，林可胜总队长“左倾颇甚”的“密报”，先后呈递到蒋介石手中，引起蒋的关注。1940 年 9 月 7 日，林可胜被蒋召到重庆，面谈一个多小时，要点有三：（1）对林以本身的国际声望关系，给红十字会争取到大量国外（包括爱国华侨）捐赠的药品器械、救护车辆（附担架），以及军毯和捐赠款项等，加以赞赏；（2）由于林缺少中国行政经验，人事管理制度不够健全，总队部、卫生人员训练所，所属各大队、中队、小队，还有四个卫训分所，人数庞杂，难免有乱党分子（指中共党员——引者）混入；（3）我（指蒋）要你回去好好整顿一下，为此，近期内，我会命令有关部门派个能干的人来贵阳成立政治部协助一切[②]。这就意味着国民党要向救护总队“开刀”了。

林可胜

果然，没过多久，以王治民为首的一伙政工人员入驻图云关，成立了政治部（1942 年改为特别党部），王治民出任政治部主任；接着，查

① 吕荣斌：《周恩来在国统区》，中共中央党校出版社 1996 年版，第 78 页。

② 转引自汪犹春：《在红会救护总队部的回忆》，《贵阳文史资料选辑》第 22 辑《红会救护总队》，贵阳市政协文史资料研究委员会 1987 年编印，第 106、113 页。

封了由进步青年团体主办的红十字工作者书报供应社；大力发展国民党员，办理集体签名入党[①]；大肆进行反共宣传，把整个图云关搅得乌烟瘴气。中共在图云关的活动被迫停止，而有“亲共”之嫌的林可胜总队长，据说一度“被军统局的人弄走，后来是通过陈诚把他保出来的”[②]。此情此景，林可胜颇不自安，乃决意辞职[③]。

鉴于形势持续恶化，中共中央南方局决定，红会总支委员会要贯彻执行“隐蔽精干，长期潜伏，积蓄力量，以待时机”的方针，停止公开活动，疏散党员：将集中在图云关红十字会救护总队部的一部分党员以总队部的名义，分别调到西北、华中、西南各救护队去工作；红会运输股各汽车队中的一批清华大学的学生党员，回到西南联大复学；卫训总所几位政治面貌较“红”的党员调往他处。由于及时采取了疏散防范措施，中共红会党组织没有遭到重大破坏，但基本停止了在红会救护总队内的活动。至1942年9月林可胜辞职后，中国红十字会救护总队向中共提供的医疗援助也逐渐停止。

总之，红会救护总队在“林可胜时期”对国共两党军队不分彼此进行了医疗救护援助，这与中共秘密党员在红会救护总队内部的组织动员活动密不可分。中共红十字会地下组织的宣传动员活动为援助的实现提供了思想、组织保障；同时，红会救护总队广大医务工作者抗击日本侵略者的情怀，亦是援助得以实现的又一思想基础[④]。通过中共红会总支委员会的争取，不仅一批医疗队及医务工作者前往延安，而且通过贵阳交通站，也使一大批医疗器械和药品能顺利运抵延安。这些都为全面抗战初期延安地区医疗卫生条件的改善助益良多。

① 施正信：《回忆图云关》，《贵阳文史资料选辑》第22辑《红会救护总队》，贵阳市政协文史资料研究委员会1987年编印，第82页。

② 朱崇演、张建军：《荣独山教授谈红会救护总队》，《贵阳文史资料选辑》第22辑《红会救护总队》，贵阳市政协文史资料研究委员会1987年编印，第87页。

③ 参见池子华：《红十字与近代中国》，安徽人民出版社2004年版，第347页。

④ 任中义：《抗战时期中国红十字会救护总队对中共的医疗援助》，《湖北师范大学学报》（哲学社会科学版）2016年第3期。

中篇

红十字的召唤：

活跃在延安的外籍医生和医疗团体

第四章　延安的外籍医生和医疗团体概述

在中国红十字会救护总队援助延安抗战的同时，大批外籍医生和医疗团体秉持“人道、博爱、奉献”的红十字精神，纷至沓来，为延安及陕甘宁边区医疗卫生事业挥洒热血和汗水。先后来到延安的外籍医生有马海德、方禹镛、毕道文、梁金生、罗生特、汉斯·米勒、傅莱等，而医疗团体则有加美援华医疗队、印度援华医疗队与公谊医疗队等。本章对此进行考察。

第一节　外籍医生及医疗团体来华原因

外籍医生和医疗团体来华的原因，大体可以分为 3 种：一是受到共产国际，或是本国政党、红十字会、教会等团体的委派，如苏联医生阿洛夫，以及加美援华医疗队、印度援华医疗队、英国公谊医疗队等；二是受执政当局迫害而背井离乡的医生，如德国医生汉斯·米勒，奥地利医生罗生特、傅莱，朝鲜医生方禹镛等；三是受到人道主义的感召，或受到同时期左翼西方记者对苏区的新闻报道的影响而前往延安的医生，如印度尼西亚籍医生毕道文、越南籍中医大师梁金生和美国医生马海德等。

一、受共产国际或本国政党等团体所派遣

全面抗战爆发后，共产国际高度关注中国抗战，并对中国人民的浴血奋战抱以深深的同情。共产国际一方面在《共产国际》《真理报》等报刊的头版头条报道中国国内的战况，并谴责日本对中国发动的侵略战争，在道义上声援中国抗战。如共产国际主席团发表了《告国际无产阶级宣言》，强调：“中国人民的解放战争，是世界无产阶级和一切先进人

类反对野蛮法西斯主义压迫的总斗争之最重要组成部分。”① 号召全世界无产者和爱好和平的人士联合起来，为中国的抗战做出贡献。另一方面，为有力地推动中国抗战，共产国际做了大量的组织工作。1937 年 10 月 3 日，共产国际书记处在《援助西班牙和中国人民》的指示中，提出了各国共产党支援中国人民的行动纲领。共产国际还要求各国共产党建立保卫中国委员会，通过这一组织以及其他社会组织，推动本国政府采取有效措施，反对日本的各种侵略行径，广泛开展募捐、救济难民和救济侵略受害者运动②。

在全面抗战初期复杂的国际与国内环境下，苏联尚不具备直接对延安进行医疗援助的条件，所以中共方面提出了一个切实可行的方案，那就是“设立红十字会，会得到中国政府和广大社会团体的支持”，并且“通过国际革命战士救济会渠道在欧洲或美洲招募忠于我们的医生”，实际上也只有让同情中国革命的中立人士来支援延安，在红十字的旗帜下，“这些外国医生到我们地区来不会引起国民党方面的任何抗议”③。因此，在共产国际的号召下，各国共产党纷纷行动以来。其中，美国和加拿大共产党于 1938 年 1 月派遣的携带大量药品和手术器械前往中国的加美援华医疗队就是突出的代表，这支医疗队中就有我们熟知的伟大的共产主义战士白求恩。

在抗战进入相持阶段后，八路军中伤员数量直线上升。普罗斯库洛夫于 1939 年 12 月 21 日写给季米特洛夫的信中就提道：“据我们工作人员从延安发来的报告，目前国民革命军第八路军在前线约有 3.5 万名伤员，无医无药。”④ 有鉴于此，共产国际号召世界人民声讨日本法西斯、同情中国抗战，并给予中共各种实际性的援助，这一系列举措对帮助中国抗战和中共的发展亦发挥了关键作用⑤。在这一过程中，联共（布）中央还派出著名的外科大夫阿洛夫前往延安，以帮助中共建立起系统的现代医疗体系。

① 《群众》周刊第 2 卷第 10 期，转引自张静：《共产国际和中国人民抗日战争》，《南开大学学报》1995 年第 5 期。

② 参见张静：《共产国际和中国人民抗日战争》，《南开大学学报》1995 年第 5 期。

③ 转引自匡胜、陈胜华、孙伟：《抗战时期共产国际、联共（布）对中共援助再研究》，《中国井冈山干部学院学报》2015 年第 4 期。

④ 中共中央党史研究室第一研究部编：《共产国际、联共（布）与中国革命档案资料丛书》第 18 卷，中共党史出版社 2012 年版，第 301 页。

⑤ 参见薛承：《抗战时期共产国际中国问题研究小组若干问题述论》，《中共党史研究》2017 年第 10 期。

印度作为与中国有相似经历的近邻，也在抗战初期积极援助中国。印度援华医疗队即是受印度国大党的派遣而前往中国的。

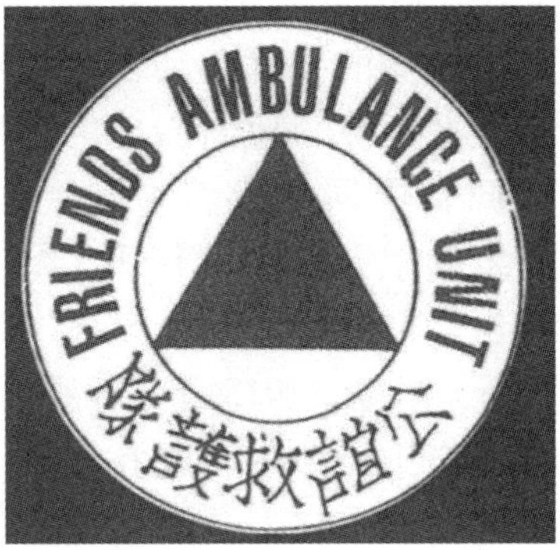

公谊救护队标识

公谊救护队是由英、美、中、加等国的基督教教友组成的世界范围内的宗教性慈善组织，成立于1890年，总部设在伦敦。两次世界大战期间，公谊救护队均组织队员前往战场进行战地救护工作；1941年，其在华救护队正式成立，并在桂、湘等地及缅甸前线参与救护伤兵和难民的行动。公谊救护队的宗旨只有一个——“帮助受侵略的人民”①，故在正面战场进行救护的同时，还将许多药品和医疗器械送到延安。

二、受法西斯势力迫害辗转流亡中国

20世纪30年代，德国建立起法西斯统治，而“种族卫生学”此时则在一定程度上充当了纳粹实施反犹太主义政策的马前卒。在当时的德国，种族主义并非无稽之谈，而是被许多人视为“一种科学”，是揭示人类不同种族发展规律的“一项巨大贡献”；并且这种基于所谓“科学”上的种族主义具有相当大的吸引力，不仅被当时的普通大众所信服，就连一些具有高水平理论知识的医学研究者也对此深信不疑②。

当德国开始在全国范围内掀起排犹主义的浪潮时，德国医学界也开始了排犹运动。大批受到德国法西斯势力迫害的犹太医生，实际上也受到了种族卫生学反犹政策的影响。正如德国伦理学家鲁道夫·兰姆所表示的：“国家社会主义医学界领导层首要的任务就是清除那些政治上不可靠者和非雅利安人，以此来保证提供给我国人民的医疗护理不至于受到危害。1933年的一个事实就是，在德国境内一共有5万名医生从业，其中13%都是犹太医生，这个比例在柏林甚至高达60%，我们可以认识

① 转引自陕西卫生志编纂委员会办公室编：《陕甘宁边区医药卫生史稿》，陕西人民出版社1994年版，第170页。

② 参见刘丽娟：《纳粹德国的知识分子与大屠杀——以医学界为视角》，郑州大学2013年硕士学位论文，第11页。

到医学界受到犹太人的影响之大。”[①]这一时期德国的排犹运动使大批犹太医生背井离乡，他们当中的一部分人因同情中国抗战而来到中国。汉斯·米勒就是其中的代表，他于1939年辗转来到延安。

汉斯·米勒

汉斯·米勒，1915年生于德国。1933年，高中毕业的米勒在准备进入大学继续深造之时，国内法西斯势力上台，由于米勒的父亲具有犹太血统，所以米勒也难逃厄运。当灾难来临之际，在父亲旧友的帮助下，米勒成功逃出德国来到瑞士，并在瑞士巴塞尔大学学习医学。1939年，米勒完成了关于心源性猝死原因的研究论文，这在当时的医学界属于前沿尖端领域，因此他获得了巴塞尔大学医学院授予的医学博士学位。米勒反对希特勒，反对法西斯，并且同情中国人民的抗战。心怀政治抱负的他在毕业后前往中国，1939年4月抵达香港，后在宋庆龄领导的“保卫中国同盟”和新华社驻香港办事处的共同引导下，于当年6月从越南转广西进入中国境内，然后辗转经西安到达延安[②]。

奥地利医生傅莱也有着类似的经历。傅莱原名理查德·施泰因，1920年出生于维也纳，14岁时就已经成为奥地利有名的“红小鬼”[③]。因为在这一年（1934年），奥地利因为第一次世界大战后的经济萧条和日益扩张的法西斯势力而爆发了国内战争，争取自由民主的社会民主党人和劳工阶级走上街头罢工游行，后来发展成与政府军展开殊死搏斗的巷战，而年仅14岁的傅莱就在街头巷尾帮助劳工战斗队搬运弹药，或是包扎受伤的革命军[④]。之后，傅莱加入了共青团，参加了共产党组织的伤员急救培训，1937年正式加入了奥地利共产党。1938年，德国吞

① 转引自周鑫：《种族卫生学与纳粹时期的德国医学界》，武汉大学2012年博士学位论文，第80页。

② 陕西卫生志编纂委员会办公室编：《陕甘宁边区医家传略》第1辑，陕西科学技术出版社1991年版，第104页。

③ 参见王启星、王彪、严卫民、陈联：《政协委员中的中国籍外国人》，《瞭望》1983年第6期。

④ （小）理查德·傅莱：《缅怀父亲：傅莱逝世十周年纪念》，《友声》2014年第4期。

并奥地利，疯狂迫害和屠杀共产党员和犹太人。积极参加反法西斯斗争的傅莱，自然被盖世太保列入黑名单。傅莱在得知中国共产党英勇抗日的事迹后，于1938年底离开奥地利，辗转来到香港。在随后的近3年时间里，他先在天津结识了美国牧师胡本德，转而被介绍给中共北平地下党负责人刘仁，进而与八路军干部黄浩、天津地下交通员吴又军接上头，然后在南口妙峰山被八路军萧克部的一个警卫连接应到达杨成武领导的晋察冀一分区[①]。傅莱终于进入了共产党领导的抗日根据地。

傅　莱

奥地利籍犹太医生罗生特[②]，原名雅各布·罗森菲尔德，1923年考入维也纳大学医学系，专攻泌尿科、妇科。1928年毕业后，罗生特毅然加入奥地利社会民主党，投身国内的革命斗争，曾多次被捕入狱。

1938年德国吞并奥地利后，开始大肆逮捕并屠杀社会民主党人和犹太人，罗生特被捕后收押在德国的集中营。一年后，德国当局以“未对当局造成严重伤害”[③] 而将其释放，但条件是必须在14天内离开奥地利，并勒令其不准回国。罗生特便选择了前往中东欧犹太人最后的天堂——上海，因为中国是当时唯一一个不需要签证入境的国家。随后，他通过老友、德国共产党员汉斯·希伯与中国共产党的地下组织、新四军驻上海办事处的吴之理等取得联系。不久，中共党组织批准了罗生特到新四军工作的请求。1941年3月，罗生特抵达新四军军部驻地盐城[④]。随后的岁月，罗生特随新四军转战南北，始终坚持在一线救治伤员。新

① 参见李生明：《来自多瑙河畔的八路军“神医”——傅莱》，《党史文汇》2017年第11期。

② 由于罗生特的主要活动地点并非在延安或是八路军的根据地内，而是在新四军驻地，故下文将不再单独列出一目来介绍他的事迹。罗生特在青年时期家境殷实，本人又是著名的医学博士，积极投身反抗法西斯的斗争，并在遭到纳粹的迫害后毅然来到中国，来到新四军的驻地，用自己精湛的医术为新四军服务，被誉为“新四军中的白求恩”。

③ 转引自陈建新：《“新四军中的白求恩”——罗生特》，《钟山风雨》2013年第6期。

④ 祝小茗：《中共“特别党员”奥地利医生罗生特》，《党史文汇》2018年第2期。

罗生特

四军军部出于对罗生特的安全考虑，曾决定让罗生特前往延安，但是1944年初，八路军山东军区司令员兼政委罗荣桓由于急性肾炎而尿血不止，罗生特留了下来，用自己精湛的泌尿外科医术为罗荣桓治疗疾病，使得罗荣桓逐渐恢复了健康。

朝鲜医生方禹镛，出生于1893年，毕业于朝鲜京城医学专科学校，后在日本东京大学进修。1876年，日本以武力胁迫朝鲜签订了《江华条约》，获得了通商租地、领事裁判权和在朝鲜沿海自由航行等特权，开始全面向朝鲜渗透。1895年，中日《马关条约》签订，清政府承认了日本对朝鲜的完全控制；1910年，日本通过《日韩合并条约》完全吞并朝鲜。也就是说，方禹镛在青少年时期就饱尝了亡国的痛苦。在受过专业系统的医学训练后，他于

方禹镛

1928 年流亡到中国，1937 年全面抗战爆发后，他即参加了中国军队，担任军医。当他了解到中国共产党领导的八路军缺乏受过正规训练的军医后，毅然决定前往延安帮助八路军。1939 年夏，经八路军西安办事处介绍，他奔赴延安。

以上介绍的几位外籍医生，因受各国法西斯势力的迫害而被迫流亡的经历，使他们对中国的抗战抱有深深的同情，同时所具有的民主意识又使他们对中共产生了更多的政治认同。多方面因素相结合，促使他们前往中国，并帮助中国共产党和中国人民进行抗日斗争。

三、受人道主义感召或受左翼记者关于延安报道的影响

受人道主义感召或受左翼记者关于延安的报道的影响而前往中国的外籍医生也不乏其人。

美国医生马海德本是研究热带病和皮肤病的医学博士，为了救治更多的病人辗转来到上海，他目睹了 20 世纪 30 年代在国民党统治下，压榨工人的资本家过着纸醉金迷的生活，阶级之间的贫富差距又是如此巨大，这些让他逐渐意识到“穷人需要的不是药片，更需要吃的、穿的”。至于如何能使穷人获得这一切，当马海德参加了马克思主义读书小组并接触到《共产党宣言》等书籍后，他逐渐找到了答案——“在延安有一支队伍正在为改变不合理的制度而努力着”[①]。从此，马海德便萌生了前往延安的念头，并通过一次偶然的机会，与埃德加·斯诺一同踏上了前往延安的旅途。

毕道文

1906 年出生在印度尼西亚的毕道文，祖籍广东，是印尼籍华人[②]。从小生长在印尼的毕道文既不会讲中文，也不认识汉字，但是对于中

① 转引自陕西卫生志编纂委员会办公室编：《陕甘宁边区医家传略》第 1 辑，陕西科学技术出版社 1991 年版，第 15 页。

② 参见本书编委会编：《白衣战士的光辉篇章——回忆延安中央医院（1939. 4—1950. 8）》，陕西人民出版社 1995 年版，第 84 页。

华传统文化与故土，他仍有无法割舍的眷恋之情。青年时代的毕道文考进德国柏林大学攻读医学，并加入了德国共产党。1936 年西班牙内战爆发，满怀国际主义与人道主义思想的他加入了国际纵队前往马德里，在那里有幸与白求恩并肩战斗①。马德里保卫战失败后，毕道文在强烈的人道主义感召下步白求恩后尘也来到中国。1940 年 1 月，经宋庆龄介绍，他辗转来到延安，进入延安中央医院工作。

越南籍医生梁金生，1906 年出生，1927 年加入中国共产党。在全面抗战爆发前的一段时间里，他积极从事革命工作；全面抗战爆发后，在中国共产党的安排下，梁金生来到延安。梁金生精通中医药，到延安后曾主持开办光华制药厂，被称为延安中西医结合的首倡者。

梁金生

同时期，诸如埃德加·斯诺和艾格尼丝·史沫特莱等西方记者对延安的报道和所写的文学作品也深深地影响了一大批人。正如 1938 年 1 月 8 日，白求恩在前往中国的“亚洲女皇”号邮轮上写信给自己的妻子说：“你必须明白我去中国的原因，你可以读读埃德加·斯诺的《西行漫记》，艾格尼丝·史沫特莱的《中国红军在前进》，或者贝特兰的《中国第一幕：西安事变》。”② 由此不难想见，这些报道在西方社会所产生的影响力。

总之，左翼记者们对延安及中国革命的客观真实报道，廓清了迷雾，让世界了解了中国共产党，同情中国革命；尤其是来自延安的召唤，使外籍医生及医疗团体心向往之，希望在红十字旗帜下，为敌后抗战贡献一己之力。

① 参见刘强：《延安中央医院里的洋大夫》，《党史文汇》2018 年第 1 期。

② ［加］罗德里克·斯图尔特、莎朗·斯图尔特：《不死鸟——诺尔曼·白求恩的一生》（柳青译），中国青年出版社 2013 年版，第 273 页。

第二节　外籍医生在延安开展的工作

一、参与扩建八路军军医院

全面抗战爆发之初，由于党中央刚刚落户陕北，配套的医疗救护体系尚未建立，仅有的伤兵医院的条件也十分简陋。据印度援华医疗队队长爱德华回忆："我们真没有想到八路军能够利用各种方法来克服困难，如第二兵站医院利用大水锅代替消毒器，军医学校利用自行绘制的来代替各种模型和标本，利用中国的柴胡代替阿司匹林。这些都不容易使人家相信。然而，今天我亲眼见到了这个奇迹。"① 爱德华、巴苏华、柯棣华3位大夫接受了八路军总卫生处的委托，前往位于延安以东约25公里的拐峁八路军军医院工作，他们利用自身精湛的外科技能，负责医院外科手术和X光机的使用。不仅如此，由于边区政府希望他们把这所军医院建设成为一所模范医院，所以印度医生们又开始谋划扩建医院，以满足日益迫切的战争救护的需要。

爱德华等医生在延安拐峁八路军军医院

① ［印］曼凯西·桑塔拉姆·柯棣尼斯：《永恒的桥梁——柯棣华大夫传记》（任鸣皋、皮美艳译），河北人民出版社1985年版，第69页。

仅就新医院的规模来说，与其说是扩建，不如说是开挖新的窑洞。这些新开挖的窑洞有 25 间之多，其中的 16 间排成一排。新窑洞较过去的旧窑洞更加宽敞明亮，每间能容纳 5 个病人。医疗队计划再修建一些窑洞，最终使军医院的规模扩大至能同时容纳 200 名伤兵；另外，还要在临近的山上为传染病人单独修建一些窑洞。

军医院扩建好以后，印度医生主管外科病房，马海德医生主管内科病房，当时外界运往延安的医药物资到达后，一般由马海德医生负责协调分配这些物资在八路军军医院的使用①。

朝鲜医生方禹镛在全面抗战爆发后，经过八路军西安办事处安排到达延安，被分配到八路军军医院工作，任内科主任医师。他同时也是医院中最年长的一位医生②。

二、以专业技能填补了延安医疗系统的空白

1942 年 5 月，苏联著名外科专家阿洛夫受共产国际和联共（布）中央派遣来到中国。

中央卫生处处长傅连暲（右）与阿洛夫合影

阿洛夫在延安中央医院任外科主任后，用在苏联卫国战争中积累的宝贵经验来建设中央医院外科。他否定了天天换药的传统方法，推广了延期换药的新方法，提倡病人术后早期拆线，早期下床活动，以促进伤

① 参见［新］路易·艾黎：《在中国的六个美国人》（徐存尧译），新华出版社 1985 年版，第 14 页。

② 参见陕西卫生志编纂委员会办公室编：《陕甘宁边区医家传略》第 1 辑，陕西科学技术出版社 1991 年版，第 40 页。

口快速愈合的“动静疗法”；他带来的夹板固定复位法和打石膏绷带的技术，填补了中央医院之前无骨科的空白；他带来的用鞣酸、硝酸银治疗战斗烧伤和在野战情况下如何运输、抢救重伤员的方法等，都是当时世界上最先进的[①]。

在来到中国之前，加拿大医生白求恩曾志愿加入国际纵队，参加了援助西班牙人民保卫共和国政权的斗争。值得一提的是，在西班牙进行战地救护时，白求恩创造性地将一种源于苏联的管封血液法（即输血疗法），用于治疗战场上那些因失血过多而产生失血性休克症状的重伤员，从而挽救了许多伤兵的生命。他率领的加美医疗队在延安停留期间，曾将这种当时世界上比较先进的输血疗法付诸医疗实践，挽救了一个失血过多的重伤员的生命；他还曾试图在延安建立输血小组，将输血疗法在延安的医院中进行推广[②]。

参加西班牙内战救护的白求恩

奥地利医生傅莱于1940年辗转来到晋察冀边区。是时，边区疟疾、麻疹等流行病肆虐，傅莱于是将中医的针灸与西医的疗法结合起来治疗流行病，疗效显著。1944年，他被调到延安，在中国医科大学从事流行病、传染病的教学。陕甘宁边区中西医药研究会成立后，傅莱任顾问，他根据之前在奥地利实验室的经验，利用美国援助的高压汽锅、青霉菌

① 景嘉魁：《回忆苏联专家阿洛夫同志》，见《白衣战士的光辉篇章——回忆延安中央医院（1939. 4—1950. 8）》，陕西人民出版社1995年版，第92页。

② ［加］罗德里克·斯图尔特、莎朗·斯图尔特：《不死鸟——诺尔曼·白求恩的一生》（柳青译），中国青年出版社2013年版，第133页。

芽苞、培养液等原材料，在延安极端困难的条件下成功试制出青霉素[①]。

上述这些外籍医生以专业技能填补了延安医疗系统的空白，对于改善延安医疗卫生条件功莫大焉。

三、参与中共领导人的诊疗工作

经过长征到达陕北之后，上至中共中央领导，下至普通士兵，几乎都患有不同程度的慢性病，身体十分虚弱。史沫特莱在前往延安的路上遇到红军部队，强烈感受到“多数人营养不良，衣衫褴褛。当我从他们中间走过，可以听到此起彼伏的干咳声，许多人肺部有病。他们的眼睛红肿，但是我无法分辨是由于沙眼还是由于饥饿”[②]。由此可见，当时红军将士的健康状况令人十分担忧。

1938 年 3 月，白求恩所在的加美医疗队到达延安后，他即用带来的一台便携式手提 X 光机，开始给延安的干部做检查，并将每个做过检查的干部的身体状况做成病例。他还建议以此病例为依据来分配干部从事不同地区和强度的领导工作。白求恩在延安时，曾用一把手术刀、两把镊子、一个开口器和几个棉球，用几分钟的时间为八路军留守部队司令员萧劲光的女儿实施了扁桃体切除术，一时传为佳话[③]。

八路军 120 师政委关向应由于长期在艰苦环境中工作，身体十分虚弱，患上了肺结核，病情不断恶化，被诊断为脓胸。苏联专家阿洛夫认为必须尽快实施开胸引脓手术，但是身体虚弱的关向应经不起来回奔波，最终阿洛夫决定在疗养院中创造手术环境来为他做手术。经过细致布置，关向应在疗养院中的手术获得了成功。

八路军 115 师师长林彪中弹负伤后，虽然弹头整体飞出，但仍有少量碎屑残留体内，使得伤口处一直有炎症反应，并伴有经常性的咯血。对林彪的会诊集合了诸多外籍专家，最后通过清创手术，使他的伤两周后即大致恢复。

1939 年 7 月，周恩来不慎从马背上跌落，造成右肘的小臂下端骨折。得到消息后，印度医疗队里的巴苏华、爱德华、柯棣华 3 位医生立即前往周恩来住处为其进行检查，由于当时周恩来的住处没有 X 光机，

---

① 陕西卫生志编纂委员会办公室编：《陕甘宁边区医家传略》第 1 辑，陕西科学技术出版社 1991 年版，第 262 页。

② ［美］艾格尼丝·史沫特莱：《中国的战歌》（江枫译），作家出版社 1986 年版，第 168 页。

③ ［加］罗德里克·斯图尔特、莎朗·斯图尔特：《不死鸟——诺尔曼·白求恩的一生》（柳青译），中国青年出版社 2013 年版，第 164 页。

印度医生只能靠感觉来诊断①。鉴于周恩来的伤势较重，当晚周恩来的住处集中了几乎全延安所有的中国医生和外籍专家，经过后运来的 X 光会诊，确认了病情，并对其受伤手臂用夹板固定后进行正骨。周恩来随后转赴苏联疗养，手臂恢复得十分迅速，这充分体现了外籍专家进行预处理的精湛医术。

第三节　对延安医疗卫生事业的贡献

以西方解剖学为基础的现代医学体系，在中央红军长征结束刚刚到达延安的时候，并没有在延安地区建立起来。当抗日战争全面爆发后，红军主力改编为八路军并相继开赴前线参加抗战，但战争所带来的伤亡，仅仅依靠红军时代的医护人员与技术经验显然是不够的。外籍专家和援华医疗队的到来，使延安地区的医疗卫生状况得到了很大的改观。

外籍专家和援华医疗队对延安医疗卫生事业的贡献是多方面的，其中最直观、最显著的有如下两个方面：

第一，外科医术精湛，降低了伤员死亡率。全面抗战爆发后，八路军一个卫生学校、两个野战医院和一个警卫营，通过动员和组织沿线的群众，每二三十里设立一个伤兵转运站，利用担架运送伤员，建立了从山西前线到黄河岸边的伤员运输路线，伤员可以较为及时地被运送到延安后方医院②。印度援华医疗队的爱德华、巴苏华和柯棣华 3 位外科大夫，以及马海德医生、方禹镛医生在全面抗战初期均在八路军军医院任职，其中任五官科主任的巴苏华大夫，由于器材短缺，甚至利用竹子自制眼科器械③，为伤兵医治眼伤。另外，印度援华医疗队的卓克华和木克华医生则在八路军卫生学校从事教学工作，专心培养合格的医务人才。

传统的对待枪伤的处理方法是在取出弹头后清理伤口、上药、包扎，并且需要每天换药，以等待伤口愈合再进行活动。苏联医生阿洛夫来到延安后，改变了这种传统的处理方式。基于对人体组织生长机理的

---

① ［印］曼凯西·桑塔拉姆·柯棣尼斯：《永恒的桥梁——柯棣华大夫传记》（任鸣皋、皮美艳译），河北人民出版社 1985 年版，第 68 页。

② 陕西卫生志编纂委员会办公室编：《陕甘宁边区医家传略》第 1 辑，陕西科学技术出版社 1991 年版，第 25 页。

③ 参见梅剑：《延安秘事》上部，红旗出版社 1996 年版，第 363 页。

科学认识，阿洛夫医生认为，在处理伤口时，只要消毒严密，不曾化脓，便可以让它固定起来，安静地生长；而身体的其他部位则要尽量运动，这种“动静疗法”使得伤兵的恢复周期缩短了一半以上[①]。

马海德等医务人员在延安的合影

第二，注重防疫工作，减少非战斗减员。学术界对于战争与疫病关系的研究成果颇多，例如，王向东在《战争与疾病》一书中，列举了诸多事例来证明传染病与战争的关系[②]；张嘉凤的研究则揭示了17世纪女真（后金）军队在征服其他部族、进军朝鲜和与明军战斗的过程中，由于采取了许多预防措施，防止了天花在军队中的蔓延，从而为最终的军事胜利奠定了坚实的基础[③]。

延安地区历史上就曾有过天花、鼠疫、斑疹伤寒的流行，1935年中央红军到达陕北后，延安地区人数激增，但是卫生条件极差，这就大大增加了因为传染病暴发而导致非战斗减员的风险。为此，先后抵达延安的外籍医生们，为做好防疫工作付出了大量的心血。例如，1943年初，德国医生米勒离开晋察冀边区前往延安时接受了一个重要任务，就是消灭刚从前线下来的杨得志纵队中流行的斑疹伤寒。针对引发斑疹伤寒的

① 参见陕西卫生志编纂委员会办公室编：《陕甘宁边区医家传略》第1辑，陕西科学技术出版社1991年版，第166—167页。

② 参见王向东：《战争与疾病》，人民军医出版社1993年版。

③ 转引自李玉尚：《传染病对太平天国战局的影响》，（台北）《“中央研究院”近代史研究所集刊》2004年第45期，第2页。

立克次体的虱子，各部队在驻地设置大铁锅，要求官兵将全部衣物放入锅内煮沸，直至彻底灭虱，从而成功阻止了斑疹伤寒在八路军队伍中的传播。

总之，外籍专家和援华医疗队在延安建立了野战医院，降低了伤兵死亡率，同时也为根据地培养了大批合格的医务人才。特别是随着 1939 年中央医院的建立，以现代医学为基础的医疗体系，为当时生活和战斗在延安地区的中共领导人、普通百姓和八路军将士的医疗保健，为边区医疗卫生事业的发展提供了有力保障。其中，外籍专家和援华医疗队所做出的努力令人难忘。

第五章　印度援华医疗队：中印友谊的桥梁

抗日战争全面爆发后，红军主力部队改编为八路军开赴前线。但是，敌后抗日根据地落后的医疗卫生条件，根本无法适应八路军英勇抗战所带来的巨大伤亡。因此，要改变这种状况，除加强自身建设及获得中国红十字会救护总队部的援助外，还要依靠广泛的国际力量的支持，而外籍专家和医疗团体的到来正代表了这种人道力量。

在红十字精神的感召下，外籍专家和医疗团体或是直接投身于八路军抗战一线救治伤兵，或是在后方医院坐诊，抑或在卫生学校任教以培养医护人才。他们的到来，为延安乃至整个陕甘宁边区医疗卫生事业的发展，起到了重要的推动作用。印度援华医疗队便是其中突出的代表。

第一节　促成印度医疗队援华的动因

促成印度援华医疗队来华投身抗战救护事业的原因是多方面的，其中既有印度国大党对华友好、反抗法西斯主义的政策基础，又有尼赫鲁及史沫特莱等人的全力促进。

一、列强对日绥靖政策与印度国大党对华态度的强烈反差

在全面抗战爆发后的最初两年，英、美等国对于日本正在进行的侵华战争，往往只是停留在口头谴责的阶段，对中国的抗战也只是抱有同情的态度，并未采取实质性的对华援助举动或是对日制裁措施。

英、美等西方列强为了维护其在华的经济利益和政治地位，甚至企图利用中国抗战来削弱日本。列强的对日绥靖政策在七七事变之后的国联大会和布鲁塞尔会议上体现得淋漓尽致。特别是 1937 年 11 月召开的

布鲁塞尔会议，其最终的结果只是重申“九国公约”的原则，并要求停止战争行动，但是未明确指出谁是侵略者、谁是被侵略者，中国也没有得到任何实际的援助，日本也没有受到任何制裁①。时任大会中国代表的顾维钧在其《回忆录》中说：中国“是非常失望的，主要不是因为会议本身不能有任何作为，而是由于在远东有巨大利益的大国不愿采取任何措施来抑制日本，这不仅是为了中国的利益，也是为了他们自己和世界和平事业和利益本应采取的”②。

顾维钧

实际上，在这一时期，英国关注的重点是在欧洲，因其自身实力的限制，无法东西兼顾，因此英国在远东采取了退却政策，不断以妥协和让步来求取与日本的短暂相安。同样的，美国对日妥协主要表现在继续对日输出大量军事物资上。抗战爆发后，由于中日间并未真正宣战，日本陆军部也并未编组真正的“战斗序列”部队，临时编组的上海派遣军的任务被“限制”在很小的范围以内，并且“不是纯正的作战部队”③，因此在法律上美国未确认中日处于战争状态，也未确认日本是在对中国进行侵略战争，所以美国仍然维持着庞大的对日贸易。虽然美国国内的有关正义人士成立了一个“美国不参与日本侵略委员会”，但是在中国全面抗战爆发的最初两年中，该委员会并没有促成美国政府对华政策的转变，美国继续向日本提供大量的物资，尤其是日本亟须的军用物资④。

德国在战争之初保持中立，总体来看，德国的远东战略具有两个层

① 参见军事科学院军事历史研究部编：《中国抗日战争史》中卷，解放军出版社 2005 年修订版，第 46 页。

② 顾维钧：《顾维钧回忆录》，中华书局 1985 年版，第 696 页。

③ ［日］日本防卫厅防卫研究所战史室编：《中国事变陆军作战史》第 1 卷第 2 分册（齐福霖译），中华书局 1981 年版，第 6 页。

④ 参见王建朗、曾景忠：《中国近代通史（第 9 卷）抗日战争（1937—1945）》，江苏人民出版社 2005 年版，第 206—207 页。

次：第一，如果可以在中日的战与和之间选择，德国将赞成和解；第二，如果必须在中日之间做出明确的舍弃选择，德国将偏向日本[①]。全面抗战爆发之初，当陶德曼调停失败后，在长期化的战争面前，德国也不可能长期处于既忠实于自己的盟友，又与中国进行大量钨矿砂等军事物资往来贸易的尴尬境地，德国的远东战略更需要的是日本而不是中国。因此，德国随即撤回了驻华大使，并下令对华实施武器禁运。

在全面抗战之初，苏联是仅有的对华进行军事物资援助的大国。从根本上说，苏联援华的目的在于遏制日本"北进"，期望中国能拖住日本，但是苏联并不会对日本轻启战端。当时苏联援助中国军队的大量新式飞机与坦克，对战争初期中国正面战场的抵抗发挥了至关重要的作用。

相比之下，以尼赫鲁为首的印度国大党则在中国全面抗战爆发后即积极筹划对华援助，尤其是在当时中国战场上最为紧缺的专业医疗人员和医药物资方面，更为用心。

尼赫鲁

由于长期受到英国殖民者的压迫，以国大党为主的印度爱国者不断地同英帝国主义进行斗争，并把"完全独立"作为其最终的目标。从某种程度上看，印度国大党做出援助中国医疗队和医药物资的决定，是出于对世界范围内反法西斯斗争的大趋势和中印之间长期友好关系的考量。法西斯主义是世界人民共同的敌人，是民族解放和民族独立的障碍。尼赫鲁敏锐地意识到，作为殖民地国家，印度人民不仅要反对老牌帝国主义，还要反对新出现的法西斯主义。世界著名反战人士约翰·杜威、阿尔伯特·爱因斯坦、伯特兰·罗素和罗曼·罗兰曾联名致信尼赫鲁，号召印度参与抵制日本的联合行动。尼赫鲁在回信中表达了对日本的谴责和对中国的同情，并且号召抵制日货，表示国大党愿意"为了慈善、和平、民主以及消灭法西斯主义和帝国主

① 参见王建朗、曾景忠：《中国近代通史（第9卷）抗日战争（1937—1945）》，江苏人民出版社2005年版，第178页。

义而合作”。此外，尼赫鲁认为仅仅同情还是不够的，还必须提供力所能及的帮助，如抵制日货、为医疗救助提供救助资金等①。

1937 年 7 月，尼赫鲁参加了在法国巴黎举行的国际和平会议并发表讲话：“我们向有史以来就有千丝万缕把我们连结在一起的中国人民伸出我们的友谊之手。他们的危险就是我们的危险，他们的苦难使我们感到痛心，不管我们的前途好坏如何，我们都将团结在一起。”② 随后，他宣布印度国大党已经决定派遣一支医疗队到中国去。

二、史沫特莱、尼赫鲁与中共的共同努力

印度援华医疗队的来华，是多种因素共同作用的结果，其中史沫特莱、尼赫鲁与中共之间的多向互动是一个重要原因。

在中国全面抗战爆发后，美国记者艾格尼丝·史沫特莱作为德国《法兰克福日报》特派记者，离开延安前往山西八路军抗敌前线，对八路军抗战进行报道。史沫特莱一行前往山西的途中，在黄河北岸的风陵渡，史沫特莱见到“烂泥路边的地上躺着一排排的伤兵，好几百的伤兵有的昏迷在地，裹扎的绷带血迹斑斑，有的发黑，惨不忍睹”。经过了解，这些伤兵“有的是一个月前受伤的，挣扎南下，有时坐大车有时骑骡子。成百上千的死在途中……他们没有医生护士，也没有陪同人员一路护送”③。如果说大批伤病员无人医治的惨状，让史沫特莱萌生了在战争初期对伤兵面临的困境进行报道的念头，那么，史沫特莱之后目睹的山西地区游击队员的恶劣生活境况，则更加坚定了她为中国共产党领导的抗日武装请求国际援助的信念。

通过实地采访，史沫特莱看到因为有广大人民做后盾（其中民兵和游击队起到了很重要的作用），在山西的八路军克服种种困难，坚持敌后抗战。但是由于没有资金，刚刚武装起来的民兵缺少补给，尤其是防寒衣物和医药物资极端匮乏，看到这一切的史沫特莱决定利用自己记者的身份，从“闭塞的地区”中冲开缺口，向国际上进行呼吁。这一次，她选择了正在反对英国殖民主义统治的印度民族运动领袖尼赫鲁为呼吁

① 参见金兴礼：《史沫特莱、朱德和尼赫鲁与印度援华医疗队》，《兰台世界》2015 年第 25 期。

② 转引自［印］曼凯西·桑塔拉姆·柯棣尼斯：《永恒的桥梁——柯棣华大夫传记》（任鸣皋、皮美艳译），河北人民出版社 1985 年版，第 19 页。

③ ［美］艾格尼丝·史沫特莱：《史沫特莱文集》（陈文炳、苗素群译），新华出版社 1985 年版，第 172 页。

对象。1937 年 11 月 23 日，史沫特莱致信尼赫鲁，向他诉说抗战之初中国北方地区由于战争消耗所造成的窘境：“在日军实际占领区，例如绥远、察哈尔及河北省，成千上万的中国学生、工人和农民已经起来组成志愿军打日本人了。他们有武器但没有冬衣，没有鞋子，而且根据地粮食也非常匮乏。我们这儿的军队很穷而且还正在组织和武装北方的人民。他们没有钱去资助志愿军。”由此她请求印度国大党“能否给中国志愿军捐赠一笔款子呢？今天和上星期，我同我们的总司令讨论了这个问题。我们打算在美国和中国筹措款项——虽然中国人各方面的负担都很沉重。因而我现在向印度国民大会呼吁，给我们的志愿军捐些物资”①。

史沫特莱

11 月 26 日，在史沫特莱致信尼赫鲁后的第三天，八路军总司令朱德也应史沫特莱的邀请给尼赫鲁写信，请求印度国大党能对八路军进行援助，以使八路军渡过战争初期的难关。在信中，朱德首先向尼赫鲁表达了中国军民持久抗战的决心和信心：这次全民族抗战，中共团结了一切可以团结的力量，“在整个华北我们的活动区域，我们能够帮助农民游击队，他们正在迅速发展成为我军的一个组成部分”，但是武装这些农民最现实的问题也摆在眼前，“我们的工作是十分艰巨的，因为我们的军队很穷……这些志愿军每个人只能分得 5 角钱，只够每人每天一餐，维持一周的费用……这是我们面临的一个问题，我们正在为志愿军向国内外筹款”。同时，朱德将中国人民的抗日战争上升到关于亚洲民族解放的高度：“我们知道我们不仅是在为中华民族和中国人民而战，而且是为亚洲人而战，我们是全世界被压迫阶级的军队的一部分。”最后，朱德向印度国大党发出呼吁：“我们愿以中国志愿军的名义接受经济援助，欢迎提供药品和医疗设备，欢迎有经验的战地外科医生和护士，也欢迎愿

① 转引自任鸣皋：《艾格尼丝·史沫特莱与印度援华医疗队》，《南亚研究》1989 年第 2 期。

意声援我们的志愿人员编成志愿军部队与我们并肩战斗。”①

朱　德

印度国大党领袖尼赫鲁迅速做出回应，他号召人们在 1938 年 1 月 9 日在全国举行“中国日”，并决定邀请年轻力壮的医生组成一个医疗队，携带必需的药品和医疗器械去中国，以表达对中国人民反对殖民主义与帝国主义的同情和支援②。但必须指出的是，虽然尼赫鲁对中国人民的抗战抱有深切同情，并答应派遣医疗队前往中国，但是对于朱德信中“欢迎愿意声援我们的志愿人员编成志愿军部队与我们并肩战斗”的呼吁并未做出行动上的回应。深层次的原因其实在于，尼赫鲁出于对印度自身安全的考虑，担心派志愿军参战会被日本认为是所谓“不友好”的举动而卷入战争③。这是在中国全面抗战爆发后，尼赫鲁出于对亚洲形势与国际安全的观察所做出的反应。

---

① 转引自任鸣皋：《艾格尼丝·史沫特莱与印度援华医疗队》，《南亚研究》1989 年第 2 期。

② ［印］曼凯西·桑塔拉姆·柯棣尼斯：《永恒的桥梁——柯棣华大夫传记》（任鸣皋、皮美艳译），河北人民出版社 1985 年版，第 18—19 页。

③ 参见金兴礼：《史沫特莱、朱德和尼赫鲁与印度援华医疗队》，《兰台世界》2015 年第 25 期。

对于尼赫鲁给予中国的支持，作为老朋友的宋庆龄深表感谢。1938年7月7日，宋庆龄致信尼赫鲁，谓中国人民“获悉印度人民所表示的同情和支持，深为感谢和极受鼓舞，我借此机会表示我们的感激和同志情谊”①。

第二节　编入红十字会救护总队序列转赴延安

印度国大党在进行道义声援的同时，援华医疗队也在积极组建中。《申报》报道说，印度国民大会“以我国此次发动全面抗战，不特为争取中华民族之生存，且为维护远东和平，打击世界侵略者之抗战，极表同情，特组织印度救护队来华服务”②。1938年9月1日，印度援华医疗队首批5人——爱德（又译称亚特、雅图、亚达尔、阿塔尔、阿泰尔）医生、巴苏（又译称巴素、巴森、巴士）医生、卓克（又译称高路拿、乔尔克古）医生、柯棣尼斯（又译称吉尼士、德巴斯、考尼斯，即人们熟知的柯棣华）医生、木克吉（又译称摩卡治、莫克介尔）医生——携带救护车两辆、医药仪器55箱，以爱德医生为领队，乘英国邮轮“兰浦丹拿”号自孟买起航，14日抵达香港，受到中国红十字会、香港中华医学会的隆重欢迎。

卓克华、木克华、爱德华、柯棣华、巴苏华（从左至右）

① 转引自池子华：《柯棣华：从印度来的第二个“白求恩”》，《中国红十字报》2018年6月29日。

② 《为正义而服务之印度救护队昨抵港》，《申报》1938年9月15日。

15日下午，中国红十字会驻港办事处、香港中华医学会联合在华商俱乐部举行欢迎大会，中国红十字会副会长杜月笙、中华医学会会长李树培以及何香凝、倪士钦、黄炎培、王晓籁、伍长耀等社会名流共百余人参加欢迎大会，“情形异常热闹，济济一堂，极一时之盛”。杜月笙副会长致欢迎词，云“贵队抱宝贵的热忱，断然莅止，准备参加我们红十字会服务，而我们前线苦战受伤的将士，将受到春风一般的吹拂。鄙人今天谨代表中国红十字总会表示无限的感佩”。杜月笙的欢迎词，表达了中国红十字会对印度援华医疗队所具有的国际人道主义精神的褒扬。爱德致答词，谓：“此次余等立志来华惟一目的，即希能即前赴中国内地救伤，……此次中国为自由而抗战，其神圣已震惊世界，各国亦莫不予中国以同情，盖中国非独为自卫而战，且为世界和平与人类自由而抗战也。此行来华遭遇危险，在所不免，但为人类幸福与正义，吾等已非所顾及矣。”① 表达了医疗队员们献身红十字事业的决心与信念。

9月17日，援华医疗队到达广州，宋庆龄亲自到码头迎接，这使医疗队员们深受感动。宋庆龄“很年轻，风度迷人，讲一口漂亮的英语”②，给他们留下美好的印象。

印度援华医疗队在广州停留数日后即赴汉口，9月30日抵达后参加了中国红十字会救护总队，被编入第15救护队③，在汉口的伤兵医院进行救治工作。队长爱德在记者发布会上表示：“蒙中国红十字会委为第十五救护队，并配以看护及工作人员二十余人，本人等受此荣任，极感兴奋，决本全力工作，以不负我印度人士之热望。”④

印度援华医疗队在汉口伤兵医院辛勤工作，据柯棣华回忆，医院的医疗救护条件差得惊人，病人的状况很糟糕，其中一部分原因是“没有足够的救护车或其他交通工具，伤兵实际上不得不花上四天到七天的时间步行到这里的后方医院，受重伤的死在路上，所以医生从来也没有见过重伤员，能见到的就只是伤口严重溃烂或骨折的伤员”⑤。基于战场伤员运送不便的问题，印度援华医疗队除携带大量药品、医疗器械外，还

---

① 《中华医会红会欢迎印护队盛况》，《申报》1938年9月16日。

② 转引自池子华：《柯棣华：从印度来的第二个“白求恩”》，《中国红十字报》2018年6月29日。

③ 《印度救护队达到武汉》，《武汉日报》1938年10月1日。

④ 《印救护队抵汉》，《大公报》1938年10月1日。

⑤ ［印］曼凯西·桑塔拉姆·柯棣尼斯：《永恒的桥梁——柯棣华大夫传记》（任鸣皋、皮美艳译），河北人民出版社1985年版，第37页。

携带了“防弹钢质救护车及卡车一辆”，以解燃眉之急[①]。

印度援华医疗队在八路军武汉办事处留影

（后排左起：李克农、叶剑英、罗瑞卿、何凯丰；前排左起：木克华、柯棣华、爱德华、卓克华、巴苏华）

由印度医生编组的第15医疗队在武汉救护伤兵的工作开始不久，英国领事希望他们参加汉口国际红十字委员会（即1937年9月15日成立的华中万国红十字会）的工作，理由是“这样一来，他们就可以随时得到他们所需要的物资供应，并能在设备良好的教会医院里工作。一个额外的诱饵是，据他说，万一被日本人抓住时，他们就不会像中国人那样被杀，因为这个委员会已经和日本人达成了一项其精神大致如此的协议”。但英国领事的一番好意被谢绝，爱德直截了当地回答：“你所说的一切都证明，我们应该和中国人在一起。”[②]

武汉沦陷后，印度援华医疗队于11月21日撤至重庆待命，受到重庆各界“盛大欢迎”[③]。但是，医疗队员们要求去延安、奔赴敌后救护八路军伤兵难民的愿望，却遭到国民党的阻挠。他们据理力争，国民党只好妥协。队员们还特意请中印文化协会创办人、著名佛学家谭云山为他们每个人起了一个中国名字：爱德华、卓克华、巴苏华、柯棣华、木克华。即取印度名字前两个字，后面加上中华的“华”字。随后，印度援

① 《印救护队抵汉》，《大公报》1938年10月1日。

② 转引自［美］艾格尼丝·史沫特莱：《中国的战歌》（江枫译），作家出版社1986年版，第140页。

③ 《国际友人印度救护队到渝》，《新华日报》1938年11月22日。

华医疗队奔赴延安及敌后根据地，开展救护八路军伤兵难民的工作①。

第三节　参与延安医疗基础设施建设

印度援华医疗队在经历了重庆—成都—西安的长途跋涉后，于1939年2月初抵达延安。

印度援华医疗队抵达西安后与中国红十字会第29医疗队队长江兆菊（右二）合影

2月12日，边区政府举行了盛大的群众大会来欢迎印度医生们的到来，毛泽东及中共中央许多重要领导人都出席了欢迎大会。欢迎会上，毛泽东说，这是一次具有历史性意义的会晤，因为这是“世界上两个人口最多的国家之间的一次会晤”，更重要的是因为这两个国家“一个正在为抵抗法西斯侵略者进行着殊死搏斗，另一个正在为摆脱帝国主义的统治而进行最后的斗争”，所以“如果两国人民形成的这两股新生力量联合起来，必将对未来国际事务中的事态产生巨大影响”②。

印度援华医疗队来到延安后，在开始正式的医疗工作之前，队员们先参观了附近大约50公里范围内的所有医疗机构，并且和延安的军民同吃同住。他们感受到延安的生活十分简朴，没有高低贵贱之分，干部、工人和士兵在所获报酬、食物衣着等方面几乎都一样，他们当中有

① 《印度援华救护队历在华北各地做救伤工作》，《新华日报》1941年1月6日。

② 转引自［印］曼凯西·桑塔拉姆·柯棣尼斯：《永恒的桥梁——柯棣华大夫传记》（任鸣皋、皮美艳译），河北人民出版社1985年版，第64页。

一种罕见的同志情谊。3 月 15 日，毛泽东会见并设宴招待了远道而来的印度援华医疗队全体成员，席间询问了有关印度工人、农民的生活状况，印度人民反帝斗争的形势以及印度各政党的主张。毛泽东对他们说："中印两国人民都遭受帝国主义的长期压迫和剥削，有许多共同点，应当团结起来，互相支援，互相学习，希望在工作中，不仅对医生、护士，而且对领导人要经常提出批评和建议。"①

毛泽东接见医疗队成员
（左起：巴苏华、柯棣华、救护会工作人员、木克华、毛泽东、八路军卫生部部长姜齐贤、爱德华、卓克华）

在延安，爱德华、巴苏华、柯棣华 3 位医生被派往位于延安以东约 25 公里的拐峁八路军军医院工作，负责外科手术和 X 光机的使用。边区政府希望他们能够把这座医院建设成为一所模范军医院。印度医生们不负所望，决定扩建医院，改善基础设施，以满足日益扩大的战争救护的需要。因为在印度援华医疗队到来之前，陕北地区的医疗条件很差，如八路军野战医院的规模很小，并且设备十分简陋；甚至在 1939 年 11 月建立的延安中央医院里，也很难找到能用的手表，以致各个科室不得不

① 转引自中共党史人物研究会编：《中共党史人物传》第 9 卷，陕西人民出版社 1983 年版，第 338 页。

从延河岸边找来白细的沙子制作成沙漏，充当一个基本的计时工具。依照现代医疗体系建立起来的延安地区最先进的中央医院尚且如此，其他各野战医院、军医院的条件也就可想而知了[①]。

印度医生们着手扩建八路军军医院，仅就其规模而言，与其说是扩建，不如说是开挖新的窑洞。这些新开挖的窑洞有 25 间，其中的 16 间排成一排，虽然和现代的医院没有可比性，但是一排排整齐的窑洞气势恢宏，“把之前光秃秃的山点缀得格外美丽”。新的窑洞较过去的更加宽大明亮，每间能容纳 5 个病人。之后，医疗队计划再修建一些窑洞，最终使军医院的规模扩大至能同时容纳 200 名伤兵，另外还要在临近的山上为传染病人单独修建一些窑洞[②]。

在扩建后的八路军军医院里，爱德华、巴苏华、柯棣华医生主管外科病房，马海德医生主管内科病房，魏大夫负责妇产科[③]。印度医疗队的另两位医生卓克华和木克华，则在距军医院 130 公里外的八路军卫生学校为军医院培养合格的医护人才。

据柯棣华大夫回忆，这所八路军军医院用了一个月左右时间就建成了。基础设施的改善，扩大了救治能力，大批八路军伤员从山西前线运到这所医院治疗，不仅伤兵可以得到及时救治，而且当地的百姓也可以前往就医，因为“这是八路军的传统”。建成后的八路军军医院的规模在边区可谓首屈一指，从医药方面来说，“一般的普通日用药，尚称齐备，尤其近来因国际友人、印度援华医疗队的援助，带来了大批药品，而且有不少的珍品”；在医疗救治方面，由于军医院最重要的职能是救治从前线运送来的伤员，所以平时要承担大规模的外科手术，“现在可以这样说，在全八路军、全边区，军医院的手术器械，无疑义的是首屈一指的。如五官科手术器械，接骨科手术器械，价值数千元，据说头盖骨也可以取开，这在八路军是从来没有过的。这些都是印度援华医疗队捐助的”[④]。

---

① 参见何穆：《延安中央医院是怎样创建起来的》，见《白衣战士的光辉篇章——回忆延安中央医院（1939. 4—1950. 8）》，陕西人民出版社 1995 年版。

② ［印］曼凯西·桑塔拉姆·柯棣尼斯：《永恒的桥梁——柯棣华大夫传记》（任鸣皋、皮美艳译），河北人民出版社 1985 年版，第 69 页。

③ 魏大夫即魏一斋医生，1934 年毕业于山东齐鲁大学医学院，精通产科学，曾担任北平协和医院住院总医师。全面抗战爆发后，他放弃了国民党开出的优厚条件毅然前往延安，先后在八路军军医院、延安中央医院任产科医师和主任。

④ 田野：《八路军军医院》，《八路军军政杂志》1939 年第 1 卷第 6 期，参见《延安时期文献档案汇编》，陕西人民出版社 2014 年版。

第四节　承担救死扶伤的医疗任务

印度援华医疗队中的医生们具备极强的专业技能，他们在八路军军医院承担了相关科室的医疗任务，一定程度上填补了某些科室诊疗方面的空白。例如，巴苏华大夫任五官科主任，他在五官科临床诊断和外科手术等方面可谓独树一帜，“全院五官科病人最多。每天只就门诊的人就在二十人以上。七个月的统计，五官科共施行大小手术八十六次”①。有一个小故事即可体现巴苏华大夫的专业技能。

国际友人马海德医生在白求恩国际和平医院坐诊期间，在其住处大砭沟附近总能遇见一名儿童。这名儿童每次见到马海德并不会像别的小孩见到外国人那样兴奋，而总是将头背过去，后来马海德发现，这名儿童患有唇腭裂。唇腭裂属于常见的面部畸形病症，通过手术可以恢复。马海德找到这位儿童的母亲，向她承诺这种病通过手术可以治疗，消除了这位母亲的顾虑。因为当时在延安，闭塞的环境中充斥着封建愚昧思想，人们认为孩子面部畸形是命不好。随后，在白求恩国际和平医院内，马海德医生几乎集中了所有院内医生来观摩巴苏华大夫给这位患有唇腭裂的孩子做手术。马海德对大家说：“这种手术等于是美容，技术要求比较高，不同于一般的战伤手术，今天我和巴苏华大夫一起做，特意请你们来实地观察一下。”巴苏华大夫对孩子的脸部进行局部麻醉，随后两位大夫配合着将孩子的唇腭裂处用手术刀割开，并迅速地从孩子的臀部切下一块大小相仿的皮

巴苏华

① 董均伦：《介绍八路军中的一个国际朋友》，《八路军军政杂志》1939 年第 2 卷第 8 期，参见《延安时期文献档案汇编》，陕西人民出版社 2014 年版。

肉，填放在腭裂处进行缝合，同时处理包扎好孩子臀部的伤口，整个手术仅持续了几十分钟①。这名儿童术后恢复得很好，谁也无法想到几天前他还因患有唇腭裂而不敢见人。

爱德华和柯棣华是两位外科专家，从前线送到军医院里的伤兵，两位医生都亲自开刀，平均每天要进行十几次外科手术。印度医生医术精湛，经他们手术后的伤兵，发热的只占总数的三分之一。这在消炎类药品奇缺的时代，充分说明印度医生们基本上是通过一次手术就清除了伤兵伤口里的全部碎屑。

印度援华医疗队的医生们不仅在医院中发光发热，在延安地区的大生产运动中也时常能看到他们的身影。1943—1945 年掀起的大生产运动，是在党中央落户延安后，尤其是当全面抗战爆发后，大批知识青年的涌入使延安地区人口激增，本身就贫瘠荒凉的黄土地无法养活如此庞大的革命队伍的背景下开展起来的；再加上抗战进入相持阶段后，国民党实行封锁，对陕甘宁边区的经济和人民的生活亦产生了深刻的影响。因此，党中央决定发动一场军队屯田和鼓励生产的群众运动，党政机关、军队、学校普遍开荒屯田进行生产，以基本实现经济自给。1939 年初，当印度援华医疗队的医生们踏上延安的土地时，这些来自远方的贵客也并没有得到太多物质上的“特殊照顾”，他们与当地军民住一样的窑洞，所得到的只是印度人平日里必不可少的“没人每月半斤茶叶、二斤糖和两包蜡烛”而已②。印度医生们在空闲之余也经常参加延安地区的生产活动，在当时文艺工作者的文字里，我们可以看到这样的场景：“在开荒的热潮里，医生们也脱去白衫，扛起锄头，作了和山野搏斗的劳动英雄。特别印度医生们，热烈地参加到我们的生产队伍里来，在一起流汗，高唱着我们听不懂的印度歌。”③

1939 年 7 月 10 日，中共中央副主席周恩来不慎从马背上跌落，造成右肘的小臂下端骨折，印度医疗队里的巴苏华、爱德华和柯棣华医生前往周恩来住处为其进行检查，由于当时 X 光机还没有运到，印度医生

---

① 参见苏菲：《我的丈夫马海德》，作家出版社 2015 年版，第 118 页。本书作者是马海德的妻子。在延安时，一次偶然的机会，马海德在给一位孕妇接生的过程中认识了一名“鲁艺”的女学生周苏菲，两人很快坠入爱河，并结成终身伴侣。1940 年 3 月 3 日，在延安一家饭馆里，周苏菲与马海德举行婚礼，毛泽东、周恩来等参加了婚礼，马海德由此成为“中国女婿”。

② 转引自梅剑：《延安秘事》上部，红旗出版社 1996 年版，第 359 页。

③ 田野：《八路军军医院》，《八路军军政杂志》1939 年第 1 卷第 6 期，参见《延安时期文献档案汇编》，陕西人民出版社 2014 年版。

只能靠感觉来止骨[1]。当印度医生巴苏华见到周恩来时，让他颇感意外的是周恩来竟然正在用左手练习写字，这一天，巴苏华在日记中写道："我们看到他正在用左手练习写字，因为他知道很长时间内他将不能用右手写字。"[2] 柯棣华在写给家人的信中也描述了这一场景："他正伏在桌子上练习用左手写字，骨折后是很痛的，他的脸上都是汗，……我们心痛地责备他不应该这么不爱护自己的身体，他说，一个人只要还活着，就要为党服务。"[3] 这件事使印度医生们很受感动。后来由于边区的医疗水平较差，周恩来的骨折一时难以治愈，经中央决定转赴莫斯科治疗[4]。

在来华一年后，木克华大夫由于患肾炎决定回国治疗。爱德华、巴苏华与柯棣华大夫，因受八路军总司令朱德的邀请，于 1939 年 11 月前往晋东南前线进行医疗援助，他们在白求恩建立的模范医院里工作。爱德华大夫由于年事已高，在工作了一段时间后决定回国。柯棣华与巴苏华则约定：巴苏华先返回延安，等柯棣华将模范医院的事情处理好之后，再到延安与巴苏华会合后一并返回印度。但令人遗憾的是，最终，柯棣华也没有再回到印度。

1941 年 1 月，柯棣华被任命为白求恩国际和平医院的院长，他继承了白求恩大夫的未竟事业。在就职欢迎会上，柯棣华动情地说："我决不玷污白求恩的名字，我要像他那样，献身于你们和我们的、也属于全人类的反法西斯事业。"[5] 尽管条件艰苦，但他对这份重任充满信心，全身心投入工作，使医院的院务和医务工作蒸蒸日上，受到一致好评。柯棣华也被人们称为"第二个白求恩"。

柯棣华大夫对中国人民的深情，以及对抗战救护事业的辛勤付出，也使他赢得了当时任卫生学校护士教员的中国姑娘郭庆兰的爱慕之情。1941 年 11 月 25 日，柯棣华与郭庆兰喜结良缘。第二年的 8 月 23 日，他们的儿子出世了。聂荣臻司令员亲自给孩子起了"印华"的名字，寓

---

① ［印］曼凯西·桑塔拉姆·柯棣尼斯：《永恒的桥梁——柯棣华大夫传记》（任鸣皋、皮美艳译），河北人民出版社 1985 年版，第 68 页。

② ［印］比库·巴苏：《巴苏日记》（顾子欣等译），商务印书馆 1988 年版，第 195 页。

③ 转引自陕西卫生志编纂委员会办公室编：《陕甘宁边区医药卫生史稿》，陕西人民出版社 1994 年版，第 168 页。

④ 中共中央文献研究室编：《周恩来年谱（一八九八——一九四九）》，人民出版社 1989 年版，第 447 页。

⑤ 转引自池子华：《柯棣华：从印度来的第二个"白求恩"》，《中国红十字报》2018 年 6 月 29 日。

柯棣华

意中印两国人民的友谊地久天长。就在儿子出生前的7月7日，柯棣华被批准加入中国共产党。这对他来说，可谓“双喜临门”了。

然而，令人惋惜的是，1942年12月9日，柯棣华大夫因癫痫病发作，在河北唐县不幸离世，年仅32岁。他把最美好的青春年华献给了中国革命，献给了红十字人道事业。

1942年12月30日，柯棣华追悼会在延安中央大礼堂举行。毛泽东题写了挽词：“印度友人柯棣华大夫远道来华，援助抗日，在延安华北工作五年之久，医治伤员，积劳病逝，全军失一臂助，民族失一友人。柯棣华大夫的国际主义精神，是我们永远不应该忘记的。”①

1943年，在白求恩墓的右侧，晋察冀边区军民将柯棣华大夫安葬于此，朱德总司令亲笔题词：“生长在恒河之滨，斗争在晋察冀，国际主义医士之光，辉耀着中印两大民族。”他的塑像，同白求恩塑像，如今一同并立在华北军区烈士陵园，供后人瞻仰。

---

① 转引自［印］曼凯西·桑塔拉姆·柯棣尼斯：《永恒的桥梁——柯棣华大夫传记》（任鸣皋、皮美艳译），河北人民出版社1985年版，前言。

柯棣华虽然去世了，但精神永恒。1943年2月7日，宋庆龄写信给柯棣华的妻子，向她表示慰问。4月5日，毛泽东、朱德联名致信印度国民大会党，表达了中国人民的诚挚谢意，寄托了中印两国人民世代友好的美好愿望[①]。信中写道：

印度国民大会诸先生：

中国抗日战争开始后，贵会派遣了一个援华医疗队来华参加中国的抗战，表示对华的极大友谊。这个医疗队五人均在八路军工作。四年以来，医疗队诸同志不避艰险，辗转北方战地，他们的艰苦努力和极有价值的工作，使无数中国军民亲睹印度人民的援华热忱。医疗队五人中除已先后返印的三人外，柯棣华大夫因病逝世于晋察冀边区，我国军民失一良友，印度人民失一优秀战士，至堪悼惜。现巴苏华大夫返印，特向贵会及印度人民敬致谢意！当此全世界反法西斯战争正在努力争取最后胜利之际，我们希望印华两大民族团结得更加坚固，以便与其他一切反法西斯国家配合作战，借以达到打倒法西斯，解放一切被法西斯压迫的人民，同时即借以解放印华两大民族，获得两大民族的独立。

谨致热烈的敬礼！

毛泽东、朱德

1943年4月5日

巴苏华大夫与柯棣华大夫分别后，于1939年11月底回到延安，后在八路军卫生部附属医院任耳鼻喉科和眼科主任，与马海德大夫一起工作，其间曾极细心地用竹子自制眼科器械[②]。1941年10月26日，东方各民族代表大会在延安隆重开幕，巴苏华大夫作为印度代表参加了大会，之后他还当选为陕甘宁边区的参议员。

1943年初，由于日本已经大军压境，印度东部边境形势危急，朱德建议巴苏华大夫尽快回国，把他在中国积累的同日军斗争的经验贡献给国内抗日和争取民族独立的斗争，其他几位中共领导人也向巴苏华大夫传授了对日斗争经验，巴苏华大夫于1943年5月离开延安。至此，作为“中印友谊的桥梁”的印度援华医疗队，正式结束了在华的红十字使命，他们为中国人民的抗日事业做出了突出的贡献。

① 参见池子华：《柯棣华：从印度来的第二个“白求恩”》，《中国红十字报》2018年6月29日。

② 梅剑：《延安秘事》上部，红旗出版社1996年版，第363页。

第六章　美国医生马海德：“医林乔木，友好飞鸿”

马海德医生是第一位进入苏区的外籍医生，也是第一位加入中国共产党的外国人，同时又是第一位加入中华人民共和国国籍的外国人。他的延安之行，富有传奇色彩，而他也给战时延安的医疗卫生事业发展做出了突出贡献。

第一节　延安之行的驱动因素

马海德，原名乔治·海德姆，1910 年出生在美国一个炼钢工人家庭，父母都是黎巴嫩移民。

20 世纪 30 年代，促使马海德前往延安的原因是多方面的：童年的经历使马海德始终具有治病救人的责任感；1933 年来到中国后，在上海目睹了国民党黑暗统治的经历，让马海德感受到“药品不能救中国，只有根本改变制度才能拯救中国”①；加之其接触到共产主义书籍和同时期受到史沫特莱、路易·艾黎等左翼作家作品的影响。因此，在红十字人道主义和国际主义情怀的强烈感召下，一次偶然的机会，让马海德和埃德加·斯诺共同踏上了前往延安的旅程。

马海德儿时便萌发了从医的想法。原来在其年幼的时候，他居住的地方暴发了一场瘟疫，马海德的父母和弟弟都染上了重病，而一位老医生的到来，不仅给原本濒临绝境的一家人带来了药品和食物，更带来了健康和希望。这让幼年的马海德深受影响，于是他决定学医，将来好悬壶济世。

① 转引自陕西卫生志编纂委员会办公室编：《陕甘宁边区医家传略》第 1 辑，陕西科学技术出版社 1991 年版，第 15 页。

1927 年，马海德进入美国北卡罗来纳大学读医学预科；1929 年，到黎巴嫩的贝鲁特美国大学继续学医；1931 年，他进入日内瓦大学攻读临床诊断，并获医学博士学位。毕业后，他决定寻找一处“可以行医的地方”①，当听说中国很需要医生时，他便于 1933 年来到上海，决心用自己的医术来拯救中国的病人。

青年马海德

然而，马海德在上海目睹了绝大多数中国人的悲惨经历，这使其思想发生了根本转变。他亲眼看见年仅 14 岁的童工，日夜在镀铬厂里工作，手脚上沾满了金刚砂粉和金属粉末，“周围没有排毒气的管道，铬粉腐蚀到肉里，手脚上有一个个的铬孔”②；他也看到“缫丝厂的童工们，为了能在滚烫的开水里将蚕茧抽出丝来，许多人的手都被开水烫烂了，有的甚至露出了骨头”③。而与绝大多数的穷人相比，上海的官僚、资本家和大多数外国人则过着纸醉金迷的生活，这让马海德逐渐意识到：“穷人需要的不是药片，更需要吃的、穿的。”④ 但是如何才能改变这样的现状？马海德一直在思考中。

这时的马海德逐渐接触并阅读了大量关于共产主义的书籍，同时还结识了史沫特莱、路易·艾黎等人。这些让马海德感觉已经找到了生活的方向。

当时，马海德在上海九江路经营一家诊所，为了打发无聊的时光，他经常光顾霞飞路上一间由德国人经营的书店。一天，店员将同样经常光顾书店的史沫特莱介绍给了马海德，在与史沫特莱的接触中，马海德觉得这位比自己年长 10 多岁的女作家，对中国社会的了解远比自己深

① 参见［新］路易·艾黎：《在中国的六个美国人》（徐存尧译），新华出版社 1985 年版，第 46 页。

② 转引自陕西卫生志编纂委员会办公室编：《陕甘宁边区医家传略》第 1 辑，陕西科学技术出版社 1991 年版，第 5 页。

③ 苏菲：《我的丈夫马海德》，作家出版社 2015 年版，第 7 页。

④ 转引自陕西卫生志编纂委员会办公室编：《陕甘宁边区医家传略》第 1 辑，陕西科学技术出版社 1991 年版，第 15 页。

入得多。而且史沫特莱还曾对马海德说过："要想帮助中国人民医治社会弊病，必须掌握马克思主义理论。"① 在一次聚会上，马海德又结识了具有爽朗性格和对事物有着敏锐洞察力的路易·艾黎。艾黎对中国历史上农民起义的故事如数家珍，在聆听这些故事的过程中，马海德逐渐对中国人民的反抗斗争抱以深深的同情。路易·艾黎还鼓励马海德用研究医学的热情来考察中国的社会问题，为此马海德在走访了几十家电镀厂后，写出了一篇《铬中毒在电镀工业里的情况》的调查报告。通过一系列的调研，马海德真切地感受到：想要治好中国的病，就得给这个国家的政权动大手术，彻底改变旧的社会制度。

路易·艾黎

而与宋庆龄的相识和中共亟须冲破国民党新闻封锁，邀请外国记者和医生前往陕北苏区的呼吁，则成为马海德前往延安的直接原因。

经历了1927—1928年的"清党"之后，国民党的政策纲领和组织路线均改弦易辙，蒋介石将三民主义意识形态中原有"左"的和一切稍带急进和社会改革色彩的东西，统统被当作"共党"遗毒而抛弃掉②。这时的上海笼罩在国民党统治的白色恐怖之中，共产党的活动被迫转入地下。1934年11月，在一次庆祝俄国十月革命的晚宴上，马海德结识了宋庆龄。他从宋庆龄那里得到了更多关于中国革命的信息，同时宋庆龄优雅高贵的气质和对中国革命的执着与信心，深深打动了马海德。"她用她丈夫的哲学教导马海德：统一中国，驱逐侵略者，民主、就业，所有国民均能吃饱和健康，这些原则也被共产党采纳，毛泽东的原则，解放农民，给他们工作、食物和土地，和孙中山的教导很一致，而和当时的现状，蒋介石的不抵抗政策完全相反"③。马海德被宋庆龄的精神所

① 转引自苏菲：《我的丈夫马海德》，作家出版社2015年版，第10页。

② 参见王奇生：《党员、党权与党争：1924—1949年中国国民党的组织形态》，华文出版社2010年版，第141页。

③ 参见Lyman A. BrewerⅢ：《诺尔曼·白求恩与马海德在中国》，《现代胸心外科国际交流座谈会特邀报告》（1985年10月），载《心肺血管病杂志》1986年第2期。

鼓舞，他们之间结下了终身的革命友谊。也就是从那时候起，马海德开始利用自己外国人的身份和私人诊所的便利条件，尝试着为上海的中共地下党员提供力所能及的帮助。例如，为中共地下党提供一个秘密联络点，或是购买药品送到红军的根据地等。

晚年的宋庆龄在家中宴请马海德

1935 年 10 月，中央红军经过长征到达陕北，与陕北红军胜利会师。1936 年 5 月底，中国共产党为了冲破国民党的新闻封锁，让全国同胞了解自己的方针政策，毛泽东和周恩来通过中共上海地下党组织联系到宋庆龄，请求宋庆龄帮助邀请“可以信赖的外国记者和医生”前往陕北，了解中共的抗日主张，帮助改善根据地落后的医疗条件。这样，美国记者埃德加·斯诺和马海德作为宋庆龄的首选而踏上了前往陕北的旅程。

进入陕北苏区的埃德加·斯诺

马海德遵从宋庆龄的安排，从上海转道南京然后北上，与斯诺在郑州会合后一起前往西安，再从西安穿过国民党的封锁，辗转到达陕北。

第二节　中央红军卫生总顾问

1936年7月初，马海德和斯诺乘坐东北军的卡车由西安前往肤施①，再由肤施前往红军的前沿阵地安塞。在安塞周恩来的住所，周恩来为这两位远道而来的外国友人制定了一份颇为详细而且周密的访问计划。按照这个计划，马海德和斯诺不仅要访问以毛泽东为首的中共中央和中华苏维埃共和国临时中央政府的重要领导人、中国工农红军的高级将领，而且还要融入红军各部队和陕甘宁边区军民的日常生活中进行走访，预计的访问时间大概需要92天②。

周恩来邓颖超夫妇在延安窑洞前

① 即延安，当时的延安尚被东北军所控制。

② 参见苏菲：《我的丈夫马海德》，作家出版社2015年版，第25页。

周恩来还以一种极其坦诚的态度表示："我接到报告说，斯诺是一位有正义感的记者，乔治博士是一位正直的医生，你们二位对中国人民是友好的，是可以信赖的。我想，这就足够了。任何一个正直的外国人要访问红色根据地，我们都欢迎，阻止人民进入红色根据地的是国民党，而不是我们。你们想知道什么都可以，我们会尽一切力量帮助你们考察红色根据地。"① 马海德向周恩来表示，他会随同斯诺一起走访苏区，但是他会更多地了解医疗卫生状况并提出积极的建议。

1936 年 7 月 14 日，马海德和斯诺来到了中共中央所在地保安县②。作为第一批访问苏区的外国人，他们受到党中央和苏区群众的热烈欢迎，群众甚至用英语打出横幅："欢迎美国记者来苏区调查！欢迎乔治大夫来苏区工作！"7 月 16 日，斯诺和马海德见到了毛泽东。毛泽东对马海德提出一项特别的委托："乔治·海德姆博士，我知道你非常想到苏区看看，希望你对如何改善苏区医疗条件等方面，提出一些具体意见。"据马海德后来回忆："毛主席当年对我说这些话的时候，一直都在望着我的眼睛，语气中带有一种让人无法拒绝的坦诚，让我觉得自己没有任何理由不接受这一重托。"③

毛泽东与马海德（左）

在斯诺对毛泽东进行访谈的期间，马海德还给毛泽东做了一次全面

① 转引自孙国林：《马海德："革命化"、"中国化"的美国医学博士》，《党史博采》2012 年第 6 期，第 24 页。

② 即今日的延安市志丹县，当时为党中央临时驻地。

③ 苏菲：《我的丈夫马海德》，作家出版社 2015 年版，第 28—29 页。

的体检，体检的结果显示毛泽东非常健康①。当马海德将这一结果告知斯诺的时候，斯诺感到诧异，因为在当时的国民党统治区内，斯诺不止一次地在国民党的报纸上看到诸如“毛泽东是个肺病鬼”“得了不治之症”等谣言。在得知了毛泽东真实的身体情况后，斯诺很是兴奋地对马海德说：“你的检查结果，有力地宣告了国民党那些谣言的破产。”② 实际上，长征结束后，到达陕北的红军的消息无法突破国民党层层的封锁而传播出来，在某种程度上，国民党掌握着国内舆论的话语权，对于共产党自然是竭尽所能地予以丑化和污蔑，对于中共领导人身体状况的谣言就属于其中的一种。但是，这些谣言绝非空穴来风，因为在经历了长征之后，广大红军官兵的身体状况的确令人担忧，所以国民党方面即通过这种类似“有罪推论”的揣测来向世人宣传中共领导人的身体状况极其糟糕。然而这种谣言，从斯诺和马海德进入苏区后很快便宣告破产。

依照行程安排，马海德和斯诺开始了对苏区的走访。作为医学博士，在走访苏区的过程中，马海德仔细考察了位于红军前线或后方的大大小小为数众多的医疗卫生单位。与此同时，他还试着用自己刚学会的半生不熟的中国话与医生、护士、伤病员进行交流，并耐心听取他们对医疗卫生工作的建议和要求。在掌握了大量第一手资料后，马海德用英文写出了一份考察报告——《苏区医疗卫生工作考察报告》。在报告中，他不但详细叙述了苏区各医疗机构的状况，而且还就机构设置、人员配备、医疗条件、药品器械、医务人员素质、服务质量等方面存在的问题提出了改进的具体建议；尤其是针对苏区急缺专业医务人员的现状，他表示“只要知道如何训练他们，医生还是有的”。对此，他制定了一套方案，认为用9个月的时间可以训练出一名医助，然后在实际的临床操作中再适当引导，这些医助便能成为合格的专业医务人员③。此外，他还针对苏区在国民党严重封锁下缺医少药的实际情况，提出了大力加强预防工作的建议。毛泽东高度赞扬了马海德写的这份调查报告。

由于红军队伍中极度缺乏像他这样合格的医生，并且苏区充满了自由平等的气氛，而这又正是马海德所向往的，因此马海德坚信这样的队伍可以救中国，所以当斯诺身负向外界如实报道苏区情况的重任而重返

---

① 毛泽东的身体状况，在经历了长征后并没有出现严重的问题，仅仅是由于长期的战争环境影响，使其作息规律与一般人不同，他养成了白天休息、晚上办公的习惯。

② 苏菲：《我的丈夫马海德》，作家出版社2015年版，第30页。

③ 参见王帅、池子华：《马海德：“医林乔木，友好飞鸿”》，《中国红十字报》2019年1月18日。

国民党统治区时，马海德决定留下来，他被任命为中央红军卫生总顾问。对于马海德这位医学博士来说，面对还未建立起现代医疗体系的陕北苏区，在了解真实情况之后，他便在力所能及的范围内给予了医疗援助。

第三节　延安的“万能博士”

1936 年 12 月 12 日，震惊中外的“西安事变”爆发，中国共产党主张在有利于抗日的条件下和平解决。而“西安事变”的和平解决，成为时局转换的枢纽，标志着 10 年内战局面的基本结束，国内和平初步实现，并最终促成了抗日民族统一战线的形成和发展。“西安事变”后，东北军撤离延安向西安一带集结，按照与东北军达成的协议，由红军接管延安。马海德遂跟随党中央于 1937 年 1 月进驻延安，开始了他在延安近 10 年的战斗生活。1937 年 2 月 10 日，马海德加入了中国共产党。从此，马海德将医生治病救人的职责和共产党员为人民服务的担当结合了起来。

1937 年 8 月，马海德跟随改编过后的八路军奔赴山西前线。在五台山区，马海德和红十字医疗队的队员们一起，为建立战地医疗组织、开展战地医疗服务，做了大量的工作。在八路军的野战医院里，马海德和其他战士一样，一天只吃两餐——用河水熬制的小米粥。由于河水含有大量的钙和镁盐，味道发苦，所以当地农民大多存雨水喝，而尽量避免喝河水[①]。马海德从来没有吃过小米，刚开始时很不习惯，经常会感到胃痛。许多老战士看到身形消瘦的马海德，便将自己保存的冰糖拿出一颗送给马海德。看到他们将最后时刻救命的东西拿出来送给自己[②]，马海德对八路军战士感到由衷的敬佩。

1937 年底，马海德从前线回到延安，出任中央首长的保健医生。原来长征结束后，无论是党中央的领导还是普通士兵，身体都存在或多或少的问题，其中领导干部的身体情况更差。这其中的原因主要有两点：

① 参见苏菲：《我的丈夫马海德》，作家出版社 2015 年版，第 41 页。

② 虽然由精锐的红军老战士改编成的八路军奔赴山西前线，与阎锡山的部队并肩作战，但是八路军尚未建立起与之相适应的后勤保障体系。当时在北方，天气渐渐转寒，八路军野战部队官兵的能量摄入成为大问题，所以一些经验丰富的战士往往带上几块冰糖，用纸包好放在身上，成为最后的能量来源。

第一，来到延安的干部中，有一批是之前在国民党统治区进行地下工作的，而“经过了地下工作和牢狱的严峻考验，他们当中有一大批病号”；第二，长期的营养不良加上之前长征的艰苦行军，使得大部分干部的身体抵抗力低下，极易诱发肠胃、心脏、耳鼻喉等部位的病变，尤其是结核病，例如，在“党校将近50%的学员患有肺结核病，但是，我们没有医生，没有药品，更无法组织治疗”①。此时出任保健医生的马海德，深感责任重大。

当时，边区最为棘手的问题是由于长期处于被封锁的状态，药品奇缺，传统的“未病预防，小病先治”的保健方法在延安并不适用。据马海德回忆：一次周恩来不慎从马背上跌落，造成右臂骨折，参与会诊的马海德和印度援华医疗队的医生等，由于没有X光机，只能依靠经验和感觉来正骨；虽然周恩来最后恢复尚好，但是他的右臂都不能弯曲超过一定的角度，所以后来每当马海德在电视里看到周恩来时，仍不免感到遗憾②。另外，由于长征中长期的营养不良，邓颖超患上了肺结核。其实，在延安，肺结核本不是罕见的病症，对于领导人来说，根据1942年的一份调查报告，接受体检的192位领导干部中，存在身体问题的占总数的90%，而患有肺结核、肺弱等病的又占总数的50%以上③。鉴于边区缺少治疗肺结核的特效药，马海德想出了一个晒太阳的药方：把门板卸下来，让邓颖超躺在上面，每天抬出去，利用晒太阳来恢复人体的抵抗力进行调养，这样慢慢地，邓颖超的病情才有了好转④。连周恩来、邓颖超这样的党的高级干部生病时尚且如此治疗，可想而知当时延安的药品和医疗器械的匮乏程度到了何种地步。

马海德还经常组织各种体育锻炼，来调剂长时间处于紧张状态下的中共领导人。在延安，由于特殊的地理构造，出门就要走路爬山，到抗大听报告要爬山，开会也要爬山，马海德所在的医务部门便经常组织群众性的爬山活动；而且医务人员还从实际出发，练习抬着担架爬山，用马海德自己的话说就是：“这对我们的专业工作带来好处，日后抬担架

① 转引自中共中央党史研究室第一研究部编：《共产国际、联共（布）与中国革命档案资料丛书》第18卷，中共党史出版社2012年版，第301页。

② 苏菲：《我的丈夫马海德》，作家出版社2015年版，第42—43页。

③ 马荔：《从干部健康检查说起》，载于《八路军军政杂志》1942年第4卷第1期，参见《延安时期文献档案汇编》，陕西人民出版社2014年版。

④ 参见苏菲：《我的丈夫马海德》，作家出版社2015年版，第45页。

不那么费劲，歇下脚来还能处理伤病员。”[1]

马海德夫妇与苏联医生阿洛夫（左）

由于长期的戎马生涯，毛泽东逐渐养成了夜里办公、白天休息的作息规律，但是这种作息规律在全面抗战初期紧张的大环境下往往被打破。处理众多的军事、政治要务以及经常开会，使得毛泽东白天的休息时间得不到保证，经常出现两三天里只休息几个小时的情况。有鉴于此，马海德想尽一切办法来调节毛泽东时常绷得很紧的神经，尽量使其放松。他在自己居住的窑洞外面搭建了一张简易的乒乓球台，一有空就陪毛泽东打乒乓球[2]。这种小球运动当时在中国尚未普及，在延安则更不用说了，而当时的中共领导人就对乒乓球产生了浓厚的兴趣。不过，抗战时期延安的条件简陋，球拍没有胶面，都是木匠加工的光木板，球台也十分简单，即使在这样艰苦的条件下，毛泽东依然全身心地投入这一大力“砍杀”的运动中。一天，延安王家坪刚刚下完大雪，战士们清扫出一片空地，支起乒乓球台，邀请窑洞中的毛泽东出来打球。隆冬时节，毛泽东衣着厚重，但还是在一番准备活动后拿起光板球拍打了起来[3]。

此外，毛泽东长期住窑洞，晒太阳少，窑洞虽说冬暖夏凉，但是春秋天时则异常阴冷，所以毛泽东患有类风湿性关节炎，手抬不起来。马

① 马海德：《忆延安时期的体育生活》，《新体育》1980 年第 3 期。

② 苏菲：《我的丈夫马海德》，作家出版社 2015 年版，第 46 页。

③ 参见路银芝：《管窥我国抗战时期延安的体育实践活动》，《兰台世界》（上旬刊）2014 年第 2 期。

海德便常常要求毛泽东参加一些体育活动，例如经常投掷一种体操表演用的瓶状棒，就收到了很好的疗效。周恩来右臂的骨折愈合后，马海德也同样要求其投掷瓶状棒。坚持了 3 个月后，周恩来的手臂虽然依然不能伸直，但是已经大有好转，生活可以自理了①。

毛泽东

耕种一小块土地，不仅可以补贴日常的蔬菜供应，同时还是一项适当的运动，这是马海德极力提倡的一举两得之法。实际上，在 20 世纪 40 年代初期，由于国民党军队对陕甘宁边区的封锁越发严密，造成物资的供应日益短缺、捉襟见肘，使得延安的生活条件变得越来越差。据路易·艾黎回忆，当他在 1938 年到达延安的时候，“延安的日子相对来说比较富裕，因为和南方城市的交通未断，可口的食品还有来源。在街上的合作社里甚至还可以买到用当地水果和四川的糖做的果酱。只是，日军越来越注意这个地方，轰炸越来越频繁了”②。而大批外来革命青年的涌入，亦使延安这座本来人口承载能力就很弱的城市的物资供应更加紧缺，所以在大规模群众性的生产运动开展之前，党中央领导为自给自足而开展的小范围生产运动就从未停歇。“包括毛泽东在内，人人都利用公余的时间来耕种自己的小菜园。乔治最得意的是修了一条水渠，把山

① 马海德：《忆延安时期的体育生活》，《新体育》1980 年第 3 期，第 57 页。

② ［新］路易·艾黎：《在中国的六个美国人》（徐存尧译），新华出版社 1985 年版，第 17 页。

溪引到自己院里的地里。他和妻子苏菲、儿子幼马每天傍晚在院子里种豆子和小萝卜”[①]。马海德的技术引来众人赞叹，“不知道这算不算医术，反正有许多人来找我示范”[②]。同时，通过耕种土地，身体也得到了锻炼，所以马海德积极宣传开展生产运动的好处。

马海德夫妇和儿子

篮球是比较早地传入中国的西方体育运动，同样在抗战时期的延安，中共的领导人也十分热衷于打篮球，其中最热爱此项运动的莫过于120师师长贺龙，他在新中国成立后还担任了国家体委主任。贺龙热衷看球赛，更喜欢打篮球。他组建了120师篮球队——战斗篮球队，这支技术精湛、作风顽强的队伍，先后两次打败了陕甘宁边区的篮球劲旅东干队[③]。在比赛中，贺龙常常担任中锋，他组织有序、攻防兼备，是球队中的灵魂人物。毛泽东在观看完他们的比赛后称赞道：“贺老总的球技真可谓精彩。”[④] 马海德、朱德和绰号“胖子”的廖承志也组织过一支篮球队，虽然球队中的队员都赫赫有名，但是在与青年学生和八路军留守兵团的比赛中，则往往是输多胜少[⑤]。不过，只要首长们出来参加体育运动，马海德组织篮球队的初衷就达到了。“文明其精神，野蛮其

① ［新］路易·艾黎：《在中国的六个美国人》（徐存尧译），新华出版社1985年版，第21页。

② 转引自苏菲：《我的丈夫马海德》，作家出版社2015年版，第48页。

③ 参见肖斌：《延安时期陕甘宁边区体育研究》，延安大学2017年硕士论文，第22页。

④ 转引自延安地区体育志编纂委员会编：《延安地区体育志》，陕西旅游出版社1993年版，第42页。

⑤ 苏菲：《我的丈夫马海德》，作家出版社2015年版，第46页。

体魄”[①]，这是毛泽东早年提出的现代国民应该具备的心理和生理素质。马海德积极倡导的体育锻炼，即践行了这一精神。

1937年底，马海德奉命开始筹备陕甘宁边区医院。因为当时在延安的合格医务人员急缺，进行过专业医学学习、从正规医科大学毕业的只有傅连暲、姜齐贤、马海德等几个人，医学博士更是仅有马海德一人。而当时延安的大量医务人员都是靠之前红军自己培养起来的，这些医务人员基本上最早都是从医生身边的勤务员干起，然后干护士、助理护士、急救人员和药剂人员等，医疗实践中需要什么就干什么。当他们干了几年后，就送去卫生学校进修，马海德认为卫生学校培养一名医生的时间是9个月，经过9个月的培训后，就成了一名医生[②]。马海德将自己改善八路军和边区医疗卫生条件、健全军队医疗网络的构想提交给了中央，最终在“因陋就简，自己动手，勤俭办医疗事业”的方针下建起了陕甘宁边区医院。最初的边区医院很简陋，共有三层窑洞，第一层是办公室，第二层和第三层是诊室和病房。后在中国红十字会救护总队所派的医疗队帮助下，边区医院不断扩建，已然成为边区的医疗中心。

贺　龙

当伟大的共产主义战士白求恩牺牲后，为继续发展边区的医疗事业，以白求恩国际和平医院为总院，先后建立了8所中心医院、24所分院，形成了总计拥有10800张病床的医疗网。为更好地服务延安地区的当地群众，这些医院还经常组织医疗队，不仅到前线进行战地医疗，而且还深入穷乡僻壤为农民治病。此时，马海德就在白求恩国际和平医院的总院里工作，由于当时院内拥有的X光机数量有限，所以医生们基本没有阅读X光片的能力。有鉴于此，马海德经常利用晚上的时间，组织

① 毛泽东：《体育之研究》，原载《新青年》1917年第2卷第2号。

② 苏菲：《我的丈夫马海德》，作家出版社2015年版，第94页。

院内医生一起学习，通过查看X光片来诊断病情[1]。在此期间，马海德曾专注于治疗延安地区的一种怪病，即当地人所称的“瘸腿病”，患者胫骨肿胀，膝关节僵硬，走路一瘸一拐的，故得名。经马海德研究，发现服用少量的硒剂就能治愈[2]。

李鼎铭

更难能可贵的是，此时的马海德为克服延安地区药品的不足，还积极向延安的中医学习针灸、中药药理等中国传统医学，来与西医相结合一同治疗病人，从而成就了边区医疗卫生史上的一段佳话。他曾拜边区著名的老中医、开明士绅李鼎铭为师，跟他学会了望、闻、问、切的诊脉方法和要领。为了掌握更多的中国传统医学的精髓，他还经常跑到寺院和道观，去拜访那些和尚和道士，尝试探索气功的奥秘，并认真研究按摩、针灸与中草药配合的功效。随着马海德来到白求恩国际和平医院坐诊，他也将之前学会的中医诊病技能用于实践，开始经常地给病人号脉，并尝试开上一些中药，马海德的西医同事都惊异于一个受过西方现代医学系统训练的博士，竟能像老中医一样号脉、开中药方[3]。马海德也曾表示：“李时珍所著的《本草纲目》是被视为珍宝的，几乎任何一所国际和平药房中，三分之二是中草药。”[4]

在整个抗战期间，“万能博士”马海德在延安辛勤工作，救治病人，仅在和平医院就接诊病人5万人次以上，被人们誉为“医林乔林，友好飞鸿”。《解放日报》曾对他的事迹做过专题报道，称当时延安城内不过五六万人，而他一个人医治的病人占到病人数量的三分之一以上，因此

---

① 苏菲：《我的丈夫马海德》，作家出版社2015年版，第99页。

② 参见［新］路易·艾黎：《在中国的六个美国人》（徐存尧译），新华出版社1985年版，第21页。现代医学研究表明，饮用水中如含有大量重金属，长期饮用则会出现骨关节僵硬和肿痛的症状，而硒剂可以与人体内的重金属结合并使之排出体外，所以马海德当时让群众服用少量硒剂就能治愈所谓的“瘸腿病”。

③ 苏菲：《我的丈夫马海德》，作家出版社2015年版，第102页。

④ 转引自周琳、孟琼：《宋庆龄与国际和平医院》，载《宋庆龄的思想实践与和谐社会建设学术研究会论文集》第345页，2007年编印。

号召所有医务工作者向他学习[1]。

1949年中华人民共和国成立后，马海德立即申请加入中国籍，成为第一个身具外国血统的中国公民。新中国百废待兴，亟须医疗保障，其中根除性病的问题不能忽视，对此马海德义不容辞。首先，他运用在延安时掌握的动员群众的办法，向群众积极宣传："梅毒是旧社会的遗毒，国家可以对其进行免费治疗，不要把梅毒带进新社会。"其次，他还培训了大量辅助人员，要求他们掌握症状学、涂片法、血清试验及初期治疗的知识，这是发现潜在梅毒、淋病细菌携带者的重要步骤。再次，1950年，马海德大胆改革，将原来的砷剂改为青霉素治疗梅毒，获得了很好的效果，在改革试点区有90.2%的病人被发现，确诊率为89.7%，在一些地区可以说是完全消灭了性病。

"文革"后，马海德又把关注的目光放在消灭麻风病上。1949年，中国有麻风病人60万人，到1980年锐减到20万人左右。马海德深入实地，在没有保护措施的情况下与麻风病人握手，为一线医务工作者做出了表率。

马海德走访海南麻风村

1983年，在庆祝马海德医生来华工作50周年之际，邓小平同志充满感情地对他说："50年，不容易，祝贺你！"[2] 1988年10月3日，马海德在他的第二故乡走完了传奇的一生。

---

① 参见王帅、池子华：《马海德："医林乔木，友好飞鸿"》，《中国红十字报》2019年1月18日。

② 转引自王帅、池子华：《马海德："医林乔木，友好飞鸿"》，《中国红十字报》2019年1月18日。

第七章　在延安工作过的其他外籍医生

延安时期，还有一些外籍医生，如白求恩、傅莱、阿洛夫等，秉持红十字会宗旨，来到延安开展医疗救助工作。虽然他们不像马海德等人那样长期在延安工作，但他们亦留下了浓墨重彩的一笔，彰显出红十字人道的光辉。

第一节　“不死鸟”

——白求恩及加美援华医疗队

白求恩的事迹，人们耳熟能详。1939 年 11 月 12 日，因医治伤员时被感染，白求恩在河北唐县不幸逝世。毛泽东得知白求恩牺牲的消息后，非常悲痛，12 月 21 日，毛泽东为八路军政治部、卫生部于 1940 年出版的《诺尔曼·白求恩纪念册》撰写了《学习白求恩》[①] 一文，高度赞扬了白求恩的共产主义、国际主义精神，称他“是一个高尚的人，一个纯粹的人，一个有道德的人，一个脱离了低级趣味的人，一个有益于人民的人”，号召每一个共产党员向他学习。

白求恩和他所带领的加美援华医疗队是受美国与加拿大共产党的委派前往中国的，虽然白求恩在延安停留的时间很短，但是他的贡献还是非常大的。

一、“北美洲的四大名医之一”

亨利·诺尔曼·白求恩（Henry Norman Bethune），1890 年出生在加拿大安大略省的格雷文赫斯特小城。他从小就有志于学医，像祖父诺尔曼·白求恩那样当一名外科医生，治病救人，献身人道事业。据考证，白求恩的爷爷曾经和红十字运动的创始人亨利·杜南一起在索尔费里诺

① 新中国成立后，该文编入《毛泽东选集》第二卷时文章名改为《纪念白求恩》。

战役中从事过战地救护工作，在《索尔费里诺回忆录》中杜南写下了一段话，记载了白求恩的爷爷参与战地救护的情景：“一个外科医生，英裔美国人，诺尔曼·白求恩是来自加拿大多伦多的一位解剖学教授，他专程从施特拉斯堡赶来帮助那些忠于职守的人们。”虽然仅此一句话，但足以证明白求恩的爷爷诺尔曼·白求恩确为国际红十字运动的先驱之一①。谁也不曾想到，其孙子白求恩在中国也践行了红十字运动宗旨，并获得了全世界的认同和尊敬。

青年时代的白求恩

年轻的白求恩长大后如愿以偿，考入多伦多大学医学院，1916 年毕业，获得医学学士学位。后来，白求恩在英国和加拿大担任过上尉军医、外科主任。1922 年，他被选为英国皇家外科医学会会员。1923 年，通过严格的考试，他成为英国皇家外科医学院的临床研究生。1929 年，进入蒙特利尔的皇家维多利亚医院当外科医生。1933 年，他被聘为加拿大联邦和地方政府卫生部门的顾问。1934 年，担任圣心医院胸外科主任。1935 年，他被选为美国胸外科学会会员、理事。白求恩的胸外科医术享誉加拿大、英国和美国医学界，被誉为“北美洲的四大名医之一”②。

1935 年夏天，白求恩到苏联列宁格勒参加国际生理学大会，在那里，他感受到社会主义制度优越性带给人民的实际利益。回到加拿大后，他毅然加入了共产党，决心把自己的一生都献给共产主义事业。

二、“我愿意到中国去同你们一起战斗”

1936 年，西班牙人民反法西斯战争爆发。作为红十字志愿者，白求恩来到了西班牙，创建了输血服务站，为前线医院提供血液，挽救了许多伤兵的生命。1937 年 5 月回国后，他在加拿大以及美国进行巡回演讲，为西班牙战争募捐。

① 参见陈凡：《白求恩的爷爷与亨利·杜南》，《中国红十字报》2018 年 6 月 29 日。

② 参见池子华、王帅：《他是一只“不死鸟”，毕生致力于全人类解放事业》，《中国红十字报》2018 年 11 月 13 日。

1937 年 7 月，全面抗战爆发后，宋庆龄在香港建立了“保卫中国同盟”，向全世界介绍中国抗战的情形，并呼吁国际社会给予人道援助。白求恩了解到中国的抗战情况后，更坚定了前往中国的想法。在一次晚宴上，他向陶行知表示：“如果需要，我愿意到中国去同你们一起战斗。”这年底，他前往纽约向国际援华委员会报名，主动请求组建一个医疗队到中国服务，得到了批准。不久，一支由白求恩任队长，加拿大女护士琼·尤恩、美国外科医生帕森斯为队员的“加美医疗队”组建起来了。

宣传画《请支持西班牙红十字会》

1938 年 1 月 2 日，白求恩率医疗队从加拿大温哥华乘“亚洲女皇”号邮轮启程。1 月 20 日抵达香港，3 天后乘飞机前往汉口，左翼人士同时也是中国红十字会志愿者的史沫特莱前来迎接。随后，中共领导人周恩来、博古也与医疗队见面，他们建议医疗队与中国红十字会救护总队的负责人林可胜取得联系。因为按照抗日民族统一战线的要求，林可胜有义务为国共两党的军队提供医疗援助。周恩来、博古希望通过林可胜，让加美援华医疗队与八路军的医院合作，到抗战一线对八路军伤员进行救治。但是，由于国民党长期的反共宣传，中国红十字会救护总队中的一些医生和护士十分惧怕前往共产党领导的敌后抗日根据地工作，而初到中国的白求恩则表示无此顾虑，他对林可胜说，他和他的队员愿意前往延安①。

加美援华医疗队中的帕森斯医生则反对前往敌后根据地。他整日喝酒滋事，并霸占着医疗队的所有财产，白求恩遂向美国共产党发出电报，要求撤回帕森斯另派经验丰富的外科医生前来，但是美国方面并没

① 参见［加］罗德里克·斯图尔特、莎朗·斯图尔特：《不死鸟——诺尔曼·白求恩的一生》（柳青译），中国青年出版社 2013 年版，第 279 页。

有回应。此时，史沫特莱已经在汉口成立了“西北游击队后援会”，旨在筹集善款和医药物资运往延安和八路军。史沫特莱认为应该解散医疗队，并告诉白求恩和医疗队中的护士尤恩：“从现在开始，就把自己当成八路军的一份子。”[①] 最后，医疗队中只有白求恩和尤恩踏上了前往延安的旅程（因为帕森斯选择留在汉口），史沫特莱后来又劝说加拿大传教士布朗医生加入医疗队。

1938 年 3 月，白求恩和尤恩两人先抵达西安，八路军卫生部部长姜齐贤接待了他们，八路军西安办事处主任林伯渠拨款，让他们购买了一大批药品随同带往延安。

三、“医生去找病人，而不是病人来找我们”

1938 年 3 月 31 日，白求恩一到延安，就受到毛泽东的接见。他们从西班牙谈到中国，谈到现阶段前线伤员救护的诸多困难。他们兴味盎然地谈了 3 个小时。谈话中，白求恩对于现阶段八路军医疗体系的建议大体上分为两个方面：其一，建议像他参加国际纵队在西班牙的时候一样，建立一个输血小组[②]；其二，希望在前线附近建立流动的外科小分队。

对于第一个建议，毛泽东告诉白求恩，从当时的情况看，前线缺乏与输血配套的冷藏设备和通信设备，在野战条件下进行输血是不现实

① ［加］罗德里克·斯图尔特、莎朗·斯图尔特：《不死鸟——诺尔曼·白求恩的一生》（柳青译），中国青年出版社 2013 年版，第 280 页。

② 白求恩所说的输血小组及其所运用的输血法，实际上是源自苏联的“管封血液法”。在保卫马德里的战斗中，在加拿大一个被称为西班牙民主援助委员会的组织资助下，白求恩前往伦敦购买了一辆货车，并装配了车顶支架、储藏箱、一只用于灭菌的高压锅以及一个以煤油作动力的便携式冰箱，他将这辆车改造成为流动输血车。他广泛地从献血志愿者中募集血液，但是由于没有检测梅毒和疟疾的设备，他只能采用“非专业的预防措施”，即让献血者以自己的荣誉发誓，保证以前从未感染过这些疾病。白求恩在车内的冰箱里装满了冷藏保存的血液，以供一周之内使用。这种流动的输血车可以将血液送至前线，从而挽救了许多因大量失血而休克的重伤员的生命。参见赵敏：《白求恩——世界上第一个流动血站和输血技术的创造者》，《党史博采》2011 年第 3 期。

白求恩来到中国的时候，由于之前各地存在的不明的输血死亡记录，使他对于输血的研究又深入了一步，虽然囿于当时的技术条件，还无法得知人体的血液中存在 RH 因子，但是经验告诉白求恩，血液的阴阳性是需要匹配的。白求恩在延安期间，他在抗大校园内，曾利用输血法救治了一名由于手榴弹故障被炸伤而失血过多的伤员，这可以说是白求恩所擅长的输血疗法在延安的首次尝试，虽然人们对这种陌生的尖端技术并不是很热衷。参见［加］罗德里克·斯图尔特、莎朗·斯图尔特：《不死鸟——诺尔曼·白求恩的一生》，柳青译，中国青年出版社 2013 年版，第 295 页、第 311 页。

的；而对在前线建立流动的外科手术小分队，毛泽东则予以支持，原因是一组数字打动了毛泽东：白求恩表示，战地救护的时效性在野外战场上十分重要，被救治的越及时，则康复的可能性就越大，“只要在前线附近拥有战地医疗队，重伤员中百分之七十五一定可以救过来”①；并且白求恩还表示，愿意将国联资助的能容纳 50 张床位的外科医院提供给八路军使用，这些设施其实可以用来建立一所一流的模范战地医院，运营的经费每月 1000 美金，则可以由美国援华会承担。毛泽东和姜齐贤都十分赞同建立模范医院的提议。

白求恩

在初到延安的日子里，白求恩和护士尤恩与大家一起居住在简陋的窑洞中，为了不麻烦八路军，他们自己生火做饭。在建立流动医疗队的具体计划落实之前，白求恩在延安的陕甘宁边区医院工作。当时的边区医院，其实就是“依山修建的一排窑洞，每间大概两米宽，三米高，能容纳八位病人”。窑洞中的条件很差，“病房里没有棉被，病人们睡在肮脏的草席上，窑洞中弥漫着血腥、脓臭和大小便的味道，这里没有卫生

① ［加］罗德里克·斯图尔特、莎朗·斯图尔特：《不死鸟——诺尔曼·白求恩的一生》（柳青译），中国青年出版社 2013 年版，第 302 页。

设施，甚至没有自来水和厕所”①。医院恶劣的环境让白求恩萌发了改善边区医院条件的念头并为此付出努力。

在边区医院内，白求恩还用携带的 X 光机为延安的干部检查身体，建议为延安的干部建立起病历系统，定期检查身体。

正当白求恩努力工作之时，一个不好的消息传来，由于国民党的阻挠，国联无法在八路军后方建立模范医院，而且美国援华会也无法将钱直接汇给白求恩②。但是这并没有影响白求恩试图改善陕甘宁边区医院条件的热情，4 月下旬，布朗医生从西安赶到延安与白求恩会合，他们于 5 月初即出发巡视边区的医院，在治疗伤员的同时，白求恩还向毛泽东和延安八路军总部提交了一份改进医院条件的报告。

1938 年 5 月，白求恩（左）与 120 师师长贺龙、布朗医生在山西岚县

白求恩与布朗的巡视路线为绥德—米脂—贺家川。在贺家川，有一座八路军的医院，这座医院的条件与边区医院相比更加“触目惊心”，极度缺乏合格的医护人员，对伤员能做的只是给伤口拔脓和给伤员换换衣服。经过白求恩的仔细检查，他发现医院的 173 名病人中，有 35 名亟须外科手术。他在 5 月 17 日开始的给延安八路军总部的工作报告中写道：“所有人（指 35 名重伤员）腿上都有被耽误的旧伤，——大部分人

① ［加］罗德里克·斯图尔特、莎朗·斯图尔特：《不死鸟——诺尔曼·白求恩的一生》（柳青译），中国青年出版社 2013 年版，第 305 页。

② ［加］罗德里克·斯图尔特、莎朗·斯图尔特：《不死鸟——诺尔曼·白求恩的一生》（柳青译），中国青年出版社 2013 年版，第 309 页。

只能接受截肢手术。……他们普遍出现贫血、营养不良和脱水症状，都面临死于败血症的危险。”① 手术前，他们花了 3 天时间对医院的现有设施进行了整合，将手术室布置在一间稍微宽敞一点的房间里。在接下来的 13 天里，他们就开始给病人做手术，而在一台手术中，白求恩甚至是躺在手术台旁，由布朗把他的鲜血直接输给病人②。

实际上，贺家川医院反映了当时边区内医院的普遍情况，5 月 22 日，白求恩在写给毛泽东的工作报告的第二部分中指出，边区的医院所面临的最大问题在于“缺乏卫生条件”，他认为必须对边区的医院进行一次彻底的整顿。在报告中，他给出了建议：鉴于八路军卫生部在医疗业务培训、筹集医药物资、建立专科医院方面做得很不够，尤其是缺乏矫形设施，从而对骨损伤的士兵治疗和康复很不利，因此他认为“手术并不是治疗过程的重点——术后护理更为重要”③。为此，白求恩决定在布朗医生离开后，建立一支永久性的流动手术队。

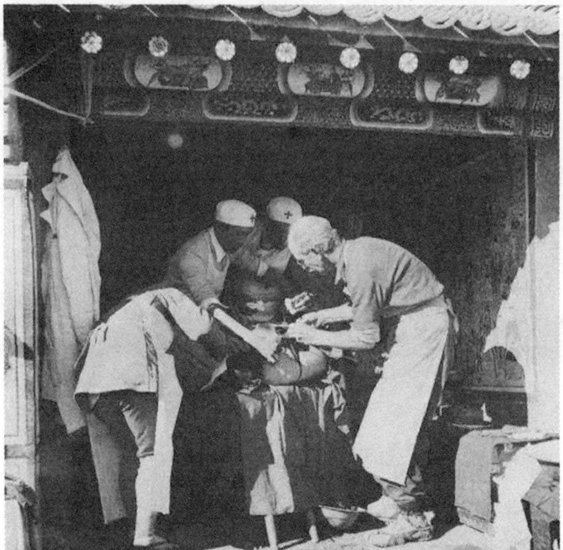

白求恩在做手术

① *Bethune to Mao Zedong*, *May* 17–22, *Hejiachuan*, 1938, Jaff, box 4, folder 5.

② ［加］罗德里克·斯图尔特、莎朗·斯图尔特：《不死鸟——诺尔曼·白求恩的一生》（柳青译），中国青年出版社 2013 年版，第 313 页。

③ *Bethune to Mao Zedong*, *May* 17–22, *Hejiachuan*, 1938, Jaff, box 4, folder 5.

1938年6月，白求恩等到达五台山的晋察冀敌后抗日根据地，并在晋察冀军区司令员聂荣臻以及“保盟”的支持下建立了一所模范医院，对八路军伤兵进行救治。

1939年2月，他率领18人的“东征医疗队”到冀中前线救治伤员。不顾日军炮火威胁，他们搭建的临时手术室距离火线不到千米，并连续工作69个小时，成功地为115名伤员实施了手术。在他写给聂荣臻司令员的工作汇报中有几组数字颇能反映医疗队的工作业绩：在4个月中，他们步行了1500余里山路，实施了大小手术315次，建立了手术室和包扎所13处，救治伤员1000余名。同时，为适应八路军山地游击战的特点，白求恩医疗队成功地发明了一种“药驼子”，就是用牲畜背负足够做100次手术、换500次药和配置500个处方所用的全部药品和医疗器械，大大提升了工作效率，使更多伤员能得到及时救助。白求恩还将之前在西班牙内战期间发明的输血法运用到对八路军伤员的野战救护上，并且当面临血液库存不足的时候，白求恩常说：“我是O型血，抽我的。”也正因为如此，他被人们称赞为“群众血库”。他用行动践行了自己对于战地救护的信条，那就是“医生去找病人，而不是病人来找我们”①。

四、白求恩精神如“不死鸟”般永恒

1939年11月1日，白求恩带伤坚持给一位患颈部丹毒并蜂窝组织炎的伤员做手术，就在他为伤员做纵横切刀时，手套被划破，伤员身上的病菌侵入了白求恩原本受伤的左手中指。病菌很快感染肺部，继而扩展到全身，进入他的血液，转为败血症。1939年11月12日凌晨，白求恩在河北唐县逝世，终年49岁。

12月1日，中共中央以及延安各界举行追悼大会，数万群众参加。毛泽东赠送了花圈，并写了挽联：“学习白求恩同志的国际精神，学习他的牺牲精神，责任心和工作热忱。”挽联高度概括了白求恩身上所体现的红十字精神和共产主义品格。

一个外国人，不远万里来到中国，支持中国军民的抗战事业，并把宝贵的生命留在了这片热土上。白求恩身上体现出的人道精神，跨越种族、国界、信仰，并与中国红十字事业发展过程中形成的“人道、博爱、奉献”精神高度契合，指引着一代又一代人道工作者不断前进，这

① 转引自池子华、王帅：《他是一只“不死鸟”，毕生致力于全人类解放事业》，《中国红十字报》2018年11月13日。

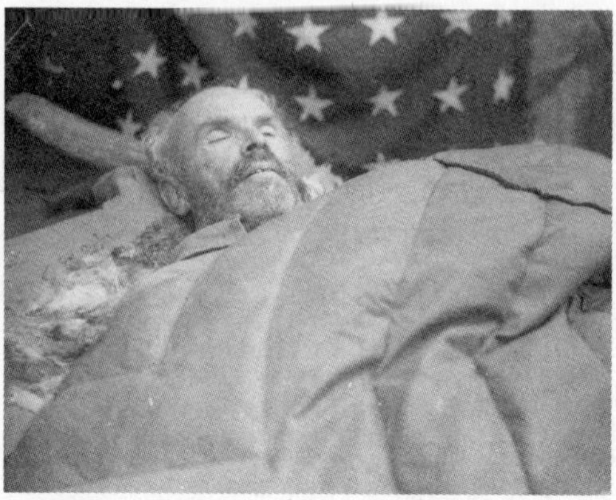

白求恩遗容

是全人类最宝贵的财富。

白求恩的身上之所以具有高尚的国际人道主义精神也绝非偶然，当年他祖父就参与了索尔费里诺战场的救护，从祖父到孙子，从1859年到1938年，从加拿大到意大利，再到西班牙、中国，人道精神在白求恩家族代际传承，彰显了人道力量，它能够超越时空让我们感受到它的存在。正如加拿大学者罗德里克·斯图尔特、莎朗·斯图尔特所比喻的那样，这种精神如同神话中的不死鸟，永生长存[1]。

白求恩大夫追悼大会会场

① 参见池子华、王帅：《他是一只“不死鸟”，毕生致力于全人类解放事业》，《中国红十字报》2018年11月13日。

第二节　边区青霉素的试制者傅莱

如果说白求恩在全面抗战初期抵达延安，为改善延安地区医院的卫生条件，同时在前线组织流动手术队以有效救治伤员，从而为改变八路军依托大后方和军医院转运治疗伤员的惯例做出了独特贡献的话，那么在抗战后期到达延安的傅莱，则将治疗感染这种战场上危害最大的伤病的“灵药”青霉素，纳入八路军制药厂的自制药品名单中，从而解决了困扰边区伤兵救治的一大难题。

青年时代的傅莱

理查德·傅莱（Richard Frey），奥地利籍犹太人，1920 年出生于维也纳。早年接受了马克思主义的熏陶，1937 年，他正式加入奥地利共产党。1938 年 3 月，德国吞并奥地利，法西斯主义甚嚣尘上，犹太血统同时又是共产党员的傅莱自然在被清理之列。当傅莱被驱逐出境后，1939 年 1 月，他来到了被视为犹太人最后天堂的上海。不过，身为共产党员的他一心想投奔中国共产党领导的八路军。1939 年 3 月，他来到天津德美医院化验室工作，后又来到顺德府（今河北邢台市）福音医院、天津马大夫医院工作。1940 年，傅莱终于与中共北平地下党组织取得了联系。北平地下党考虑到他的医生身份，以及在医院内的便利条件，请其从事于向晋察冀抗日根据地采购和转运急需药品的工作①。1941 年 12 月，太平洋战争爆发后，傅莱到达晋察冀根据地，在白求恩卫生学校担任教员。

1944 年，傅莱被调往陕甘宁边区，由于他在白求恩卫生学校担任教员的出色经历，遂被派往位于延安城东 15 里柳树店的中国医科大学，从事传染病的教学工作②。

1945 年初，傅莱和王学礼、宋同珍两位助手组成的科研团队，在极

① 参见杜琨：《理查德·傅莱：天津的白求恩》，《今晚报》2015 年 12 月 18 日。

② 参见陕西卫生志编纂委员会办公室编：《陕甘宁边区医家传略》第 1 辑，陕西科学技术出版社 1991 年版，第 272 页。

其艰苦的条件下创建了生化实验室。傅莱团队利用美国援华会寄来的高压汽锅、青霉菌芽孢、培养液原料以及各种珍贵的参考资料，采用“土”办法，用当地的土炕作为保温箱，利用一些瓶瓶罐罐，经过数十次的反复试验，终于试制成功了“土”青霉素（粗制盘尼西林）[①]。当时，《解放日报》曾对傅莱研制成功的青霉素大加赞赏：“青霉菌素，是世界灵药之一，有杀灭病菌特效，是美国医药界发明的，经过傅莱医生苦心研究，竟在落后的边区制造成功，对保障士兵与干部的健康，增强抗战力量，将有莫大功绩。”[②]

傅莱在延安

陕甘宁边区中西医药研究会成立后，聘请制药方面颇有经验的傅莱任顾问。1945 年 5 月 20 日，中西医药研究会在边区参议会大礼堂举行“粗制青霉菌素”的医药学术报告会，傅莱专门讲解了他带领团队试制青霉素的经过。该项实验于同年 3 月 24 日开始到 4 月底试制成功，在实验中，得到了美国援华会的器械和资料方面的支持，并且该项实验得到边区政府的批准，给予了经费支持，同时也得到了延安各大医院的鼎力协助。最后傅莱建议，尽快选择边区物产制造适宜的培养液，从而培养出尽可能多的青霉素芽孢以便供给其他根据地使用，同时还要大力培养相应的技术人员[③]。

① 参见王向华：《伟大的共产主义战士傅莱》，《北京文史》2017 年第 3 期。
② 《留延国际友人傅莱医生试制青霉菌素成功》，《解放日报》1945 年 5 月 17 日。
③ 《傅莱医生讲粗制青霉菌素经过》，《解放日报》1945 年 5 月 23 日。

在青霉素研制成功之前，延安地区的八路军制药厂和光华制药厂尚无能力研制抗感染的磺胺类药物，此类药品在边区是绝对紧俏的物资。即使是最大的八路军制药厂①，在抗战后期的1944年，也仅能研制类似葡萄糖②、小苏打、碘化钠、肠线（一种伤口缝合线材）等辅助类药品③；而以研究中西医结合、开发中草药为主的光华制药厂，则更不必说了④。所以，青霉素的研制成功并应用于临床，有效缓解了八路军缺乏战地用药的困难，大大降低了伤员伤口感染的概率，对于有效治疗由细菌引起的肺炎、脑膜炎、淋病等传染病都发挥了巨大作用。从长远看，边区自制青霉素还打破了国民党对边区的医药封锁，对于此后抗日战争的战略反攻乃至解放战争都提供了医药保障。

傅莱和妻子李滨珠

① 1943年春，军委卫生部将药厂移交陕甘宁边区联防司令部领导，厂名也改称陕甘宁晋绥边区联防军卫生材料厂，但内部仍称为八路军制药厂。

② 葡萄糖是用延安地区盛产的洋芋淀粉制成，在1944年之前甚至还只是粗制，只能内服，1944年改良方法后，纯度提高，可以注射使用。参见陕西卫生志编纂委员会办公室编：《陕甘宁边区医药卫生史稿》，陕西人民出版社1994年版，第128页。

③ 《留守材料厂自制葡萄糖小苏打》，《解放日报》1944年5月22日。

④ 由越南籍医师梁金生担任厂长的光华制药厂的主要任务是：开发边区的中草药，精制各种中成药。虽然其开发的中成药对缓解边区缺医少药的局面有重要帮助，但是中成药对现代战争所造成的创伤的疗效，有不尽如人意之处。

另外值得一提的是，为纠正边区日益泛滥的使用磺胺类抗生素药物的情况，傅莱还曾在《解放日报》上发表《灵药的危险》一文[①]，指出磺胺类药物在使用过程中出现的最大的危险，不在于药物本身，而在于不经医生开具处方而“病人自医”。因为此类药物在不适当使用的情况下，可能引发比原病更严重的病，而只有在真正对症的情况下才能使用磺胺类药物，所以他告诫医生们决不可以任意发药给病人使用，并且要尽量缩短服药的时间。因为微小病症滥用抗生素后，人体会产生抗药性，当病人真正感染了大叶肺炎、流行性脑膜炎或其他磺胺类药物原有特效的病症时，就有可能起不到应有的疗效。

傅莱在20世纪40年代就已经意识到滥用抗生素的危害，是弥足珍贵的。因为即使在医学发达的今天，我们依然面临着滥用抗生素所导致的细菌耐药性问题。傅莱的真知灼见依旧具有指导意义。

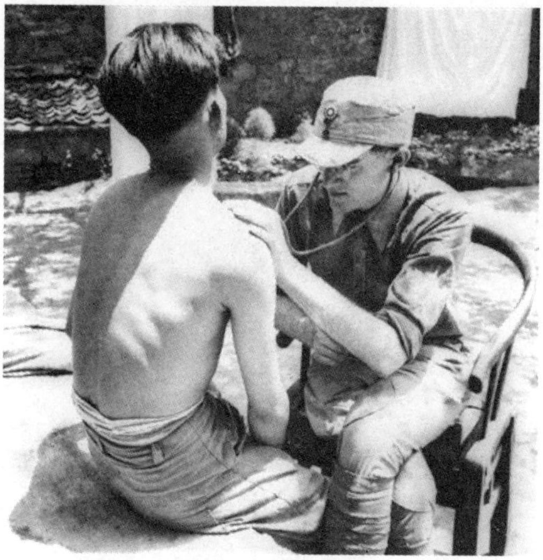

傅莱为八路军战士看病

新中国成立后，傅莱加入了中国国籍，继续从事医疗卫生事业，历任全国政协第六、七、八、九届委员。2004年11月16日，被称为“活着的白求恩”的傅莱在北京逝世，走完了充满红十字人道主义的辉煌一生，享年84岁。

① 《灵药的危险》，《解放日报》1945年4月30日。

第三节　“模范医生”阿洛夫

苏联医生安德烈·阿洛夫前往延安的动因，如前所述，是受联共（布）中央的委派，来加强延安地区的整体医疗水平。但是，区别于其他前往延安的外籍医生，其实最早阿洛夫是为治疗王明的疾病而被派遣来华的①，同时随他一道前来的还有苏联塔斯社记者彼得·弗拉基米洛夫，他们还身负着苏联情报部门的职责。然而，由于阿洛夫具有高超的医术和丰富的战地救护与临床经验，所以情报工作倒成为其“副业”，为中共提供医疗援助则是阿洛夫在延安的最主要任务。

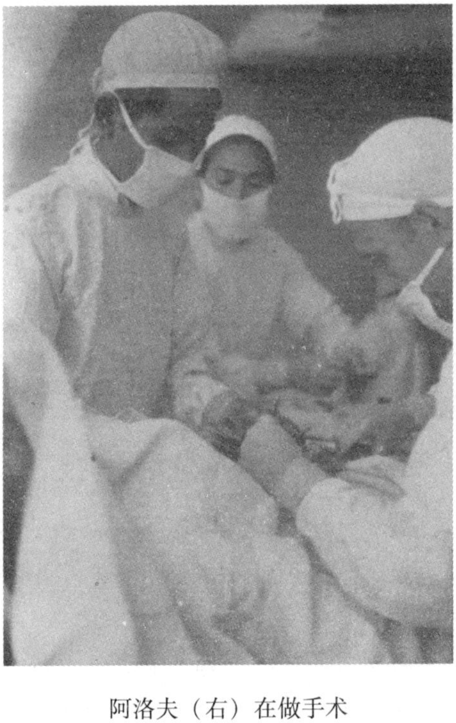

阿洛夫（右）在做手术

① 1941 年 10 月 14 日，王明由于患心脏病住进延安中央医院，当时负责治疗他的医生是中央医院的外科主任、中国红十字会救护总队原第 23 医疗队成员金茂岳医生。但因王明病情反复，久治不愈，因此阿洛夫前往延安的最直接动因，就是接替金茂岳医生继续对王明进行治疗。

1942年5月，阿洛夫医生与弗拉基米洛夫一同乘坐苏联空军的运输机来到延安，6月7日正式开始在延安中央医院工作。之所以选择中央医院，一方面是由于方便为王明治病，另一方面，据弗拉基米洛夫回忆："中央医院设备陈旧，许多科室的领导人都是一些没受过高等医学教育的医生，因此经常因出错造成病人死亡，医院的死亡率极高"，并且"只有几本中文和英文的医学书籍，但都是过了时的"①。当阿洛夫到达中央医院后，也感受到"必须消灭病菌，首先是整洁和消毒，然后，我再组织训练外科护士和外科医生。这样，我们就可以像在最好的医院里那样进行手术了"②。

一、规范医生和护士的医疗操作

阿洛夫的到来，在一定程度上规范了延安中央医院的医生和护士原本粗糙的操作。战争期间，受客观条件的限制，延安地区的诸多护士其实并没有受过规范的专业培训，在手术中和预后护理等方面也存在诸多不合规定的操作，这就直接导致了病人死亡率较高。针对这一现象，阿洛夫以身作则，教导所有医务人员都应严格遵守操作规范。当阿洛夫来到中央医院后，他所做的第一件事就是观察医院中的外科医生和护士在进行手术时的表现，甚至注意到一个护士将酒精瓶盖掉到地上后，并未消毒就重新盖上瓶盖这一细节③。为了贯彻消毒理念，他要求初进手术室的实习医生和护士学习的第一课，就是在护士长的监督下进行手术前的消毒洗手练习。他规定，对于碘酒过敏的人和进行急症手术时，必须用阿姆尼亚水浸泡手臂，并用纱布不停擦洗后才能戴手套④。

二、带来全新的治疗技术

在延安的医疗实践中，阿洛夫否定了天天换药的传统做法，推广了延期换药的新方法，并提倡术后病人早期拆线、早期下床活动，以促进伤口早期愈合的"动静疗法"。

---

① ［苏］彼得·弗拉基米洛夫：《延安日记》（吕文镜译），东方出版社2004年版，第34页。

② 转引自［苏］彼得·弗拉基米洛夫：《延安日记》（吕文镜译），东方出版社2004年版，第25页。

③ 参见江西省卫生处宣传科：《向苏联医生安德烈·阿洛夫同志学习》，《江西中医药》1954年第1期。

④ 参见景嘉魁：《回忆苏联专家阿洛夫同志》，载《白衣战士的光辉篇章——回忆延安中央医院（1939.4—1950.8）》，陕西人民出版社1995年版，第93—94页。

阿洛夫

1944 年，中央医院奉命开办全军卫生部长训练班，由阿洛夫任教员。在这期间，阿洛夫发现大部分野战医院依旧采用往伤口里塞纱布的传统换药方法，这种方法不仅会增加士兵的痛苦，而且往往由于纱布消毒得不彻底，极易引起感染。阿洛夫向大家说明了不使用纱布的好处，这一做法完全顺应人体组织的生长机理，对于创伤的处理，只要消毒严密，不曾化脓，便可以让它固定起来，安静生长，待需要清理分泌物和再次消毒的时候再打开；而身体其他部位则应尽量运动，以促进伤口的生长，这一治疗原则被阿洛夫称为“动静疗法”[①]。

除此之外，阿洛夫还亲自传授用夹板固定复位法和打石膏绷带的技术，这些治疗方法填补了中央医院无骨科的空白[②]。

三、用科学的方法和人道主义的精神竭力降低中央医院的死亡率

由于检验仪器的缺乏、医务人员水平的不足，中央医院对病人常常出现误诊或漏诊的情况，这就大大增加了病人的痛苦。阿洛夫曾遇到的一位患有眼疾的病人即存在误诊情况，医生将其有病症的左眼摘掉以控制疾病，但是当他找到阿洛夫时，右眼也出现了相似的问题，阿洛夫只用药就治好了这位病人的眼疾，然而这位病人的左眼已经永远失去了[③]。

---

① 参见陕西卫生志编纂委员会办公室编：《陕甘宁边区医家传略》第 1 辑，陕西科学技术出版社 1991 年版，第 156 页。

② 景嘉魁：《回忆苏联专家阿洛夫同志》，载《白衣战士第光辉篇章——回忆延安中央医院（1939. 4—1950. 8）》，陕西人民出版社 1995 年版，第 92 页。

③ 参见江西省卫生处宣传科：《向苏联医生安德烈 · 阿洛夫同志学习》，《江西中医药》1954 年第 1 期。

“尽可能不损害病人的生理机能”，这是阿洛夫所奉行的行医准则。例如，当一位怀孕只几个月但是肚子已经十分巨大的孕妇来到中央医院求诊时，大部分医生都主张尽快剖腹治疗，但阿洛夫坚持用科学的方法检验孕妇的阴道分泌物，在显微镜下发现是葡萄胎，遂不主张开刀手术，而是帮助孕妇分娩，最后印证了阿洛夫的判断是正确的，这就使患者减少了许多痛苦①。又如，在治疗一位一条腿已经严重化脓黑紫的干部时，即使这位干部自己也要求截肢，但在准备进行截肢手术的最后关头，阿洛夫还是决定尽自己所能地保住这条腿，在经历了 3 个月的治疗后，这名干部康复出院了②。

阿洛夫身上这种对病人生命和健康高度负责的态度，与红十字运动所推崇的人道主义精神相契合。这种精神即使在今天，仍然值得广大医务工作者学习。

四、传授战地救护技能，为延安培养专业医务人才

阿洛夫在延安期间，还将自己在苏联卫国战争中的野战救护经验，毫无保留地传授给中央医院的工作人员。他模拟真实的战场环境，教会医务人员匍匐前进，并传授苏军的包扎法。当时苏联红军卫生员在战场上使用一条长 3.3 米、宽 10 厘米、厚 0.1 厘米的带子来背负伤员，阿洛夫详细介绍如何使用这条带子将战壕内的伤员拖上地面。另外，他还讲授如何用粗树枝插进衣服和两袖内代替担架来搬运等抢救知识，以及用鞣酸和硝酸银在战场治疗烧伤的方法等③。

在对护士和实习生的培训上，阿洛夫将学习与工作紧密结合在一起。他的授课原则主要有：第一，理论与实际联系，他所教授的知识内容完全根据当时延安和前线的需求而确定，并认为在实际工作中进行具体教育尤为重要；同时，他又能很好地注意到临床病例与系统理论的结合，从而克服了过去大家普遍感到困难的学与做之间“两张皮”的现象。第二，从一般到专门的教育，先打基础，再向专门化发展，从小事做起，由浅入深，最终使培训对象熟练掌握整个工作的全部过程。第

① 参见陕西卫生志编纂委员会办公室编：《陕甘宁边区医家传略》第 1 辑，陕西科学技术出版社 1991 年版，第 159 页。

② 参见陕西卫生志编纂委员会办公室编：《陕甘宁边区医家传略》第 1 辑，陕西科学技术出版社 1991 年版，第 160 页。

③ 参见景嘉魁：《回忆苏联专家阿洛夫同志》，载《白衣战士的光辉篇章——回忆延安中央医院（1939.4—1950.8）》，陕西人民出版社 1995 年版，第 92 页。

三，尽力介绍最新的科学成就，吸收各种医学理论，提倡不论医生还是护士，都要努力学习，并反对护士不能学医的保守观点。

由于阿洛夫对待病人认真负责的精神，毛泽东曾题写“模范医生”的题词赠予他。1944 年 6 月，《解放日报》也撰文对阿洛夫做出高度评价：“阿洛夫同志在和平医院第一部的两年工作中，已给了我们医务界注入了不少新鲜血液，开辟了医务工作者一个新的方向，无论在技术或工作作风上，都起着转变和革新的先锋作用。”①

综上所述，全面抗战时期前往延安的外籍医生们，用自身所具有的专业技能，短期内为延安地区的医疗卫生事业注入了新鲜血液，而从长远来看，他们带来的先进医疗理念和方法，为中国共产党培养了大批专业技术人才，对抗日战争的胜利，以及之后的解放战争乃至新中国成立后的医疗卫生事业发展都产生了积极影响。这些外籍医生前往延安的动因虽然多种多样，但他们无私奉献、认真负责、视生命重于天等品质，与“人道、博爱、奉献”的红十字精神高度契合：他们对在战场上因反对日本侵略而负伤的伤员进行救治就是“博爱”；他们不惜一切代价减轻伤病人员痛苦的行为又践行了“人道”；而白求恩、柯棣华等甚至牺牲在中国，将自己的一切“奉献”给了中国人民。他们所具有的这种精神，是红十字运动的宝贵财富，值得我们永远传承与弘扬。

① 《国际友人阿洛夫同志》，《解放日报》1944 年 6 月 29 日。

下篇

人道的光辉：

国际援助的路径和延安的人道关怀

第八章　史沫特莱为延安争取人道援助

“人道”一直是国际红十字运动的核心理念。人道一词对于全面抗战时期的延安来说，具有两个方面的含义：一方面，与中国红十字会和世界红十字运动密切相关的人士，利用其自身的影响力来为延安争取人道援助；另一方面，中国共产党则将人道的理念贯穿于对日作战的全过程中，特别是创造性地创办了延安日本工农学校，用人道来关怀、改造日本战俘。

抗战期间，国际社会对延安及抗日根据地进行人道援助的路径还是多样的，而艾格尼丝·史沫特莱、宋庆龄这两位杰出的女性，更是用自己独特的方式，为延安及抗日根据地争取了大批的人道援助，为延安地区的红十字运动书写了光辉的篇章。

第一节　史沫特莱的延安之行

艾格尼丝·史沫特莱，美国著名记者、作家和社会活动家，中国人民的老朋友。1892 年，她出生于美国密苏里州的奥斯古德，早年当过侍女、烟厂工人和书刊推销员，后曾在《纽约呼声报》任职。1918 年，史沫特莱因声援印度独立运动而被捕入狱 6 个月。1919 年起，她侨居柏林 8 年，并积极投身印度民族解放运动。1928 年，史沫特莱来到中国，一待就是 12 年。抗战时期，她目睹了日本对中国的侵略，用自己的笔不断地向世界发出正义的声音。她撰写的《中国的战歌》《伟大的道路——朱德的生平和时代》等书，都是影响广泛的“红色经典”。

全面抗战时期，史沫特莱千方百计地为共产党领导的敌后抗日根据地争取人道资源，而这又与她的延安之行分不开。1937 年初，史沫特莱成为第一个访问延安的女记者。在延安，史沫特莱不仅见到了具有“太平军”气质的贺龙、“清教徒式”的彭德怀、连蒋委员长夫妇对他都

青年时期的史沫特莱

"十分敬重"的周恩来等中共领导人[①]，而且还积极推行灭虱灭鼠等卫生运动。最重要的是，她对延安客观真实地报道，促成了外国记者访问延安的第一个高潮，也为延安了解外部世界提供了更多可能，同时为争取国际人道援助创造了条件。

一、促成外国记者访问延安的第一个高潮

史沫特莱作为一名记者，真实地报道延安地区的情况，让全世界对于被封锁的延安有了一个较为清晰的认识，这是她最重要同时也是最擅长的事情。

当史沫特莱到达延安后，中国著名作家丁玲亲自迎接了她。来到延安后，左权是史沫特莱见到的第一个红军将领，她对左权温文尔雅的性格赞赏有加。接着，史沫特莱陆续见到了贺龙、彭德怀、萧克等红军将领。在采访彭德怀时，对于国民党散布谎言污蔑红军战士和丑化中共领导人形象的问题，彭德怀表示："如果这些说法全都是真的，你认为我们能存在这么些年吗？是广大群众给了我们力量。我们代表他们的利

① 参见［美］艾格尼丝·史沫特莱：《中国的战歌》（江枫译），作家出版社 1986 年版，第 166、169、183 页。

益。他们是我们全部人力的源泉。人民是诚实而正直的，如果我们压迫他们，他们早就会消灭我们。”①

史沫特莱（右）与毛泽东、朱德（中）在延安

在来到延安后不久，史沫特莱就受到朱德和毛泽东的接见。实际上，史沫特莱在来延安之前就对朱德这位红军中“头值两万五千块大洋的‘土匪’”有着浓厚的兴趣，见到真人后，这位“和蔼可亲的红军之父”的形象与国民党的宣传出入很大，两相比较，朱德的性格给史沫特莱留下了深刻印象，她决定为朱德撰写传记。在接下来的几个星期中，史沫特莱经常与朱德谈话，朱德则向她讲述自己的生平，这看似是朱德一个人的生平，其实也是中国共产党从弱小走向强大，为中华民族的解放而不懈奋斗的历程。史沫特莱记录朱德生平的工作直到卢沟桥事变爆发后，朱德前往前线才暂告段落。

史沫特莱在与毛泽东的接触中，很直观地感受到：“每一个其他的共产党领袖都可以和另一个民族或另一个时代的某个人物相比，但是毛泽东无与伦比。”他是一个地道的中国人，没有到外国旅游过，也没有到国外留学过。并且史沫特莱认为，毛泽东之所以能够扭转颓势，力挽狂澜，将红军从第五次“反围剿”斗争的失败中带到延安，是因为“毛

① ［美］艾格尼丝·史沫特莱：《中国的战歌》（江枫译），作家出版社1986年版，第171页。

泽东以理论家闻名，但是他的理论植根于中国的历史和战场经验”①。在交谈中，毛泽东也回答了史沫特莱就中日战争和西安事变提出的一系列问题，阐述了中国共产党的内外政策。毛泽东指出，中国的民族统一战线不是反对一切帝国主义，而是反对日本帝国主义，因此希望英、美、法等国同情中国的抗日运动，至少保持善意中立；中国共产党坚持抗战的国际统一战线政策，呼吁中、英、美、法、苏建立太平洋联合战线，否则有被敌人各个击破的危险。就国内来说，反日民族统一战线包括所有民族、一切党派及一切阶级，当然汉奸除外②。

史沫特莱在延安

当时，“在内战当中的延安，艾格尼丝所做的工作之一就是把外国记者和特派记者邀请到这一被封锁的禁区内，让他们了解被国民党诽谤为‘共匪’的红军和共产党的真实情况”③。在延安的一次外国人聚会

① ［美］艾格尼丝·史沫特莱：《中国的战歌》（江枫译），作家出版社 1986 年版，第 179 页。

② 中共中央文献研究室编：《毛泽东年谱（一八九三——一九四九）》上卷，人民出版社 1993 年版，第 715—717 页。

③ ［日］石垣绫子：《一代女杰——史沫特莱传》（陈志江、李保平、江枫译），光明日报出版社 1992 年版，第 111 页。

上，史沫特莱与他们一起讨论了多年来国民党政府通过控制一切舆论机器，运用新闻检查、收买外国通讯社和情报机构的记者等手段，让西方世界的人民无法了解中国的真实情况等问题。例如，史沫特莱的一位朋友曾在一篇文章中谈道：英国官方通讯社路透社和国民党宣传部及外交部之间有两个秘密协定，“作为对于国民党每月一万元和新闻司每月三千元贿赂的回报，路透社同意对国民党作‘有利的宣传’。”①

为冲破国民党当局对延安真实情况的消息封锁，史沫特莱对红军负责宣传工作的人员表示：有一些英美驻华记者“只要有一星半点机会直接向你们了解事实真相，就决不会把那些攻击你们的国民党官方报道发出去。如果他们现在能够访问你们，他们一定会诚实地写消息”②。中共中央接受了史沫特莱的建议，欢迎一切愿意前往延安的外国记者，这就促成了外国记者访问延安的第一个高潮。

史沫特莱立刻向上海方面最有权威的10多位外国编辑和记者发出了授权邀请信，在史沫特莱的呼吁下，英国《每日新闻报》驻华北代表伊尔·黎夫和纽约《呼声论坛报》记者维克托·盖伊是最早进入延安的一批外国记者。另外，“通过艾格尼丝的奔走，踏上被严密封锁起来的延安的外国人中，有一个名叫厄尔·里夫的，他是‘美联社’的驻华特派记者，他突破了中国政府布下的危险罗网，见到过多位红军领导人，他也被染成了红色，对中国共产党一直赞不绝口”③。在这一批采访延安的记者中，海伦·斯诺（埃德加·斯诺的前妻）在延安待了4个月，对中共领导人不断进行采访，先后收集了

海伦·斯诺

① 参见［美］艾格尼丝·史沫特莱：《中国的战歌》（江枫译），作家出版社1986年版，第187页。

② ［美］艾格尼丝·史沫特莱：《中国的战歌》（江枫译），作家出版社1986年版，第188页。

③ 参见［日］石垣绫子：《一代女杰——史沫特莱传》，（陈志江、李保平、江枫译），光明日报出版社1992年版，第111页。

34份简要的传记。除了采访中共领导人外，海伦·斯诺还在延安采访了各种各样的人，她说："在那个夏天，我约见了很多人，提了成千个问题。我至少采访过65人，同各种类型的人进行了长短不一的谈话。没有人想对我施加一点影响。在整整4个月中，我自由自在。"①

埃德加·斯诺（左）与毛泽东

虽然冲破国民党的封锁线让外国记者们心惊胆战，但是到了延安后，这些记者们却感到无比安心。在这里，这些记者与中共的领导人促膝长谈、访问延安各界人士、参观了延安的教育团体。特别是在与红军多日的交流和一同食宿起居后，这些外国记者惊奇地发现，"共产党人之间，不存在那种官场生活的繁文缛节和使人疏远的客套"，所以他们一致认为这些共产党人"不是'中国人，而是新人'"②。

二、提倡灭鼠，发起健康运动

发扬人道主义精神，保护人的生命和健康，是红十字运动一贯的宗旨。史沫特莱的延安之行，也秉持了这一精神，她发起的健康运动就是如此。

由于交通闭塞和人们长期以来形成的落后的卫生理念，延安所处的

① ［美］海伦·斯诺：《旅华岁月——海伦·斯诺回忆录》（华谊译），世界知识出版社1985年版，第264页。

② 转引自［美］艾格尼丝·史沫特莱：《中国的战歌》（江枫译），作家出版社1986年版，第190页。

西北地区疫病流行，死亡率居高不下，其中以妇女儿童最多[①]。埃德加·斯诺在《西行漫记》一书中写道："我是到'红色'中国去的。我所以'有点不舒服'，是因为我身上注射了凡是能够弄到的一切预防针。用微生物的角度来看一下我的血液，就可以发现一支令人毛骨悚然的队伍：在我的手臂和腿部注射了天花、伤寒、霍乱、斑疹伤寒和鼠疫的病菌。这五种病在当时的西北都是流行病。"[②]

而刚刚经历长征后落户陕北的大多数红军士兵身体都很虚弱，加上医疗体系尚未建立，并且受到当时客观条件的制约，红军的生活质量与后勤保障都处于很低的水平。据时任军委卫生部长的黄克诚回忆："我于部队整编后，被任命为军委卫生部长。这样我就离开了部队，来到军委卫生部所在地瓦窑堡。我到任后，首先巡视了后方医疗卫生工作情况，发现后方医疗卫生条件很差，不能适应前方作战需要……当时已是12 月的隆冬天气，夜里气温最低可达到零下二十度。可我们的被服很单薄，住窑洞，睡冷炕，对于我这个南方人来说，真是太难熬了。夜里冻得睡不着觉，只好爬起来跑步取暖。"[③] 这样的条件，加上外部流行的疫病，就极大地增加红军战士被疫病感染的风险。

在史沫特莱看来，老鼠是西北地区传播疾病的主要根源，并且在她刚来到延安时曾深受鼠患的困扰："我之所以会如此热衷于我的灭鼠运动，是因为在我一到达延安之后就在一所住着好几窝老鼠的石屋内生活过一段时间。它们每天夜晚都在我炕底下和房梁上打架。我让蜡烛通宵不灭，但是它们逐渐习惯了烛光。于是我醒来总能看见灰色的毛皮在地面、桌子和椅子上闪闪发亮。"[④] 海伦·斯诺初到延安时也有同样痛苦的经历："我头顶上的天花板是一块下坠的白布，老鼠彻夜沿边缘跑来跑去，它们争斗时黄土纷纷落下。我的床下放着一个捕鼠夹子，当捕到一只老鼠时，我吓得尖叫起来，把全院人都吵醒了。"[⑤]

史沫特莱以极大的热情投入延安城区的灭鼠运动。她托人把西安市面上所有的捕鼠夹抢购一空，并且给埃德加·斯诺夫妇写信，请他们尽

① 参见陕西卫生志编纂委员会办公室编：《陕甘宁边区医药卫生史稿》，陕西人民出版社1994 年版，第 130 页。

② ［美］埃德加·斯诺：《西行漫记》（董乐山译），东方出版社 2001 年版，第 11 页。

③ 黄克诚：《黄克诚自述》，人民出版社 1994 年版，第 147 页。

④ ［美］艾格尼丝·史沫特莱：《中国的战歌》（江枫译），作家出版社 1986 年版，第182 页。

⑤ ［美］海伦·斯诺：《旅华岁月——海伦·斯诺回忆录》（华谊译），世界知识出版社1985 年版，第 250—251 页。

史沫特莱在延安

量从北平多寄一些来免费送人，捕鼠夹很快在北平的集市上也都售光了。史沫特莱将各地购买和邮寄来的捕鼠夹分发给延安市民，希望人们能像她一样开展捕鼠运动。然而，事情并不像史沫特莱所料想的那样，人们似乎对于灭鼠并没有多大兴趣，“捕鼠夹发下去不久，她就发现，这些东西被拿到街上出售了”①。史沫特莱曾分析造成这种结果的原因：“我的灭鼠运动只引起了微弱的兴趣。人们视老鼠为自然界不可避免的组成部分。然而，鼠疫在西北是一种流行病，是从蒙古蔓延过来而以老鼠跳蚤为媒介的周期性瘟疫。人们赞同我的意见，但是在忙于应付各种军事和政治问题之余，剩不下多少时间。无论如何，日本人要比鼠疫更加危险。”②

尽管如此，灭鼠运动还是取得一些成效，对保护延安地区军民的生命和健康，不无小补。

① Agnes Smedley, *Battle Hymn of China*, New York Da Capo Press, 1975, p172. 转引自任中义：《史沫特莱与中国共产党关系研究》，郑州大学 2015 年博士学位论文，第 104 页。

② ［美］艾格尼丝·史沫特莱：《中国的战歌》（江枫译），作家出版社 1986 年版，第 181 页。

第二节　以红十字会为载体的人道援助

史沫特莱

当前，我国学术界对史沫特莱的研究主要集中在3个方面：第一是其在延安的经历，包括推行灭虱灭鼠等卫生运动、把西方娱乐模式带进延安等；第二是关于其与朱德的研究；第三是关于史沫特莱的女权主义研究[①]。但是，史沫特莱不仅是记者、作家，而且还是中国红十字会的志愿者，而关于史沫特莱与中国红十字会关系的研究则相对缺乏。实际上，在全面抗战爆发后，史沫特莱在武汉即结识了中国红十字会救护总队总队长林可胜博士，并且成为救护总队的一员，她能为中共领导的抗日武装争取到医疗援助，也是和她与救护总队的密切关系分不开的。

当全面抗战开始后，史沫特莱即离开了延安，前往山西抗战前线。在黄河北岸的风陵渡，史沫特莱目睹了从前线转运后方途中的大批伤兵，虽然伤兵人数众多，但是医务人员和药品却极其短缺，史沫特莱对身边的两位中国记者表示："我们的第一篇报道应该是有关伤员处境的。我要想办法争取到外国的援助和志愿工作救护人员。"[②] 可见，从战争伊始，史沫特莱就已经把伤兵情况报道、为中国争取医疗援助作为工作的首要目标。

1938年1月，史沫特莱到了汉口。她通过好友也是南斯拉夫著名的公共健康专家博尔塞克博士结识了时任中国红十字会救护总队部总队长

---

① 参见赵红、张思文：《21世纪以来艾格尼丝·史沫特莱研究评述》，《延安大学学报》（哲学社会科学版）2016年第4期。

② ［美］艾格尼丝·史沫特莱：《中国的战歌》（江枫译），作家出版社1986年版，第195页。

的林可胜博士，并了解到淞沪抗战期间中国红十字会在南京创办的伤兵医院在南京沦陷后被破坏无遗的情况。而此时的救护总队已经改变策略，准备派遣灵活的医疗队开往前线进行战地救护。

林可胜

在武汉时，史沫特莱深感中国军队医疗条件的落后，“中国的昨日和今日在很大程度上仍和独立战争时代美国的状况相同，而中国伤兵的境遇则和托尔斯泰在《战争与和平》一书中描写的一八一二年俄罗斯伤兵或南丁格尔出现在克里米亚战场上时英国的伤兵类似”①。在接触了大量伤兵后，史沫特莱发现国民党的军医署里完全合格的医生寥寥无几，而不合格的医生却有两万多人；另有军医护士、助理达18万之多，但这些护士、助理多是由那些在部队里身体太差不能打仗的士兵抽调组成的，他们的医学知识不过是几周换衣服的训练，他们既不知道传染病的预防方法和致病原因，也没有见过石膏、夹板或现代化的消毒器械。

成为中国红十字会救护总队的一员后，史沫特莱积极投入对伤兵的救助工作。她不仅在救护总队的医疗队中参与伤员的日常救护，而且她最重要的工作是宣传中国红十字会的救护实况以争取最大规模的国际医疗援助，因为此时她是英国《曼彻斯特卫报》的特约通讯员；而每周两篇战地报道的报酬能维持她在中国的生活，使她能在医疗队内不领薪金，甚至还能捐献一部分。

是时，中国红十字会救护总队面临的最大问题是维持已组建的医疗队的运转资金和筹组更多医疗队的启动资金的短缺，身为救护总队宣传

① [美] 艾格尼丝·史沫特莱：《中国的战歌》(江枫译)，作家出版社1986年版，第227页。

员的史沫特莱自然也有帮助救护总队向社会各界筹措资金的责任。林可胜博士希望史沫特莱“帮助他劝说有钱的中国人分别负担一个或几个队为期至少一年的费用”，在史沫特莱的多方协调与争取下，“宋子文博士‘认领’了十一个，爪哇的华侨也承担了同样的责任”①。

宋子文

史沫特莱在帮助中国红十字会救护总队争取经费的同时，也就邀请国际医务工作者到中国参加抗战救护工作做出种种尝试。全面抗战爆发之初，当时还在延安的史沫特莱就和毛泽东联合向美国人民发出“请派遣外科医生对八路军进行医疗援助”的呼吁书，并且和朱德先后致信印度国大党，请派遣医生前来抗日根据地工作。在史沫特莱等人的努力下，美国派遣了一个由白求恩率领的医疗援助队来华；在武汉失守前夕，印度派遣的援华医疗队的 5 名医生也来到中国，并在第一时间加入了中国红十字会救护总队医疗队。

1938 年 10 月，史沫特莱请林可胜总队长把医务工作人员和医药物品送到南方新四军的敌后根据地去，但林可胜表示他们对新四军还不甚了解，既不知道敌后的情况，也不知道医疗队能否发挥作用、药品能否供应得上。因此，林可胜希望史沫特莱将《曼彻斯特卫报》的采访工作同红十字会的工作结合起来，到敌后进行调查，随时给他们寄送报道②。10 月底，史沫特莱在八路军驻湘办事处的联络下，携带一批红十字会捐献的药品和她自己出资购买的大捆洗脸毛巾、绷带沙包、防护手套、肥皂和奎宁丸等，前往新四军位于长江下游的根据地。在途中，他们还在路边设起包扎站对 30 多个伤兵进行了护理。

据林可胜的英文秘书王春菁回忆，史沫特莱在调查新四军状况后不久，曾由新四军方面的一个“小鬼”陪同，经陆路来到红十字会救护总

① 参见［美］艾格尼丝·史沫特莱：《中国的战歌》（江枫译），作家出版社 1986 年版，第 232 页。

② ［美］艾格尼丝·史沫特莱：《中国的战歌》（江枫译），作家出版社 1986 年版，第 247—248 页。

队，请求林可胜总队长拨发前线奇缺的医药，尤其是治疗“打摆子”（疟疾）的奎宁片和针剂，“那里的部队在每天同一个时刻，成百士兵倒在路边或山道上，全身发抖、发烧”①，林可胜总队长立即照办。据时任新四军军医处药材科科长的吴之理回忆：“1939年红十字会救护总队一次拨发200万粒奎宁丸，红十字会派来的救护队也带有数百味的常用药材，如特殊需要，救护队还可以派人去金华大队领取。”②

在史沫特莱的努力争取下，救护总队还编遣了两支医疗队前往新四军防区工作③。1939年5月以后，第67医疗队除派一组到新四军野战医院工作外，该队其余队员则在泾县以南20公里、太平以北40公里处的新四军小河口后方医院工作；第31医疗队则在1939年1月后，于浙江金华一带从事伤兵的转运和治疗工作④。

史沫特莱（左二）在新四军驻地皖南泾县云岭

① 王春菁：《参加中国红十字会工作的回忆》，《贵阳文史资料选辑》第22辑《红会救护总队》，贵阳市政协文史资料研究委员会1987年编印，第116页。

② 石文光、伏斟：《新四军卫生工作史》，人民军医出版社1991年版，第439页。转引自任中义：《试论史沫特莱对新四军卫生工作的历史贡献》，《延安大学学报》（哲学社会科学版）2016年第4期，第59页。

③ 郭绍兴：《回忆抗战时期党在中国红十字会救护总队的工作》，《贵阳文史资料选辑》第22辑《红会救护总队》，贵阳市政协文史资料研究委员会1987年编印，第7页。

④ 《总会救护总队第四次报告》，贵州省档案馆编：《救护总队档案》，编号：M116-15。

史沫特莱有“中国伤兵之母”之美誉[1]，她穿梭于敌后各战场，及时向救护总队部报告战区伤兵难民状况。她至少 3 次亲往救护总队部与林可胜洽商救护事宜[2]。她的行动，遭到一些人的嫉恨，据说 1938 年底她曾接到署名“铁血团”的恐吓信[3]，但她不为所动。正是她的不懈努力，八路军、新四军等敌后抗日武装得到了中国红十字会救护总队在人力、物力等方面的大力支持。

① 参见［美］艾格尼丝·史沫特莱：《中国的战歌》（江枫译），作家出版社 1986 年版，第 360 页。

② 薛庆煜：《记中国红十字会救护总队与战时卫生人员训练所》，《中国科技史料》1999 年第 2 期。

③ 郭绍兴：《回忆抗战时期党在中国红十字会救护总队的工作》，《贵阳文史资料选辑》第 22 辑《红会救护总队》，贵阳市政协文史资料研究委员会 1987 年编印，第 7 页。

第九章　宋庆龄与“保盟”对延安的援助

对于延安地区红十字运动及医疗卫生事业的发展，宋庆龄同样做出了很大贡献。由她发起成立的“保卫中国同盟”，竭尽全力争取国际人道援助，源源不断地给包括延安在内的敌后抗日根据地提供了大批的人力、物力和财力的支持，充分发挥了“输血”与“造血”的双重功能。

第一节　作为红十字人的宋庆龄

宋庆龄是一位杰出的社会活动家，很早就投身红十字事业。她为延安等抗日根据地争取的人道援助，与她和红十字的不解之缘息息相关。

孙中山与宋庆龄

1921年5月，孙中山在广州就任非常大总统，为了结束军阀割据的局面，孙中山准备举兵北伐。8月，北伐战争序幕拉开。为支持孙中山北伐，宋庆龄与何香凝等发动妇女组织了“出征军人慰劳会”，宋庆龄任会长。同时，组织番禺红十字会10余人组成救护队，随北伐军进行战事救护，并遵章加入中国红十字会，宋庆龄亲自担任南海、番禺、顺德分会联合会总裁。她由此成为名副其实的“红十字人”。孙中山也欣然为番禺红十字分会题写“博爱”二字，以示表彰①。这个题词载入红会史册，并成为中国红十字运动中恒久发挥作用的精神动力，中国红十字会总会现在的机关刊物《博爱》，即以此题词作为刊名。

《博爱》杂志

1921年10月25日，孙中山出巡广西，北伐军3万人同日开拔。12月4日，孙中山抵达桂林，建立北伐大本营。12月6日，宋庆龄率领红十字会员即从广州出发，21日抵桂林与孙中山汇合。1922年4月，孙中山在梧州召开军事会议，决定改设大本营于韶关。5月，孙中山赴韶关督师，发布北伐“总攻击令”，进军江西。宋庆龄率红十字会员随行。据《申报》报道：“广东番禺、顺德、香山分会合组之救护队，已随北伐军出发，至湖南曾亦来电报告。”②

为了做好战地救护工作，宋庆龄还保持与中国红十字会总会、广东省红十字联合会等的密切联系，例如，宋庆龄曾致电广东省红十字联合

① 参见池子华：《孙中山与中国红十字运动》，《光明日报》2006年1月6日；池子华：《孙中山：红十字文化中国化的先驱》，《中国红十字报》2014年8月15日。

② 《红会筹备组织救护队》，《申报》1922年4月20日。

会，“要求从速再派会员赴韶。在何香凝等的共同发动组织下，广东不少妇女觉悟迅速提高，纷纷报名担任救护伤兵的工作，积极支持孙中山的北伐事业”①。但是，后来因与陈炯明公开决裂，孙中山不得不回师广州，1922 年 6 月 16 日，陈部的粤军总指挥叶举“炮轰总统府”发动兵变，孙中山、宋庆龄夫妇几遭不测，被迫离开广东。直到兵变平息后的第二年 5 月，才重新回到广州。

1924 年 1 月 20 日至 30 日，中国国民党第一次全国代表大会在广州召开，孙中山以总理身份担任主席，共产党人李大钊、毛泽东、林伯渠等出席大会。大会通过了由共产党人起草的以反帝反封建为主要内容的《中国国民党第一次全国代表大会宣言》，重新解释了三民主义，确立了“联俄、联共、扶助农工”的三大政策。这次大会的召开标志着第一次国共合作的正式形成，中国革命进入新的阶段。不过令人遗憾的是，此时的孙中山病情不断加重。1925 年 3 月 12 日，孙中山在北京病逝。

孙中山先生虽然去世了，但是他对红十字博爱事业的追求，并没有因此而终止，宋庆龄继承与弘扬了孙中山的博爱思想，使红十字人道主义精神得以延续。具体而言，宋庆龄的红十字工作主要表现在以下几个方面：

其一，建立红十字会组织，以《红十字会救伤第一法》培训救护人员。

1926 年 1 月 8 日至 19 日，在广州召开的中国国民党第二次全国代表大会上，宋庆龄当选为国民党中央执行委员（23 日被推选为国民党中央妇女部部长，由何香凝代理）。大会闭幕的第二天，即 20 日，她在出席国民党中央妇女部、广东省党部妇女部、广州市党部妇女部等举行的欢迎大会上发表演说时深情地说：“回忆数年前，在广东组织出征军人慰劳会即红十字会时，曾和诸君共事，现在又得与诸君聚首一堂，不特是所可庆幸的事，而且更觉令我无限的快感。”② 对于组建红十字会支持北伐事业，她表示支持与敬意。同时为践行孙中山博爱思想，国民党二大闭幕后的第四天，即 22 日，她即以国民党党立红十字会会长名义，与汪精卫、谭延闿、蒋介石、何香凝、李济深等军政要员联名发出通告，称为募集党立红十字会的开办经费将举行游艺晚会和物品展销部，

① 尚明轩等编著：《宋庆龄年谱》，中国社会科学出版社 1986 年版，第 39 页。

② 《在广州女校女团体欢迎会上的演说》，《宋庆龄选集》，人民出版社 1992 年版，第 13 页。

因此征求各大商店、工厂捐赠商品、产品义卖，并征求艺术家莅场义演①。这个通告表明，中国国民党组建了党立红十字会，宋庆龄担任会长。

为了结束北洋军阀的统治，完成孙中山先生未竟之志，1926年7月9日，国民革命军在广州举行北伐誓师大会，北伐战争正式开始。北伐分为两个阶段。第一期北伐是国共两党联手共同遂行的。在北伐战争中，宋庆龄发起的中国国民党党立红十字会，组织了女子北伐救护宣传队，由国民党中央妇女部干事高恬波担任救护队长②。她率领13名救护队员，辗转湘、鄂、赣三省，随军救护。而宋庆龄则在9月29日又担任了党立红十字会征募部部长职务③，积极筹款募捐，为北伐救护事业提供后援支持。

北伐救护队队长高恬波

北伐战争捷报频传，但1927年蒋介石发动了“四一二反革命政变”，国共两党合作破裂，对此，宋庆龄一方面在武汉发起讨伐蒋介石的运动，捍卫孙中山先生的三大政策；另一方面，鉴于集中于武汉的北伐军伤兵逾万，缺医少药，备受折磨，乃与何香凝等人发起成立北伐红十字会，在5月27日举行的由汪精卫、徐谦、孙科、顾孟余、彭泽民等国民党中央委员及周恩来等中共人士共300余人参加的谈话会上，正式将该会定名为“北伐伤兵救护大会”，并商定：

---

① 《广州民国日报》1926年1月22日。

② 《中央妇女部七八月份工作报告书》，《妇女之声》第25期（1926年11月15日）。按：高恬波，1898年生于广东省惠阳县，17岁考入广州妇孺产科学校。1923年加入中国社会主义青年团，同年与青年团广东区委书记阮啸仙结婚。1924年春，高恬波加入了中国共产党，成为广东省第一位女党员。1929年12月，她在南昌执行联络任务时不幸被捕牺牲。

③ 《广州民国日报》1926年9月30日。

由每团体举一至二人共同组织；聘请专门救护人才，分别担任救护事宜；设立执行委员会执行会务，宋庆龄担任执行委员会委员长①。这个“北伐伤兵救护大会”，脱胎于北伐红十字会，但仍是红十字会组织。

6月8日，宋庆龄出席“北伐伤兵救护大会”召集的各团体代表联席会议，决定为救护伤兵筹款募捐。为了培养救护伤兵的工作人员，宋庆龄又创办了看护训练班②。经过培训后，培训班学员被分派各伤兵医院工作，而培训所用教材，就是孙中山翻译的《红十字会救伤第一法》。可见，孙中山的博爱思想在宋庆龄的建立红十字组织的活动中熠熠生辉，闪耀着人道主义的光芒。

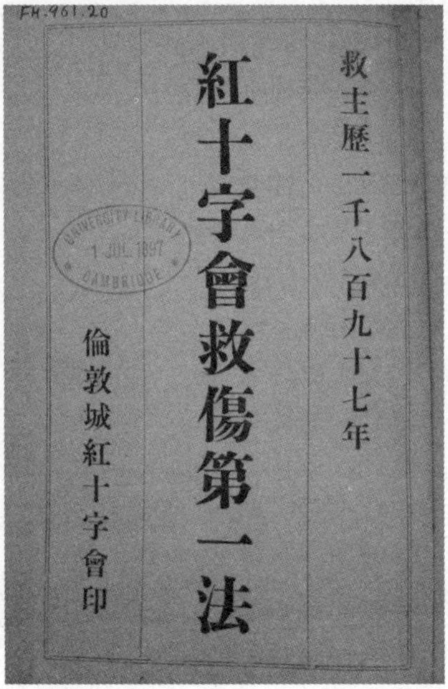

孙中山译《红十字会救伤第一法》初版扉页

① 参见《北伐伤兵救护大会成立，宋庆龄致开幕词》，《汉口民国日报》1927年5月27日。当时各团体推定的代表有：中央党部顾孟余、徐谦；国民政府汪精卫、孙科；军事委员会刘骥；总政治部郭沫若、章伯钧；中西医会罗佩昂、冉雪峰；全国总工会林育南、李人甲；华侨协会许甦魂、鲍慧僧；第四方面军总指挥部宋英仲、伍毓仑；商民协会郑慧吾；财政部张肇元、唐海安；汉口天主堂医院郑香亨；宗教团体代表吴德施、江虎臣；女医生会佛德尼基；司法部沈仪彬、徐璋；交通部沈卓吾、庄智焕；外交部吴之椿；武汉医士马毅良、舒厚仁；国民政府秘书处连声海、曾仲鸣；战时经济委员会黎照寰、杨伯后。

② 尚明轩等编著：《宋庆龄年谱》，中国社会科学出版社1986年版，第61页。

其二，阐发红十字会人道博爱理念。

宋庆龄不仅用组织红十字会的方式诠释孙中山的博爱思想，而且也在理论上对红十字人道主义进行了阐述。例如，在1927年5月27日举行的北伐红十字会第一次谈话会上，宋庆龄发表演说，对红十字会的性质、为什么成立北伐红十字会以及投身红十字事业的人生价值，都做了阐发。

关于红十字会的性质，她说："红十字会本来是一种国际的博爱的人道主义团体"，"因为救助他人的疾病痛楚，是起于人类同情心的一种义举，也就是人类不能委卸的一种天职。我们今日看见红十字会事业的发达，可见得真理是到处受人欢迎，这便是世界的一线晨光了。"显然，宋庆龄对红十字会的性质有着深刻的理解，早年孙中山在《红十字会救伤第一法》译序中所表达的"恻隐之心人人有之"的思想，宋庆龄则赋予了其是人类"一种天职"的新内涵①。

宋庆龄发起成立的北伐红十字会，与普通红十字会相比，"宗旨固然是相同"，但在宋庆龄看来，"其中更还有一个特别的意义"，因为北伐战争"实不是一种寻常的战争。这次战争的目标，是为要打倒帝国主义和军阀的。帝国主义和军阀，在各国所干下的罪恶，真所谓罄竹难书。而在中国的四万万同胞，尤其受这种恶势力的摧残压迫，弄得憔悴呻吟，求生无路。所以革命的勇士，为求大多数同胞的生存与幸福，为世界民族的自由与和平，就不能不毅然决然，和那些人类的恶魔拼一个死活。他们打仗不是为自己个人的利益。他们的受伤是为要援救大多数人，为要替被压迫的人打倒不平所得来的痛苦。我们对于这班侠义的革命志士，又怎能袖手旁观不理他们呢?"所以"我们发起这个北伐红十字会，就是要使那些已经受伤的同志，得着一种精神上的安慰，同时也使一切的武装同志，相信民众是他们的后援"。北伐是为了完成孙中山未竟之志，是为同胞谋求生存与幸福的正义之战，成立红十字会为伤兵服务，为北伐提供后援支持，既是对孙中山遗志的继承，也是对《红十字会救伤第一法》中所承载的"博爱"思想的弘扬。

宋庆龄深有感慨地说："一个人精神、智识、时间和金钱，都是应该拣择那最高尚、最宝贵的事用去的。我们深信，把我们的精神、智识、时间和金钱都贡献给这个北伐红十字会，是永不会错的，而且是有

① 参见池子华：《她与"红十字"割不断的"缘"——宋庆龄对孙中山博爱精神的继承与弘扬》，《中国红十字报》2014年9月5日。

意义的。我们希望……大家通力合作，去唤起全社会的赞助，去促成这一件值得我们努力的伟大工作!”① 红十字事业是最高尚、最宝贵的事业，宋庆龄称之为“伟大工作”，并认为值得为之奉献，且人生的意义在此，生命的价值亦在此。而“唤起全社会的赞助”来支持红十字事业，更是实现孙中山“博爱”理想的最佳途径。

由上所述，宋庆龄关于红十字会宗旨、性质、作用的阐发，对于人们理解红十字会、认识红十字会、参与红十字事业，无疑具有重要的指导意义，也是对孙中山“人道、博爱”思想的继承与发展。

其三，筹款募捐，组织救护行动。

宋庆龄

宋庆龄在多种场合呼吁各界捐款捐物，支持红十字会的救护行动。无论她是担任党立红十字会征募部部长，还是任北伐红十字会（北伐伤兵救护大会）执行委员会委员长，都尽心尽力。美国记者安娜·路易斯·斯特朗有评论说：“我还记得在她家花园中为国民党红十字会募捐而举行的那次招待会。这是在革命的汉口有外国政府代表参加的第一次社会活动。……她的魅力使敌人也不得不大掏腰包。”② 苏联记者巴库林在1927年5月28日的日记中写道：“武汉这时大规模地组织援救前线伤兵的工作。领导这项工作的是孙中山先生的夫人。她把外国医生、护士都吸收到援救组织里来，并进行募捐。”③

类似这样的例子还有很多。除了积极募捐外，宋庆龄还经常奔赴战地医院慰问伤兵，组织红十字救护行动。如前所述，1922年在孙中山北

① 《孙夫人宋庆龄女士致开会词》，《汉口民国日报》1927年5月28日。另见中华全国妇女联合会妇女运动历史研究室编：《中国妇女运动历史资料（1921—1927）》，人民出版社1986年版，第704页。

② 转引自张戎、乔恩·哈利戴：《孙逸仙夫人——宋庆龄传略》，中国和平出版社1988年版，第32页。

③ 转引自周兴梁：《大革命时期的宋庆龄》，《贵州社会科学》1993年第3期。

伐之时，她就亲自带领红十字会员，随军救护。

1932年1月28日，日军对上海发起攻击，当地中国驻军第19路军起而应战，“一·二八”淞沪抗战爆发。中国红十字会迅速行动，开展人道救护。1月30日，宋庆龄与何香凝等前往真茹慰问伤兵，“在她们的主持和组织下，一天工夫筹设了几十个伤兵医院”[①]。这些伤兵医院，经与中国红十字会接洽，纳入红十字会序列[②]。其中与何香凝、杨杏佛等在上海交通大学创办的拥有300张床位的国民伤兵医院，规模较大。

宋庆龄、何香凝等创设的国民伤兵医院

当时，宋庆龄在答记者问时说：“余少数友人因见十九路军卫国抗战之忠勇，实为真正之民众武力，我辈对于其伤兵之救护，自应各尽绵薄。同时感觉上海现有伤兵医院，数多而散漫，似应有持久集中之组织，故有国民伤兵医院之设立。公推廖何香凝夫人等及余担任理事。此外尚有中西专家多人，分任医务事务。院中全体职员均尽义务，不支任何薪给。我辈设立医院之惟一单纯目的，为救护治疗此次为中国苦战之伤兵，并予以精神上之安慰与鼓励。凡抱同一观念者，均请其参加援

① 蒋光鼐、蔡廷锴、戴戟：《十九路军淞沪抗战回忆》，引自全国政协文史资料委员会编：《文史资料精华丛书》第2卷《从国内战争到共同抗战》，安徽人民出版社2000年版，第319页。

② 参见华振中、朱伯康：《十九路军抗日血战史》，神州国光社1947年版。

助。”[①] 由于宋庆龄亲自号召，各界爱国热情高涨，“一时名医云集，慰劳品不绝而来”[②]。在社会各界的支持下，红十字会的人道救援取得了巨大成功[③]，极大鼓舞了19路军的士气。这其中，宋庆龄发挥了重要作用。

宋庆龄与19路军军长蔡廷锴

其四，争取国际人道援助。

红十字运动可谓“无国界”运动。孙中山“伦敦蒙难”获救以及孙中山支持美国红十字会在华募捐之举，都是超越国界的博爱之举[④]。宋庆龄继承孙中山在译著《红十字会救伤第一法》中所阐述的“博爱”理念，积极寻求国际人道援助。例如，在组建北伐红十字会时，她曾致电苏俄工联全国理事会，请求募集款项救济武汉伤兵，该会遂“决定捐款三万卢布，并拟发动各工联团体捐款”[⑤]；她在香港创建“保卫中国同

① 《在国民伤兵医院答记者问》，《宋庆龄选集》，人民出版社1992年版，第54页。

② 杨小佛：《宋庆龄同志——我最尊敬的长辈》，《解放日报》1981年5月29日。

③ 参见池子华：《抗战初期中国红十字会的战事救护》，《江海学刊》2003年第4期。

④ 参见池子华：《孙中山：红十字文化中国化的先驱》，《中国红十字报》2014年8月15日。

⑤ 参见尚明轩等编著：《宋庆龄年谱》，中国社会科学出版社1986年版，第61页。

盟”（1946 年 1 月更名为“中国福利基金会”）时，也是广泛争取国际人道援助，以支持中国的抗战及红十字战地救护事业。

第二节　“保盟”的成立

1938 年 6 月 14 日，在宋庆龄香港寓所的客厅里，“保卫中国同盟”宣告正式成立。没有气派的成立大会，没有高朋满座的庆祝仪式，有的只是宋庆龄拳拳爱国之心、深深人道之情。宋庆龄担任“保盟”主席，中国银行董事长宋子文出任会长，香港大学高级讲师诺曼·法郎士任名誉司库，香港华比银行副经理邓文钊任司库，廖仲恺女儿廖梦醒任秘书，爱泼斯坦担任宣传。另有邹韬奋、冯玉祥、孙科、许乃波、廖承志等一批社会名流加盟。还有一位名叫希尔达·塞尔温-克拉克的英国人，身份特殊，她是香港政府医务总监的夫人，担任“保盟”的名誉秘书，而这一年夏天由她发起成立并担任秘书的中国红十字会国外后援会，则成了中国红十字会救护总队的香港办事处。她的“一身二任”，意味着“保盟”与中国红十字会结成你中有我、我中有你的“亲密”关系。

保盟部分成员香港合影

左起：爱泼斯坦、邓文钊、廖梦醒、宋庆龄、克拉克、法郎士、廖承志

宋庆龄为何要创建“保盟”？这与中国的抗战形势、中国红十字会救护事业的需要，以及延安等敌后抗日根据地的人道需求密切相关。

自从九一八事变及“一·二八”淞沪抗战之后，日本的侵略步伐由中国的东北进而扩展至华北、华东，灭亡中国的野心昭然若揭。中国人民的抗战也继续在各地展开，红十字人穿梭于炮火硝烟之中。

1933 年 1 月 3 日，山海关失守，华北危急，长城抗战开始。红十字会“华北救护队”在王培元总队长率领下，2 月 3 日开赴前线，并与陆军军医学校校长刘瑞恒、第四中山大学医学院（上海医科大学前身）校长颜福庆、北平协和医学院生理学系主任林可胜等发起的前方救护队合二为一，组成“中国红十字会华北救护委员会”。委员会组织的救护队，分编成 12 组，分别前往康庄、喜峰口、通州等处救护伤员。长城抗战救护于 5 月结束，中国红十字会华北救护委员会共救治伤兵 7486 人。

1936 年 11 月 12 日，绥远抗战爆发。当天，日伪军向绥远红格尔图发起进攻，绥远省主席兼第 35 军军长傅作义率部迎头痛击，苦战 7 昼夜，重创敌军。11 月 24 日，绥远守军收复百灵庙。12 月 9 日，乘胜追击，收复被日伪军盘踞的大庙。绥远抗战初战告捷，举国欢腾。中国红十字会与上海市商会、上海市地方协会联手发起成立“绥远剿匪慰劳救护委员会”，募集捐款，全力支持傅作义将军绥远抗战义举。中国红十字会还派秘书长庞京周赴绥远组织战地救护。

1937 年 7 月 7 日，日军在北平西郊的卢沟桥附近进行军事演习时，公然向中国驻军挑衅，炮击宛平城，挑起了全面侵华战争，史称“卢沟桥事变”（又称“七七事变”）。中国军队驻北平的宋哲元部第 29 路军奋起自卫，由此拉开了全面抗战的序幕。7 月 29 日、30 日，北平、天津相继陷落，华北深陷战火之中。

华北硝烟未熄，华东战火又起。1937 年 8 月 13 日，上海这个国际性大都会再次笼罩在日本侵略军的炮火中。日方先后增派 12 个师团 20 多万兵力进攻上海，妄图摧毁中国军民的战斗意志，迅速灭亡中国。淞沪地区炮声隆隆，硝烟弥漫。国土沦丧，激起国人强烈的爱国情怀，上海我军及各界民众同仇敌忾，与日军展开殊死搏战。中国红十字会立即行动，先后组织救护队 10 个、急救队 12 个、临时救护医院 24 所和“特约医院”16 所，积极救护伤兵难民。

由于敌我力量对比悬殊，八一三淞沪抗战最终失利，11 月 12 日，上海沦陷。一个月后的 12 月 13 日，国民政府首都南京沦陷，日本侵略军进行了举世震惊、惨绝人寰的“南京大屠杀”，30 万同胞遇难，一时间南京城内外血流成河、尸积如山。中华民族到了最危险的时刻！中国的抗战进入最艰难的阶段，中国红十字人义无反顾地奔走在抗日的最

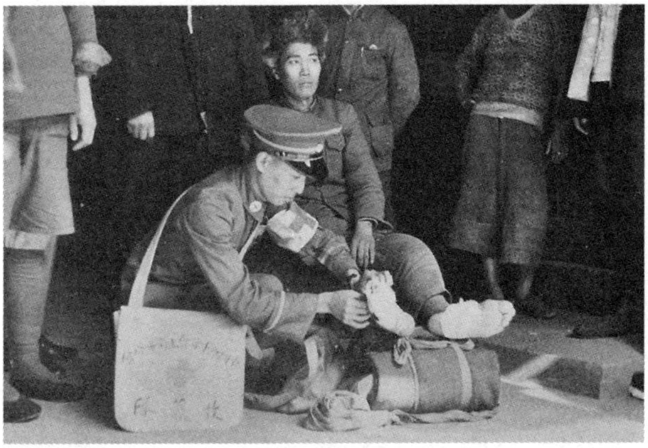

八一三淞沪抗战中的红十字救护队员

前线。

1938 年春，中国红十字会救护总队部在汉口成立（1939 年辗转迁到贵阳图云关），林可胜为总队长，但战地救护工作困难重重。面对这一切，宋庆龄心急如焚，寝食难安，她想尽办法争取国际人道援助，以救护前线及沦陷区的广大伤病军民，这是促使她发起成立“保盟”的重要动因[①]。

成立“保盟”的另一动因，就是尽可能满足延安及敌后抗日根据地的人道需求。

全面抗战初期，延安地区几乎与外界隔绝，这固然是因为日军占领了中国东南部大部分的沿海城市，将中国的出海口封锁，但更重要的是国民党对中国共产党领导的抗日力量进行围困，千方百计地干涉和阻挠人道慈善团体对于延安地区及敌后抗日根据地的物资援助。

延安地区不仅物资匮乏，医疗用品更形紧缺。出生于新西兰的英国记者詹姆斯·贝特兰在 1937 年底访问了延安和晋东南地区，并于 1938 年 2 月到达汉口，在八路军办事处拜会了周恩来。当谈起华北前线缺医少药的情况时，周恩来对他说，要组织起来，找医疗物资，帮助八路军、新四军伤病员，请贝特兰把在游击区前线见到的缺医少药的情况写成详细报告，交给在香港的孙夫人宋庆龄。当时，他们还讨论了把大量

① 参见池子华：《宋庆龄：抗战时期的红十字“守护者”》，《中国红十字报》2018 年 4 月 13 日。

的医药物资从海外借道苏联，再运抵延安的可能性等问题①。

八路军120师副师长萧克与贝特兰（右）

潘汉年

延安方面需要各方的支援，国际社会也纷纷伸出援手，但是中共方面还没有一个专门接受捐赠的机构。虽然八路军在抗战初期于南京、汉口和香港等地设有办事处来协调各方援助②，但是外来的医疗器械和药品等往往还是被国民党政府截留。在这种情况下亟须一个组织来协调，绕过国民党的封锁以帮助中共转运医疗物资及其他必需品。这样，“保盟”就应运而生了。

组织这样一个新的机构，必须要有一个享有国际声望、值得国人信赖的人来领导。宋庆龄在

① 参见徐峰华：《社团与政治：宋庆龄与保卫中国同盟研究》，《史林》2014年第2期。

② 关于抗战初期八路军办事处的有关研究成果，参见胡传章：《简述抗日民族统一战线中的八路军办事处》，《江苏社会科学》1995年第6期；李军晓：《八路军驻香港办事处述略》，《抗日战争研究》1997年第3期。

淞沪抗战期间就与中共方面的代表潘汉年保持着联系，并且在得知八路军赴山西参加对日作战后，宋庆龄与何香凝一起向上海各界筹集物资来支援八路军抗战。

后来，随着上海的失陷，宋庆龄于1937年底来到香港，在这个当时国内为数不多的可以与国际取得联系的地方成立了“保盟”。从《保卫中国同盟宣言》中我们可以看出，“保盟”的目标有二：“一、在现阶段抗日战争中，鼓励全世界所有爱好和平民主的人士尽一切努力以医药、救济物资供应中国；二、集中精力，密切配合，以加强此种努力所获得的效果。”① 从“保盟”的实际运作来看，这样的目标达到了。

1939年宋庆龄前往香港码头察看抗战物资装运情况

第三节　对延安的国际援助

宋庆龄创建“保盟”，主要的任务是“成为需要者（中国人民）和资金、物资捐赠者（包括红十字会在内的国际援华机构）之间的桥梁”。“保盟”的目的很明确，就是为了争取包括人力、物力、财力、道义等各方面在内的国际援助。人力，主要是国际援华医疗组织和人员；物力，主要是红十字会及延安方面急需的药品和医疗卫生器械；财力，主要是捐款；道义，是希望中国的民族自卫之战得到国际社会和一切爱好

① 《保卫中国同盟成立宣言》，《宋庆龄选集》上卷，人民出版社1996年版，第231—233页。

和平人士的声援与支持[1]。

“保盟”成立伊始就贯彻了这样一个原则：“援助不受政治原因和地理条件的限制，这样，共产党支配的地区也就包括在受援范围之内”[2]。“保盟”常以中国红十字会的名义，不断地向延安后方转运物资，例如1939年冬，在“保盟”的安排下，从贵阳图云关运送的10吨贵重医疗器材抵达延安。“保盟”还经常利用当时往来重庆和延安的飞机、汽车等合法的交通工具向延安运送物资。太平洋战争爆发后，香港为日军占领，1942年8月中旬，“保盟”在重庆重建。从8月到11月初，重建后短短不到3个月的时间，“保盟”便向敌后根据地提供了6万多美元的捐款。“保盟”的援助，极大地促进了延安地区医疗事业的发展，例如，在位于延安的八路军制药厂全年的开支中，来自“保盟”的捐款就占到开支总量的12%以上[3]。

宋庆龄查验将运往前线的医药物资

“保盟”还积极帮助各敌后根据地完善医疗体系，尤其对位于晋察冀的国际和平医院的创办和发展起到了极为关键的作用。在武汉失守前，

① 池子华：《宋庆龄：抗战时期的红十字“守护者”》，《中国红十字报》2018年4月13日。

② ［德］王安娜：《中国——我的第二故乡》（李良健、李希贤校译），生活·读书·新知三联书店1980年版，第196页。转引自徐峰华：《社团与政治：宋庆龄与保卫中国同盟研究》，《史林》2014年第2期。

③ 引自徐峰华：《周恩来与宋庆龄的救济福利事业》，《史林》2017年第2期。1943年6月，“保盟”还曾将红十字会及个人捐助的1吨重的医疗器械和药品运送到游击区。参见宋庆龄：《永远和党在一起》，上海人民出版社1983年版，第41—42页。

美国大使馆随员埃文斯·卡尔逊电告在武汉任教的福斯特（“保盟”的委员之一），称国际红十字会有大量医药物资存放在武汉，而日军将在3天内切断武汉以北的铁路线，请他帮忙把这批物资运送给华北太行山区的八路军。福斯特与“保盟”同仁一起，将两车厢医药物资经平汉铁路转往陇海铁路，越过黄河送达太行山八路军驻地，建立了一座医院。这座医院就是国际和平医院，主要为共产党领导下的游击区军民服务。

晋察冀边区的国际和平医院是“保盟”支援的在敌后抗日根据地建立的第一个医院。在3年的时间内，国际和平医院扩展为4个抗日根据地医院，即五台山、延安、晋东南、皖南4所中心医院，同时附属于医院的卫生学校、在延安的白求恩医学图书馆等亦得到“保盟”的资助。这些医院不断延伸，从前线到后方形成了由救护站、野战医院和流动医疗队组成的医疗网络，另外还有从属于各医院的卫生学校、门诊部和制药厂，这些都极大地改善了抗日根据地的医疗条件①。

1940年12月7日，宋庆龄在致普莱斯小姐的信件中这样写道：“保卫中国同盟仍然主要负责国际和平医院的维持和供应……目前游击区正面临日军全面进攻，因此种种原因，说明他们从海外朋友处得到的支持远较过去任何时期为重要。”② 从信中我们可以看出，宋庆龄对国际和平医院一直予以巨大的关注和援助。

全面抗战时期的延安，因为战时工作的繁忙，中共中央机关干部们的孩子处于无人看管状态，边区当时也没有建立自己的托儿所，这个问题成为中央领导的一块心病。1940年，党中央决定成立中央托儿所，指派李维汉和中央卫生处处长傅连暲来主持。也正在这时，宋庆龄将海外爱国华侨及国际友人捐助的一批药品、玩具及婴幼儿用品运往延安，其中有鱼肝油、盘尼西林以及各种预防传染病的疫苗等。毛泽东、邓小平、刘伯承等一批中共领导人的孩子都曾寄养在这个托儿所③。1942年，保卫中国同盟在洛杉矶募得一批捐款、生活用品和医疗器械，通过层层关卡转送延安，其中一部分赠送给中央托儿所。为了纪念美国友好

① 周琳、孟琼：《宋庆龄与国际和平医院》，载《“宋庆龄的思想实践与和谐社会建设”学术研讨会论文集》，2007年编印，第345页。

② 转引自杨天石：《保卫中国同盟与中国“工合”运动的珍贵文献——读宋庆龄往来英文函札之一》，《中国社会科学院研究生院学报》1993年第2期。

③ 王颖：《洛杉矶托儿所》，中国福利会史志办公室编：《中国福利会史志资料》1997年第1期，第19—20页。

人士对于延安的大力支持，中央托儿所改名为洛杉矶托儿所①。

延安洛杉矶托儿所

1941 年皖南事变之后，包括延安在内的抗日根据地都处在国民党的层层封锁之下，积极抗战的八路军、新四军，无论是武器弹药，还是药品、医疗用品等方面都严重缺乏。面对这种局面，宋庆龄对国民党政府表示极大的不满，呼吁取消“不人道的封锁”。1943 年，她亲自撰写了《给中国在海外的朋友的一封信》和《在中国游击区》的“保盟”工作报告。在报告中宋庆龄呼吁“不要对封锁默许”，她称赞了中国共产党领导的抗日武装对日军作战所取得的胜利，“他们牵制了在华日军 60% 以上的军队”，但是“他们几乎全靠从敌人那儿夺得武器装备来武装自己”，而且“他们已经三年没有得到过任何武器和金钱的援助，以及与我们的工作特别有关的医药援助”，并表明“我们并不要求给他们优先待遇，而是要求平等待遇”②。经过宋庆龄的努力，许多之前被迫与“保盟”中断联系的对华援助机构又重新和宋庆龄取得联系，例如美国援华会、纽约联合援华会等；同时，“保盟”还与驻重庆的美国红十字会、美国医药援华会代表建立了新的良好关系，以便更好地为中共领导的抗日根据地提供医疗援助。

① 徐峰华：《周恩来与宋庆龄的救济福利事业》，《史林》2017 年第 2 期。

② 转引自叶慕安：《宋庆龄——一朵永不凋谢的“花”》，《党史文苑》2018 年第 3 期。

重庆“保盟”旧址

宋庆龄领导的“保盟”还努力动员一切友好的国际力量支持中国的抗战。她不仅不遗余力地向各国人民宣传中国的抗战并发起募捐行动，而且还直接招募医生、工程师、普通工人、华侨去中国参战；她宣传、募捐工作的对象，从草根组织到大公司集团，无所不包，甚至邀请到美国总统罗斯福的夫人出任“工合”的名誉主席。正如一位学者所说的那样：“如果说宋美龄的国会演说替蒋介石赚来了美元与名声，那么，宋庆龄兢兢业业的工作则向美国民众扎扎实实地介绍中国军民的抗战，替中国正义的反侵略战争造足了舆论，赢得了掌声。”①

同时，正如前文所说，埃德加·斯诺和马海德在红军结束长征后，能够前往陕北，很大程度上是宋庆龄在中间搭建的桥梁，而史沫特莱也是经宋庆龄的介绍前往延安的。甚至在全面抗战爆发后，加美援华医疗队、印度援华医疗队能够顺利前往延安，也离不开宋庆龄的牵线搭桥。此外，宋庆龄还经常在香港组织义卖、义演来为抗日根据地筹措款项。据陈翰笙回忆，宋庆龄在香港英京酒家的晚会大厅里，陈列出孙中山生前所珍爱的墨宝，在座的工商界和银行界人士当即抢购一空。宋庆龄将所得的款项都用来购买药品后转送延安，并且这些药品要宋庆龄亲自签

① 转引自王海龙：《哥伦比亚大学藏毛泽东宋庆龄等抗战书信真迹的发现及解读》，《江苏师范大学学报》（哲学社会科学版）2018 年第 2 期。

字，才能通过国民党的层层检查和阻拦[1]。

综上所述，宋庆龄领导的“保盟”，不仅在抗日根据地组织了国际和平医院，而且“给中国红十字会医疗救济委员会、贵阳医疗急救学校、中国工业合作社、八路军和新四军医疗队、延安抗日军政大学等单位很多援助”[2]。对于中国共产党领导的抗日根据地而言，这些雪中送炭的援助，彰显了人道的力量，闪耀着国际主义的光辉，奏响了延安地区红十字运动的交响曲，也体现了宋庆龄一贯的博爱情怀。

① 参见全国政协文史和学习委员会编：《四个时代的我——陈翰笙回忆录》，中国文史出版社2012年版，第79页。

② 宋庆龄：《我们的第一年》，转引自尚明轩等编著：《宋庆龄年谱》，中国社会科学出版社1986年版，第120页。

第十章 延安时期对人道主义的坚守

在红十字精神感召下，国际社会的人道援助和中国红十字会的医疗援助，对延安地区红十字运动产生了强有力的推动作用，而延安时期人们对人道主义的坚守，更使红十字人道理念落地生根，开枝散叶，生机盎然。

第一节 人道主义和国际人道法

人道主义（Humanitarianism）一词，源自拉丁文，古罗马思想家西塞罗最早使用了这一术语，用以指称一种能够符合人的需要方式、发展个人才能的教育体制。到了文艺复兴时期，人道主义则成为新兴资产阶级反对中世纪教会神权和专制政府的思想武器。

广义的人道主义泛指一切强调人的价值、维护人的尊严和权利的思潮。这种提倡关怀人、尊重人、以人为本的世界观，主张人格平等、互相尊重，与红十字会所倡导的保护人的生命和健康有共通之处。

狭义的人道主义则体现在战争中尽力救护伤兵，限制使用大规模杀伤性武器和优待战俘等方面。在西方基督教的《旧约圣经》中即有禁止杀害俘虏的禁令，并认为俘虏应当在战争结束时被放回。在我国，先秦时期即开始强调以“仁”来规范战争行为，现存最早的先秦兵法《司马法》中曾有这样的描述：“入罪人之地，无暴神祇，无行田猎，无毁土功，无燔墙屋，无伐林木，无取六畜、禾黍、器械。见其老幼，奉归勿伤。虽遇壮者，不校勿敌。敌若伤之，医药归之。”① 即提倡在战争中不能毁坏敌国的山川和建筑，对于敌国的老人、儿童和青年也不能杀戮，只要不将其作为敌人看待，则应受到同样的优待。这正是一种朴素的人

① 《司马法今注今译》，（台北）商务印书馆 1977 年版，第 22 页。

道主义关怀，正如傅斯年所言："春秋时人道主义固以发达。"[①]

国际人道法的出现并逐步完善，则是由于近代科技的进步使得武器的杀伤性更强，战争的规模也与日俱增；同时，大规模的战争所带来的大量伤兵成为近代战争中一个十分严峻的问题。"国际红十字运动之父"亨利·杜南1859年在意大利旅行时途经意大利北部的索尔费里诺，正好赶上奥地利军队与法国-撒丁联军在此交战，15英里长的战线上双方集结了近30万士兵，战斗结束有近4万名士兵伤亡。但是，这些伤兵并未得到有效的救治，杜南立刻组织当地的百姓参加了对伤兵的救治活动，并亲自采购药品，帮助架设临时医院。1862年，杜南出版了《索尔费里诺回忆录》一书，在书中他不仅描述了当时战场上的惨状和他们的救护行动，更呼吁各国创立救护团体，并提倡建立"由一项不可违反的国际公约所认可的国际准则"，来保障战争中的伤兵不受伤害并得到应有的治疗[②]。1863年，在杜南的努力下召开了专门会议，成立了"伤兵救护国际委员会"（现称"红十字国际委员会"）。1864年，在日内瓦召开了由16个国家的全权代表参加的国际会议，通过了《1864年8月22日改善战地武装部队伤者境遇之日内瓦公约》，此公约使1863年会议确立的"中立化"原则得到落实，并阐明了一个至关重要的原则：即"必须不分国籍接收伤病员，并对其予以照顾"。1906年，在日内瓦召开的包括中国在内的共37国参加的会议，订立了《关于改善战地武装部队伤者病者境遇的公约》，与1864年的公约相比，该公约内容更为详细，也更有操作性，甚至对红十字标志的滥用及违约等各方面都做了详细的规定。

随着技术的进步，毒气和能对人体造成毁灭性伤害的达姆弹先后出现并投入战场，使得有必要对这种杀伤性强的武器进行限制；同时，战争已经由陆地扩展至海洋，平民的伤害越来越严重等，表明原来的"日内瓦公约"已不能适应形势发展的需要。有鉴于此，1899年由沙俄发起、荷兰政府邀请，26个国家的代表前往荷兰海牙参加保和会，形成了3个条约和1个声明文件，即《和解公断条约》《陆地战例规约》《推广日来弗原议行之于水战条约》《禁用猛力军火声明文件》，详细规定了交战者的资格、战俘、伤害敌人的手段及在敌国领土内的军事当局应尽之义务。在1907年召开的第二次海牙保和会上，通过的《陆战法规与惯

① 傅斯年：《性命古训辩证》，上海古籍出版社2012年版，第145页。

② ［瑞士］亨利·杜南：《索尔费里诺回忆录》（杨小宏译），山东友谊出版社1998年版，第86—87页。

例公约》在关于俘虏之规则中，确立了处理俘虏的4个基本原则：一、处置俘虏是属于敌国政府权力内，而不属于捕获俘虏之军队或个人之权力内者。二、俘虏做工，唯不得令其操作过劳。三、俘虏有奉行宗教仪式之自由权，如有违反纪律者，亦可惩罚；逃而未遂，亦可对之作相当惩戒。四、不得强迫俘虏报告其本国军情①。两次在海牙召开的保和会及会议中所通过的条约规则，标志着补充日内瓦体系之不足的海牙法律体系出现了。

第二次世界大战结束后，国际社会决定建立起一套完整的国际人道法，以弥补日内瓦体系和海牙体系的不足。1949年，在日内瓦召开了由各国代表参加的外交会议，最终确立了“日内瓦四公约”，即《改善战地武装部队伤者病者境遇的公约》《改善海上武装部队伤者病者及遇船难者境遇的公约》《关于战俘待遇的日内瓦公约》《关于战时保护平民的日内瓦公约》，以此为基础，国际人道法体系逐渐形成。

1949年日内瓦公约

国际人道法是在战争或武装冲突中，以条例和惯例的形式来保护不直接参与军事行动的平民百姓或伤兵、俘虏等不参加军事行动的人员，

① 参见袁灿兴：《国际人道法在华传播与实践研究（1874—1949）》，合肥工业大学出版社2015年版，第33页。

并规定各交战国或武装冲突各方之间交战行为的原则、规则和制度的总体。红十字会国际委员会曾对国际人道法有一个简明扼要的定义："由协定或习惯所构成的、其目的在于为解决由国际性和非国际性武装冲突直接引起的人道问题，以及出于人道方面的原因、为保护已经或可能受武装冲突影响的人员及其财产而对有关冲突方使用的作战手段和方法的选择进行一定限制的国际规则。"① 由此可见，红十字运动中所推崇的人道主义宗旨，与国际人道法中的人道主义不谋而合。

第二节　遵循人道的战俘政策

人道的战俘政策，可以视为中国共产党对红十字人道宗旨的践行和对国际人道法的自觉遵循，是延安时期红十字运动的题中应有之义。

《孙子兵法》中有"不战而屈人之兵，善之善者也"的描述，这种中国传统的兵家"攻心"思想，就是从精神上瓦解敌军的心理战的重要战术手段。事实上，中国共产党自独立领导军队反对国民党统治时开始，便始终遵循"优待俘虏"的人道政策。这种政策不仅是共产党人坚守人道主义的体现，而且能在很大程度上起到涣散敌军士气、瓦解敌军之效。

土地革命战争时期，共产党领导的军队在与国民党军队的战斗中，就已经执行"优待俘虏"的做法，注意将瓦解敌军的心理战与军事打击相结合。例如，毛泽东在《井冈山的斗争》一文中总结道："对敌军的宣传，最有效的方法是释放俘虏和医治伤兵。敌军的士兵和营、连、排长被我们俘虏过来，即对他们进行宣传工作，分为愿留愿去两种，愿去的即发路费释放。这样就把敌人所谓'共匪见人就杀'的欺骗，立即打破。"② 1932 年底，中国工农红军总政治部在向全军印发的《关于在敌军中的政治工作》的训令中，也强调瓦解敌军是战胜敌人的重要手段，并规定了对待俘虏的相关政策，指出："对俘虏兵工作的目的是启发他们的阶级觉悟，争取他们到革命方面来，教育他们成为为苏维埃而斗争的自觉的红色战士。"同时规定"对俘虏兵的关系必须是阶级的友爱关

① 转引自朱文奇：《何谓国际人道法》，《武大国际法评论》2003 年第 3 期。
② 《毛泽东选集》第 1 卷，人民出版社 1991 年版，第 67 页。

系，不准搜他们的腰包、谩骂等等”[①]。不准搜俘虏的腰包，之后逐渐演变成著名的“三大纪律八项注意”中的一条。

抗日战争全面爆发后，八路军、新四军所面对的敌人是现代化装备的日军，尤其是进攻山西的华北派遣军多为日军常备军中的“甲种”师团，战斗力颇为强悍。更重要的是，日军在发动对华战争之前，就对国民进行了长期的“忠君爱国”“献身天皇”的精神教育和狭隘的民族主义思想的灌输。1882 年，日本天皇就颁布了《军人敕喻》，要求日本军人遵循“忠节、礼仪、武勇、信义、朴素”等“神道”精神，并且对军队士兵灌输“武士道”的思想。日本的武士道经典《叶隐论语》中称：“武士道，即赴死之道。”训育日军士兵要随时做好为天皇献身的准备，在必要时进行“玉碎”作战。

“皇道”和“武士道”精神一旦与现代化的武器装备结合起来进行侵略战争，所造成的破坏性往往是惊人的。同时，日本在明治维新后迅速完成了现代化，对外侵略作战还未尝败绩，正如毛泽东所分析的那样：“日本军队的长处，不但在其武器，还在其官兵的教养——其组织性，其因过去没有打过败仗而形成的自信心，其对天皇和对鬼神的迷信，其骄慢自尊，其对中国人的轻视等等特点；这是日本军阀多年的武断教育和日本的民族习惯造成的。我军对之杀伤甚多、俘虏甚少的现象，主要原因在此。”[②]

不仅如此，日本军队中还长期流行着一种“否定俘虏观”，即无论是对自己成为俘虏，还是对被自己抓获的俘虏，都予以“否定”的一种思想。这种思想的形成经历了一个变化过程：从明治维新到日俄战争期间，日军对外军俘虏给予优待，并对被外国俘获的日本军人给予承认；但是从日俄战争到第一次世界大战时期，日军开始漠视国际人道法，不仅对被俘的外国军人给予冷遇，同时对被俘虏的日军士兵也持否定态度，认为被俘会影响士气，与其被俘，还不如自杀，因为在武士道的观念中，战死是极其光荣的事情[③]。所以，在 1937 年 9 月的太原会战中，八路军第 115 师于平型关伏击了号称“钢军”的日军第 5 师团的第 21 旅团第 42 联队一部和大批辎重车辆，取得大捷。是役，八路军共击毙

① 《建党以来重要文献选编（1921—1949）》第九册，中央文献出版社 2011 年版，第 586 页。

② 《毛泽东选集》第 2 卷，人民出版社 1991 年版，第 503 页。

③ 参见鲍惠苏：《抗日战争时期中国共产党的日军俘虏政策研究》，华东师范大学 2007 年硕士学位论文。

日军1000余人，击毁汽车100余辆、辎重马车200余辆，缴获步枪1000余支、机枪20余挺、火炮1门，军需补给无数。这是抗日战争全面爆发以后中国军队所取得的第一次大胜仗，鼓舞了全国军民的信心。但是，身经百战的八路军战士在战后发现，此役并没有活捉到一个日军俘虏，即便战斗到弹尽粮绝，日军士兵仍会使用刺刀与八路军进行拼杀，直至战死，也不想成为俘虏。

平型关旧址

虽然面临种种困难，但是中国共产党还是坚决执行既有的人道政策，即优待俘虏。当抗日战争全面爆发后，中国共产党在1937年9月25日发表了《中国共产党告日本陆海空军士兵书》和《八路军告日本士兵书》，一方面以中国工农的口吻劝诫同样是工农出身的日本士兵，两败俱伤不如握手言和；另一方面直接表明优待俘虏政策：“日本士兵们！切莫听信你们的官长的欺骗，中国军队决不虐杀一个日本士兵，只要日本士兵解除武装，马上就给这种日本士兵以优待，如果他愿意回去，就送他回去，如果他愿意在中国军队内做事，就给他事情做。”① 中国共产党号召日本的士兵与中国的士兵在火线上联合起来，反对日本军阀，同时保证：“如果在火线上，只要你们不先放枪，我们决不会先放枪。如果在战斗中，只要你们允许解除武装，我们决不乱杀一个。愿意来中国军队做事的，我们热烈欢迎；不愿意的，只要解除武装后，马上

① 《建党以来重要文献选编（1921—1949）》第十四册，中央文献出版社2011年版，第531页。

就从火线上放你们回去。我们决不虐杀一个没有武装或解除武装的日本士兵！”①

对于八路军优待日军俘虏的人道政策，当时国内外还存在不少的疑虑。1937 年 12 月，英国记者贝特兰曾向毛泽东提出自己的疑问，当八路军将日军放回后，日军军官为了防止被放回的俘虏涣散日军士气，往往将他们直接枪毙②，这样就无法让更多的日军士兵得知八路军的政策，八路军的优待俘虏政策实际上也就失去了意义。而毛泽东则用缜密的逻辑回答了贝特兰的这一问题：因为日军枪毙的俘虏人数越多，则更能让日本普通士兵同情中国士兵，这些普通士兵的眼睛是雪亮的，八路军不杀俘虏的政策也一定能让他们感受到。同时，毛泽东表示：“我们的这种政策是坚持的，例如日军现已公开声言要对八路军施放毒气，即使他们这样做，我们宽待俘虏的政策仍然不变。我们仍然把被俘的日本士兵和某些被迫作战的下级干部给以宽大待遇，不加侮辱，不施责骂，向他们说明两国人民利益的一致，释放他们回去。有些不愿回去的，可在八路军服务。将来抗日战场上如果出现‘国际纵队’，他们即可加入这个军队，手执武器反对日本帝国主义。”③

毛泽东在延安的窑洞里撰写《论持久战》

1938 年 5 月，毛泽东在《论持久战》中进一步指出：“军队政治工作的三大原则：第一是官兵一致，第二是军民一致，第三是瓦解敌军。

① 《建党以来重要文献选编（1921—1949）》第十四册，中央文献出版社 2011 年版，第 534 页。

② ［日］水也靖夫：《反战士兵手记》（巩长金译），解放军出版社 1985 年版，第 53—54 页。转引自王玉贵：《论中国共产党的日本战俘改造工作》，《江苏社会科学》2008 年第 5 期。

③ 《毛泽东选集》第 2 卷，人民出版社 1991 年版，第 381 页。

这些原则要实行有效，都须从尊重士兵、尊重人民和尊重已经放下武器的敌军俘虏的人格这种根本态度出发。”① 这三大原则的提出，表明中国共产党人已经将尊重敌军俘虏，同尊重人民和士兵一同看待。这种立场，正是人道精神的体现。

第三节　延安日本工农学校

中国共产党践行优待俘虏政策的最好体现，莫过于在延安创立的日本工农学校。

全面抗战爆发之初，为了更好地落实优待俘虏政策，实行人道主义以保障战俘的基本人权，八路军指挥部于1937年10月25日发出优待俘虏命令，随后朱德和彭德怀又联合发布了宽待日本俘虏的6项政策：“第一、严禁伤害或侮辱日本战俘，严禁没收或损坏其私人物件；第二、对伤病日俘应给予特别照顾和适当医疗；第三、日俘凡欲回国或原有部队者，均给予一切可能的便利；第四、日俘如有愿意留中国或为中国军队服务者，应给予适当工作，凡愿意学习者，应尽量协助进入适当学校；第五、凡欲与亲友通信者，应给予便利；第六、阵亡日军应予埋葬。”②

延安日本工农学校旧址

① 《毛泽东选集》第2卷，人民出版社1991年版，第512页。

② 转引自［美］艾格尼丝·史沫特莱：《伟大的道路——朱德的生平和时代》（梅念译），新华出版社1985年版，第421—422页。

中国共产党这项优待政策与日军所奉行的违反国际人道法的虐杀俘虏政策根本不同，从而在日军士兵中引起了不小的波动。当这一人道的战俘政策在战场上得到落实后，很快就在曾经自诩为“天之骄子”的“战无不胜的皇军”中投下了一枚重磅炸弹，日军自己也不得不承认：“八路军瓦解皇军的手段，最厉害的是优待和释放俘虏。”而随着这种人道政策的深入推行，被俘和主动投降的日军俘虏不断增多，因此由日本人所组成的反战队伍也在不断扩大。据水也靖夫所著的《反战士兵手记》统计：“1940 年自动投降者占 7%，1942 年占 38%，1943 年占 48%。”① 日益增多的战俘，也使得原来所采取的零星的教育方式不能适应现实的需要，故在以往成功的经验基础上，中国共产党探索出创办工农学校、对日军战俘进行集中教育的新途径。延安日本工农学校由此诞生。

日本工农学校校长野坂参三

延安日本工农学校成立于 1940 年 10 月②，在其创办之初就制定了“和平、正义、友爱、劳动、实践”的“十字校训”。创办学校的目的在于贯彻中共的战俘政策，注重对战俘进行政治思想教育，以促使其立场和世界观发生根本性的转变。

日本工农学校根据学员的文化程度和思想觉悟，开设了 A、B、C 三个年级。A 年级的学生大都是刚被俘虏的士兵，他们主要学习社会主义基础理论；B 年级的学生则由与八路军共同生活一年以上的士兵所组成，主要学习资本主义（帝国主义）的政治和经济；而 C 年级的学

① ［日］水也靖夫：《反战士兵手记》（巩长金译），解放军出版社 1985 年版，第 188 页。转引自阎树森：《抗日战争时期日本战俘的改造与中国共产党的人权保障政策》，《北京大学学报》（哲学社会科学版）1992 年第 1 期。

② 1940 年 3 月，日本反战人士、日本共产党领导人野坂参三（又名林哲、冈野进）从莫斯科来到延安；10 月，他给毛泽东写信，提出在延安创建一个专门教育改造日本战俘的学校，得到毛泽东的认可，因为这一设想与中国共产党的战俘政策一致，也与中共的设想不谋而合。毛泽东亲自将这所学校定名为“日本工农学校”。

生由于被俘的时间较长，思想觉悟最高，主要学习苏联共产党史①。

在正常的课堂教学和主课的学习外，学校还举办一些主题讨论会、研讨会和讲座等。其中，每周一次的"星期一讨论会"规模最大，讨论的问题也最为广泛，涉及"日本军队的内幕""八路军与日本军队的比较""日本法西斯带给人民什么"等现实问题。学员们在讨论中广泛参与，激发了他们学习的主动性，促进了学员对现实问题进行更深入的思考。"当他们自己的同志热切地用自己发现了的理论上的新的真理去说服他们，使他们生平第一次地思想时，这些俘虏对于皇帝的神圣子孙的信仰和日本意识的全部系统很快便毁灭了"②。

正在接受教育的日军战俘

根据延安创建工农学校对日俘进行思想政治教育的成功经验，1943年7月，八路军第120师政治部创办了日本工农学校晋西北分校；1944年10月，八路军山东军区司令部创办了日本工农学校山东分校；同年，新四军政治部敌工部创办了日本工农学校华中分校等③。

为了体现对日本战俘的优待，八路军总政治部特别出台了《优待在延日本学生办法》，对延安日本工农学校里的日本学员的生活标准做了明确规定："一、第一月份发给津贴费五元；二、被毡按实际情况补充

① 参见王玉贵：《论中国共产党的战俘改造工作》，《江苏社会科学》2008年第5期。

② ［美］史坦因：《延安的日本俘虏》（谷桃译），上海晨社1946年版，第8页。转引自韩伟：《抗战时期延安日本工农学校的创建及其历史贡献》，《青海师范大学学报》（哲学社会科学版）2015年第5期。

③ 参见阎树森：《抗日战争时期日本战俘的改造与中国共产党的人权保障政策》，《北京大学学报》（哲学社会科学版）1992年第1期。

之；三、鞋袜各一双；四、手巾及肥皂各一条；五、牙刷一把；六、牙粉及烟各一包；七、旱烟袋一杆；八、碗筷各一；九、单衣单裤各一；十、衬衣衬裤各一。”且每隔四个月，每人补充：“一、鞋袜各一双；二、牙刷一把；三、手巾一条；四、肥皂两块；五、烟草二斤。”[1] 单纯的数据并不能说明问题，但如果对比同时期中共中央西北局机关工作人员的生活物资供给，就能对这种优待政策有更为清晰的认识。1942 年 1 月，西北局机关工作人员的供给标准为：“1. 全年发给夹鞋 2 双、棉鞋 1 双；2. 全年发给毛袜 1 双；3. 全年发给衬衣 1 件、短裤 1 条；4. 全年发给帽 2 顶；5. 全年发给手巾 2 条；6. 全年发给肥皂 2 条；7. 全年发给精盐 1 磅；8. 全年给每人帮助做牙刷 1 把；9. 吸烟的人每月发给旱烟 6 两；10. 缝补衣服的线和布酌量供给。”[2] 通过最直观的对比，我们可以发现，对于上述这些属于日常消耗品的生活物资，日本战俘除每年的年初领取外，一年内可再补充两次；同时对于边区产量较低的生活物资，日俘也基本是获得两倍供给。

不仅如此，当时八路军的月津贴分为 5 等，士兵 1.5 元，排级干部 2 元，连级干部 3 元，营团级干部 4 元，师级以上干部均为 5 元。日本工农学校里的日本学员的薪资待遇按八路军中的连级干部待遇，每月 3 元，也体现了对其的优待。

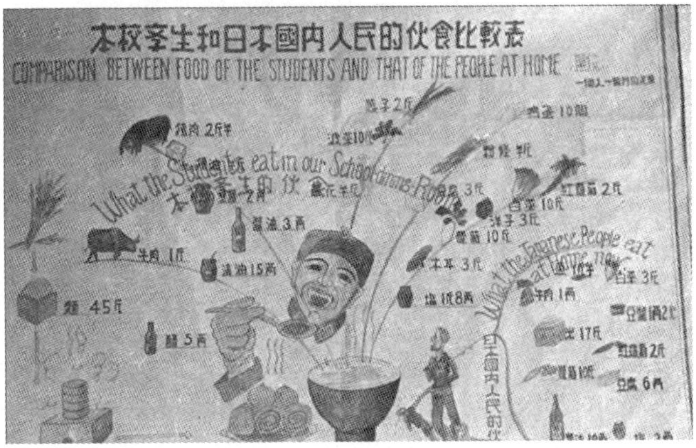

延安日本工农学校学员与日本国内人民的伙食比较的漫画

① 转引自许祥文、王笑天：《人道主义的伟大历史实践——兼论抗日战争时期我军对日军战俘的保护与教育》，《南京政治学院学报》1996 年第 3 期。

② 奈尔：《“吃”在延安》，《解放日报》1942 年 3 月 1 日。

在伙食标准上，对在日本工农学校学习的战俘的伙食规定也十分优待，同时还经常有特殊供给。例如，每人每月猪肉 1 斤；粮食除了本身规定的标准外，每人每月另加优待精面 10 斤；如果遇到逢年过节或者日本的传统节日，会发给“会餐费”①。

日本工农学校从严格意义上来说已经不能再被称为“战俘营”了，虽然学校中的学员确实是日军战俘，但是学校内不设哨卡，更没有铁丝网、路障，学员在边区内同样也享有民主权利。1942 年，八路军总政治部曾颁布条例规定：凡是改造好的战俘学员都享有出版、结社、集会及参加竞选、参与各类民主政治的自由。《陕甘宁边区各级参议会选举条例》中亦规定：“凡居住边区境内的人民，年满十八岁，不分阶级、党派、职业、男女、宗教、民族、财产和文化程度的差别，都有选举权和被选举权。”② 依据此规定，在陕甘宁边区举行的第二次选举时，森健、中小路静等 6 名日本反战人士参加了竞选，并当选为各级参议员③。

日本工农学校部分学员在校门附近留影

中国共产党在延安创办日本工农学校，是人道主义在战争环境中的伟大实践。这种从共产党投身于革命战争之初就坚决执行的优待战俘政

① 参见许祥文、王笑天：《人道主义的伟大历史实践——兼论抗日战争时期我军对日军战俘的保护与教育》，《南京政治学院学报》1996 年第 3 期。

② 《建党以来重要文献选编（1921—1949）》第十九册，中央文献出版社 2011 年版，第 210 页。

③ 参见阎树森：《抗日战争时期日本战俘的改造与中国共产党的人权保障政策》，《北京大学学报》（哲学社会科学版）1992 年第 1 期。

策，在抗日战争时期发挥了巨大的政治作用。学校中的日俘在接受教育后，思想大都发生了转变，他们积极投入各种反战宣传和瓦解日军的工作。他们组织了许多反战团体，例如在华日人反战同盟延安支部、在华日人共产主义者同盟本部、日人解放联盟延安支部等。这些日本学员，曾经都是经过严格军事训练的日军士兵，他们对日军的战术打法、武器配备和军队内部的情况十分熟悉。在经过思想改造后，他们积极从事瓦解日军的反战行动，由此产生了仅凭单纯武力对抗而无法达到的效果。更重要的是，中国共产党抗战时期在延安播下的和平种子，在战后的日本依旧开花结果，大批在延安日本工农学校学习过的日俘战后回到日本后，成为促进日本国内和平、反对战争和争取中日友好的重要力量。

总体来说，全面抗战时期，中共中央所在地延安由于历史的和现实的因素叠加影响，致使其无法应对大规模战争所带来的巨大物资消耗，其中缺医少药显得尤为突出，特别是边区无法制造的抗生素、磺胺类药品更是战场急需（1939 年，白求恩大夫因受感染而引发败血症时，正是由于缺乏抗生素和消炎药耽误了治疗，最终牺牲在华北前线）。所以，抗日战争全面爆发后，宋庆龄即组织了“保卫中国同盟”，与中国红十字会密切合作，为包括延安在内的敌后抗日根据地坚持抗战的八路军、新四军和游击队提供医药援助。而艾格尼丝·史沫特莱则在抗日战争全面爆发之前即访问了延安，她以记者的身份冲破了国民党长期以来对延安的新闻封锁，促成了外国记者访问延安的第一个高潮；同时她还在延安积极推进“灭鼠”等运动，为延安的建设做出贡献。两位杰出的女性，可以说是延安红十字运动的“弄潮儿”。而延安日本工农学校的创办，更反映出中国共产党对人道主义的坚守，给延安的红十字运动抹上了鲜红的亮色，让红十字标志更加熠熠生辉。

余　论：延安精神与红十字精神

从1935年到1948年，13年间，中国共产党以延安为大本营，先后领导了八路军、新四军等人民军队对日作战，以及人民解放军对国民党反动派的解放战争。在延安这座小城里，中国共产党通过领导反侵略战争和人民解放战争，使党的指导思想——毛泽东思想日益成熟，从而实现了马克思列宁主义同中国革命具体实践相结合的历史性飞跃，继而奠定了中华人民共和国建立的基石。同时，中国共产党在长期的革命斗争中创造出的"延安精神"——实事求是、理论联系实际的精神，全心全意为人民服务的精神和自力更生、艰苦奋斗的精神，已经成为指引共产党人继续革命和进行社会主义现代化建设的强大精神动力。

一代又一代的红十字人，在长期的人道救助行动中，也形成了"人道、博爱、奉献"的红十字精神。红十字精神以人道为宗旨，博爱和奉献是其具体表现。因为在世界范围内，红十字组织最早对战争中的无辜难民开展了有组织、有计划的人道救助，并对受伤和被俘的士兵提供治疗和关怀。这种红十字精神在中国的体现，不仅在于抗战时期中国严格遵守了国际人道法和日内瓦公约的相关规定，而且在于中国红十字会救护总队派出医疗队前往延安及敌后抗日根据地进行救护工作等。可以说，红十字医疗队的医生们所从事的这种救护工作，实际上体现了延安精神与红十字精神的高度契合。

一、延安精神与红十字精神的完美结合

从红十字医疗队的医生们身上可以看到延安精神与红十字精神的双重体现，如果再仔细审视这些医疗队前往延安的历程，就会发现由于国民党当局长期以来对共产党及其领导的人民武装的刻意丑化和污蔑，致使当时国统区的绝大部分医务工作者对前往延安怀有疑虑。但即使是在这种大的形势下，那些最终来到延安的医疗队的队员们用自身无丝奉献

的行动，秉持着人道、博爱的精神，不分党派，一视同仁，表现出对共产党的充分信任、对抗日民族统一战线的充分认同。

初到延安时的条件是艰苦的，因为中国共产党刚刚落户延安，还未在边区建立起现代医疗体系；同时，全面抗战初期从前线转运后方的伤兵数量亦十分庞大。在这种情况下，中国红十字会救护总队医疗队中的医务人员只能依靠自己的智慧和勤劳的双手，白手起家，一步步完善延安的医疗体系，尽最大能力救助伤兵。其中扩建延安边区医院就是一个最典型的例子，第 7 医护队，第 23、第 29 医疗队都为边区医院的建设做出了贡献，他们自己动手制作简易的医疗器械，并将窑洞改建，使之能满足做手术的环境要求。在极其艰苦的条件下，队员们自力更生、艰苦奋斗，为完善边区的医疗卫生条件而竭尽全力地工作。

全心全意为人民服务的奉献精神，在队员们的身上更是体现得淋漓尽致。由于延安地区所在的黄土高原特殊的地貌，无法修建大规模的伤兵医院，故延安地区的伤兵医院往往散居各处。但是中国红十字会救护总队第 23 医疗队的队员们不辞劳苦，整日奔波于各个医院之间，为伤兵开刀、换药，没有丝毫怨言。1938 年 11 月，延安城区遭到日军飞机的轰炸，造成大量军民伤亡，城区医院门诊部也被炸毁，当时在延安的医疗队不仅承担了抢救伤员的工作，同时在帮助延安城区医院搬迁的过程中也立下汗马功劳，这正是“奉献”精神与全心全意为人民服务精神的完美结合。

不仅如此，中国共产党在延安革命实践中的许多做法也与红十字精神具有一致性。中国共产党在领导军队进行土地革命战争时，就已经总结出了优待俘虏的政策，在抗战时期更是将这种人道政策发扬光大，创造性地成立了日本工农学校，以这种特殊形式对日俘进行教育，这是中国共产党一贯的优待战俘政策的延续，也是人道光辉在延安的闪耀。同时，这与红十字精神中的“人道”宗旨相“融通”，因为红十字所强调的人道，最基本的就是保障人的生命健康和基本人权，优待俘虏就是这种“人道”精神的突出体现。

二、延安精神与红十字精神的当代传承

2013 年 5 月 13 日，习近平总书记在会见红十字国际委员会主席毛雷尔时指出：“红十字不仅是一种精神，更是一面旗帜，跨越国界、种

族、信仰，引领着世界范围内的人道主义运动。"

中国共产党人在革命时期所形成的延安精神与红十字运动发展过程中所形成的红十字精神，在当代中国都有着继续传承与发扬的必要性和紧迫性。实际上，当代红十字人在推动我国红十字运动向前迈进的过程中，也用实际行动践行了延安精神和红十字精神。

2018 年是改革开放 40 周年，也是中国红十字会国内工作从恢复到不断发展的 40 年。在 40 年的发展历程中，红十字人始终秉持红十字精神，并将延安精神融入红十字运动的发展之中，其中摆在第一位的就是要做到实事求是、理论联系实际。1993 年，《中华人民共和国红十字会法》颁布，使得红十字运动在现实中实现了有法可依。但是，随着红十字运动的发展，各种问题也随之而来。特别是 2011 年发生的“网络事件”，使得中国红十字会的公信力遭受重创。而重建中国红十字会的公信力，任重道远。2017 年 5 月，新修订的《中华人民共和国红十字会法》正式施行，为红十字会依法履职，提升公信力，推动红十字事业持续健康发展提供了法制保证。总之，从红十字运动的实践中发现问题，寻找出问题的症结所在，再加以解决，当代红十字人用实际行动践行了延安精神的核心。

全心全意为人民服务的精神是延安精神的重要体现，其与红十字精神中的“奉献”交相呼应，也始终伴随着新时期中国红十字运动的发展历程。中国红十字会在进行应急救援、应急救护和人道救助的同时，还积极开展无偿献血、造血干细胞捐献、遗体和人体器官捐献、红十字志愿服务与青少年工作等，彰显了新时期红十字会这一人道组织的社会责任与担当。而广大红十字志愿者正是这种“奉献”精神的重要载体，2014 年 7 月 4 日，习近平总书记在韩国首尔大学发表演讲时，就生动讲述了中国红十字志愿者张宝为韩国患者捐献造血干细胞的感人故事。

精准扶贫和精准脱贫，是红十字运动中的应有之义，也是践行“奉献”精神的具体举措。贵州是我国扶贫攻坚的主战场之一，2013 年 8 月，中国红十字会总会下发了《关于开展对口帮扶贵州红十字会工作的通知》，总会及上海、辽宁、江苏、浙江、山东、广东等省、市红十字会先后援助贵州红十字会款物共计 7440 万元，让贵州 30 余万贫困人口从中受益①。

① 马艳华、李朝恒：《红十字援黔记》，《中国红十字报》2016 年 11 月 4 日。

在“一带一路”倡议的引领下，中国红十字会还进一步拓宽合作领域，定期举办“中国—东盟红十字博爱论坛”，搭建了中国—东盟红十字人道交流合作平台，为“一带一路”周边国家之间深化交流与合作、增进民心相通提供了新的契机；并在帮助“一带一路”周边国家提高人道救助、应急救护、灾害救援及社区防灾减灾能力等方面发挥的作用日益凸显。中国红十字会还积极参与建立“健康丝绸之路”，积极开发海外“博爱家园”项目①，大力弘扬“人道、博爱、奉献”的红十字精神，在新时代与延安精神相结合，共同推进红十字运动向更好更深的层次发展。

① 隋霞：《积极参与构建人类命运共同体》，《中国红十字报》2018 年 4 月 13 日。

附　录：研究资料集锦

一、《新华日报》资料集锦

港团体捐款维持中国红十字会医疗队

（中央社讯）中国红十字会总会驻汉办事处，自将各地退集汉市之全部医护工作人员七百余人，会同该会救护委员会彻底实施改编为医疗队以来，业已竣事，并先后派往西安、延安、潼关、华阴、洛阳、郑州、信阳、南昌、长沙、衡阳、祁阳及武汉三镇等地，协助各该地军医院工作。惟该会以事业庞大，药品材料之购备需用大批金钱，前曾请求各界捐款维持。现闻该会第一、三、四医疗队经常费，已由香港国际医学筹赈会、中华医学会、中国妇女慰劳会等三团体承认，自本月份起，按月捐助三队各一千二百元，该会除将第一队更名为国际医学筹赈会医疗队、第三队更名为中华医学会医疗队、第四队更名为中国妇女慰劳会医疗队外，尚盼各界闻风兴起，踊跃输将，以竟救护事业之全功。

《新华日报》1938 年 1 月 15 日第二版

罗斯福总统号召美国募捐一百万　全数用以救济中国难民

（华盛顿廿五日路透电）美总统罗斯福在致红十字会函中，号召全国国民，募捐一百万元救济中国难民，罗斯福总统说："我认为我国人民对在急难中的人民，是深表同情的。"总统回忆到日本红十字会的宣言中，曾说到他们的经济已足以应付日本的需要。

《新华日报》1938 年 1 月 26 日第三版

汉红十字会开办难民产妇医院

汉口红十字会，以各难民收容所孕妇分娩极感困难，特开办难民产妇医院，收容共达百余人。并因难民所距离辽远，已组织巡回治疗队两队，轮赴各收容所为难民诊治疾病。昨又成立两个种痘队，派姜桂聪、杨国华为队长，由医院院长高光述、理事王保民监督指导，即日起分往难民所施行种痘，以保健康。

《新华日报》1938年2月5日第四版

顾大使夫人为中红会捐款

（中央社巴黎二十八日哈瓦斯电）中国大使顾维钧夫人，今晚在仲埃娜大礼堂举行盛大招待会，为中国红十字会捐款。英逊王温德沙公爵夫妇、法外长彭古、众院议长赫里欧夫人、殖民部长摩戴夫人、法兰西学院物理教授朗之万夫妇、苏联大使苏利资夫妇、总统府大礼官傅基安、美大使馆参事威尔逊夫妇等，均被邀请参加，极一时之盛。顾大使夫人发表简短演说，略谓中国之友，共襄义举，无任感谢。旋即开始表演各项游艺，其中有中国皮影舞剑，并有中国女郎数人，表演中国舞蹈，合唱中国歌曲，和以中国音乐，来宾均啧啧称赞。嗣即张设盛宴，各项珍馐，多系中国特产，宴罢来宾纷纷解囊捐款，其数极为可观，并有中国檀香出售，售得之款，亦以捐助红十字会。

《新华日报》1938年3月30日第三版

红十字总会救护工作近况

溯自卢沟桥事变发生以还，国内外人士对于救护受伤将士工作关切而表同情者甚众，记者为欲明了救护工作近况，昨特往访中国红十字会驻汉办事处主任秘书冯子明氏，承告该会最近工作概况颇详。据称，沪战发生后，本会在上海所设立救护医院达二十四所，特约医院十九所，并有急救队九队，救护队十五队，综计所救治之伤兵不下十万余人。此外，在苏州、杭州、松江、昆山、芜湖、保定等地，亦设有重伤医院。淞沪沦陷后，即将□救护队移苏、昆一带继续工作，并在南京设立打破世界纪录能容五千床位之大规模重伤医院一所，一月间，所收容之受伤将士达二千八百余人。自来汉后，为适应环境起见，将所有各地退集之医护人员彻底改编，计截至上月底止，经编竣之男女医疗队，共四十七队，分别派往各地协助军医院工作，数月来成绩颇佳。此外，长沙并有运输队一大队，有救护汽车廿余部，专任护运伤兵及医药器材之运输。又X光队一队，有最新式X光机廿余部，随时流动分发各队使用。近更鉴于前线战事激烈，正积极计划重行恢复野战救护队，以增加救护力量。总会秘书长庞京周、救护委员会总干事林可胜，特于前晨亲自出发往徐州、开封、西安等战区实地视察，俟其返汉，则此项救护队之重行组织，即将具体实现。总之，本会在此非常时期，无时无刻不在力谋救护事业之推进，但本会为一纯粹之国际民间组织，事业扩展或进行至若何程度，未可预计，端赖各界明达随时督促指导及热心人士之慷慨捐助，则不独使本会能完成此重大使命，而我英勇负伤将士亦受惠匪浅！

《新华日报》1938年4月4日第四版

王志圣赴前方献旗各军致敬

自八一三全面抗战以来，国军在蒋委员长领导之下，艰苦卓绝，我海外侨胞异常感奋，节衣缩食，预备长期拥护之外，并制锦旗多面，请由中国红十字会总会南洋特派员王志圣携带来汉等情，业志前报。兹悉王君在汉与外交部陈、徐两次长接洽海外侨胞捐款救济伤兵难民等事，业已就绪。王君准于明日（七日）驱车赴郑，转赴前方报告越侨拥护抗战之一贯精神，并向蒋委员长、李司令长官、第五路军、第八路军等致敬献旗。

《新华日报》1938年4月6日第四版

医药品征募运动明日请蒋夫人播讲

汉市各界为完成大规模医药征募运动，业经成立医药品征募会，进行征募。惟兹事体大，必全国同胞共同发动，乃能众擎义举，集腋成裘，因特于日前八日起，举行宣传周，每日在民教馆举行讲演会，并组织宣传队，每日分赴各街及轮渡码头、车站等处讲演，用以扩大宣传外，拟于十一日敦请蒋夫人，十二日汪夫人，十四日张委员献君出席广播讲演，藉资倡导。

《新华日报》1938 年 4 月 10 日第四版

献金洪潮弥漫武汉　中国共产党热烈献金
中共领导人亲自献金　八路军战士节食捐款

（本报特写）昨午后二时半，江汉关献金台上，又有一桩极有意义的献金，这就是中国共产党献金团献金。首由陈绍禹先生将中国共产党中央委员会致武汉各界抗战建国周年筹备会公函一件及国币一千元正，亲自向献金台上管理员如数点清，然后投在献金柜内。兹探析该信内容如下：“中国共产党中央委员会委托驻汉代表团，将党员六月份所缴党费，拨出一千元以帮助抗战军人家属及受伤将士之用。”次由周恩来先生将其在军委会政治部所得的一个月薪资，计二百四十元，亲自向管理员点清投柜。

再次由六位中国共产党党员的国民参政员：陈绍禹、秦邦宪、林祖涵、吴玉章、邓颖超诸先生，亲将其七月份参政员全部薪资，由秦邦宪先生交给管理员点明数目投柜。同时，并附有六位参政员致武汉各界抗战周年纪念筹备会一函，兹探悉该函内容如下：“敝人等本月份所得参政员薪金（每人三百五十元，共六人计两千一百元），除已在参政会内，委托秘书处，代每人献金百元外（共已献六百元），现将余下全部薪资一千五百元献做救助抗战军人家属及受伤将士和被难同胞之用。”

再次由李克农先生代表叶剑英先生，代交八路军公函一件及献金一千元，该函内容如下：“顷奉朱总司令山西来电，嘱将八路军在抗战建国周年纪念日，素食所得的全军菜费共一千元，代献做慰问抗战军人家属及救济被难同胞之用，因八路军已到敌人后方作战，故电由此地代献金也。此致武汉各界抗战建国周年纪念日筹备会。八路军参谋长叶剑英启。”七月九日，李克农先生将他自己和叶剑英、钱子光、李涛、边章五先生等一月薪金献出，计每人五元。孟庆树、廖似光两女士亲交一个月薪金全部，计各四元五角，并代刘群仙女士交一个月薪资四元五角。然后由八路军青年战士童小鹏、赖祖烈、邱闻喜各献月薪四元五角。

当这二十余人走近献金台时，引起了周围千余群众的注意和兴奋，当他们登台按次献金以后，记者即趋前握手为礼，希望一谈，不料六位参政员先生急欲渡江赴蒋先生的茶会，周恩来先生亦因事匆匆离去，适此时台上台下均有人提议说：“我们接到了朱德总司令由前方来电，谓八路军全体将士，七月七日节食一日，得洋一千元，委托武汉办事处兑付出来，献做救助抗敌军人家属及被难同胞之用。”

《新华日报》1938 年 7 月 10 日第三版

华侨救护队

南洋华侨救护队，系侨胞医药人员志愿回国服务者所组织，其经费概由侨胞捐助。自回国后，曾在前方服务，成绩颇佳。日前来汉补充药品器材，鉴于过境难民与日俱增，连日特分赴各收容所及车站等处送药施诊。昨日敌机袭汉，被炸地区辽阔，该队复分批协同前往救援，各队员均忍苦耐劳，克尽职责。闻该队拟休息数日，即转往平汉线工作。

《新华日报》1938 年 7 月 20 日第三版

中国红十字会征求救护队员

中国红十字会为加强救护前方受伤将士工作，拟征求男性救护队员二百人，先至长沙受训四周后再分发各地工作。受训期内，津贴八元。工作期间，月薪廿元左右。凡十八至三十岁之青年，有志参加者，可速于廿四日前，每日上午八时至十二时，下午二时至七时，到怡和街一号报名。

《新华日报》1938 年 8 月 22 日第三版

印度救护队穆博士谈十八集团军救护工作

（延安通讯）印度国民大会援华医药救护队穆凯基博士对记者称：“目前十八集团军开往前线之流动医药队伍，计有三十队，与游击队之战斗相配合，何处有战斗，即开往何处，故伤兵受伤之后，在半小时内，既能获得初步之急救工作，然后再将其送往后方医院，施行手术，再后进入疗养院休养。自从此项流动手术队推行以后，十八集团军受伤人员，死亡者极少。现在陕北之医药学校，养成之医药人才亦十分可观，计于本年六月中卒业之能担任急救工作的医生有一百名、看护有一百八十名、药剂师有五十名，闻至明年，更有曾受充分训练之医生八十名卒业。此等人员多为菲律宾、马来西亚、缅甸各地之华侨，毕业后，开刀等工作，即可由他们担任。此外陕北更有药厂一所，其所出之药料，足供十八集团军之需要，同时该集团军从敌方俘获之医药设备，为数颇巨。”

《新华日报》1938 年 8 月 25 日第三版

中国红十字会总会增派救护队赴前线工作

（本市消息）中国红十字会总会救护委员会，前因应战时需要，特在汉招考初级医护工作人员二百名，录取后并调往长沙受训。现已训练完毕，特组成五二至五八等七支救护队，每队廿人，队长系医师兼任。下设队副一人，组长五人，队员十一人，厨役、杂务各一人。除五二、五三、五四、五五等四队已于本月初派往阳新、马回岭、乌石门、德安、杨家桥、虬津等地服务外，其五六、五七两队亦于昨日由荣独山医师率领来汉，不日即将赴前线工作。至该救护队之工作，系将前线救下之伤员经过初步之止血、包扎、接骨等手续后，再运送后方医院治疗，俾于运输途中，减少伤兵痛苦。又该会继行新招之救护队员二百名，已于昨日赴长，定卅日开始受训。

《新华日报》1938 年 8 月 28 日第三版

各地献金处置办法

此次抗战建国周年纪念献金运动，各地献金，甚为踊跃，闻关于各地献金之处置，业经中央最高宣传会议决定，以全部三分之一的额数，留充各该献金当地作为举办慰劳抗战将士及慰问出征军人家属之用，至其余三分之二（所得献金硬币概归入三分之二以内），系由中央各机关汇筹救护及慰劳等事业，统应汇交汉口中央银行转政治部第三厅收，政治部并拟有报告表一种，发给各该经收献金机关填报，以便筹计，近因交通关系，各地未经缴转者，为数众多，现已再电各省市县催缴。

《新华日报》1938 年 8 月 31 日第三版

红十字会捐赠防毒面具

中国红十字总会驻汉办事处，以敌军不顾人道，施放毒气，我英勇抗战将士死伤甚惨，昨特捐赠防毒面具□副，送第□战区政治部，以便转送前方应用。兹闻该部业已复函致谢，并将防毒面具交由动员委员会汇送前方。

《新华日报》1938 年 9 月 16 日第三版

赣各界积极征募寒衣　红十字会第五十四队捐卅余元

（中央社南昌十六日电）江西各界人士，以天气渐寒，前方将士需用棉衣至为迫切，连日捐购棉衣已达五万件，省府熊主席及夫人顾柏筠女士，特捐洋一万元购赠寒衣，王次甫夫人等亦亲自缝制棉衣劳军。另中国红十字总会救护委员会第五十四队全体同人响应寒衣运动，捐助国币三十元五角。

《新华日报》1938 年 10 月 18 日第三版

陕甘宁边区医院积极推进保育事业

（本报延安通讯）陕甘宁边区政府，对卫生事业，素极重视，除经常派有医务人员至各县调查健康状况外，并设有医院一所，专为边区民众治病疗养之用。近为扩大设备，特择定□地，另建新院，增加医药设备，添设病房。现悉新建之房舍及俱乐部已全部竣工，上月廿三日举行落成典礼，仪式隆重，各界代表到有边区政府秘书长曹力如、中国红十字总会医师金茂岳等三百余人，由该院院长欧阳竞致开会辞，各代表演说，勖勉该院全体工作人员，努力改进人民医疗事业。又该院图书馆自成立以来，承蒙各机关及泾阳中国银行、□后方医院、重庆新华日报、生活书店等捐赠书籍数百本，裨益该院工作人员及病人匪浅，尚望各界继续惠赠。

《新华日报》1938 年 12 月 22 日第二版

欢迎模范医生

（本报特写）去年秋天的时候，重庆红十字会要组织一个救护队送到前线去，需要一个医生，征求了好久得不到应征的，但是终于一个曾经毕业于医科大学、医术高超的医生，情愿抛弃了在后方的安逸生活而来应征了，这就是罗盛昭医生。罗医生带领了第一个四川的救护队，第十一医疗医护队，在去年七月十八日出川，在前线工作了半年多，最近因负伤回到了后方，却不是来休养，而是来招请更多的医生到前线去。

昨天红十字会特地开了个盛大的游艺会来欢迎他，成千的来宾向这位医学界的民族战士表示敬爱。主席是易明志先生，从主席简略的报告里，我们知道经罗医生治好的伤兵，已成立了一团人。

青年会的总干事黄次咸先生致了热烈的欢迎词，他说："罗医生不久仍要上前线去，所以这个欢迎会同时也是个欢送会。罗医生到了江西修水的前方，离火线只八十里，还嫌不够近，再前进一步一步地走上了火线，终于跑进了战壕里。罗医生这种英勇的努力，不但救护了许许多多的伤兵，而且也大大提高了前线的士气，这是何等的有价值!"

罗医生在欢迎的掌声里站起来做报告，那是在一个五岁的小朋友唱了"打日本"歌以后。他是一个茁壮的青年，从那顶西班牙式的帽子和灰布的救护队队服中透露着英俊，在温和的微笑中不乏一份天真，报告是生动而有趣的："我们在七月十八号出发……"

《新华日报》1939 年 1 月 24 日第二版

延安各界欢迎北路慰劳团　毛泽东同志致欢迎词

（中央社榆林十四日电）全国慰劳总会北路慰劳团，八日离兴集，十一日抵达延安，小住一日。延安各界，当晚举办盛大欢迎会，由毛泽东同志致欢迎词，略谓："当此大敌当前，国家危急，敌机轰炸，不分南北之际，全国应加紧团结，彻底抗战，力求进步。"张氏演说，表示中央抗战国策坚定不移，汪逆及其党羽为千秋百世之罪人，凡我国民，人人得而诛之。全场听众，掌声如雷。贺氏演说，强调精诚团结为抗战而牺牲，努力求建设进步。全场报以热烈掌声，并高呼口号不止。该团离延安后，道出绥德，当地各界，十三日举行欢迎大会。十四日晨，一行由绥抵榆，□总司令□军长及各机关代表千余人，到站欢迎，闻该团在此稍事勾留，事毕，即转赴鄂□战区继续慰劳。

《新华日报》1939年9月17日第二版

红十字会巡回诊疗　免费为平民医病

（中央社讯）中国红十字会总会于二十日起，在重庆近郊举行巡回诊疗。在上清寺、小龙坎、化龙桥、磁器口四处，各设巡回诊疗站，每日派救护车一辆，配备药品，分赴上述各地，为平民诊病，医药完全免费。闻此项工作，系由该会第三十四医疗队担任。

《新华日报》1939年11月23日第二版

美红会援华药品大批经由仰光转运来华
外交协会电谢美人募款运动

（中央社上海二十九日路透电）《中美日报》载，美红十字会所捐药品一千二百吨，价值三百万元以上，业已自纽约运抵仰光，转往中国，分配中国各部队及救护医院。

（中央社讯）美国联合救济中国难民总会作家委员会，于二十六日夜在纽约华道夫阿期多利亚大饭店举行宴会，宣布下月三日开始五百万美金募捐运动，此项运动系由七个援华组织所联合举办，募捐范围及于美国全境。席上并由共和党要人戚尔湛及名作家赛珍珠女士演说，阐明援华寓意。中国国民外交协会特于昨日去电致谢，原文如下：美国联合救济中国难民总会作家委员会大鉴：本月二十六日夜贵会举行之援华宴会，敝国人民表示衷心之□感，并盼贵会此种伟大目的得告成功。

《新华日报》1940年3月3日第一版

美红会在渝捐建平民住宅昨举行落成典礼
美大使詹森及贝克莅场演说

（中央社讯）美国红十字会捐款委托重庆市政府修建之望龙门平民住宅业已竣工，市府特于昨（廿七）日上午九时，假望龙门码头新屋前举行落成典礼，计到美大使詹森及中外来宾百余人。由吴市长主席，行礼如仪，首致词对国际友人之深切同情深表感激。旋由工务局长吴华甫报告建筑经过，即介绍詹大使用英语致词，略称，余住对岸龙门浩，每日出外必经此处，去岁日机袭渝，望龙门一带平民受害颇烈，遂商得敝国红十字会之同意，捐款委托重庆市政府监建房屋，以供平民之需。兹目睹新屋落成，可证贵国抵抗暴日之侵略，已愈战愈强，愈炸愈坚，大轰炸中落成此宏大之建筑，可谓奇迹。次由美国红十字会中国救济会总干事贝克博士演说，略称，美国红十字会本无政治立场，然对中国抗日之援助，向趋积极。美国人士捐赠中国之医药，据余昨夜接电得知，已有十九辆满载医药之卡车抵昆，先行七辆于今日可望抵筑，尚有二十五辆正在中美途中。贝氏续称，中国如在感觉疲惫之余，加倍克服各方面之困难，努力迈进，则中国之抗战必胜，建国必成。苟能如此，中国所需要之援助，美国人士必能供给而超过其所需要。继由康议长演说。平民代表致答词后，奏美国国歌散会。散会后，由吴市长、康议长、吴局长导引詹森大使、贝克博士及国际友人参观落成之新屋。

《新华日报》1940 年 3 月 28 日第一版

我来自延安——访印度援华医疗队长安得华博士

怀着感谢的心情离别他出来，走在街道上的时候，细雨还没有停。我故意把伞撇开一点，让雨点轻轻地亲在我脸上，给了我一种非常愉快的痒痒的感觉，我像要把满腔的什么做一个雄壮的投掷，给一切都涂上胜利的欢笑。我记起谁说过的一句话来，大多数人的共同的希望就是真理，而真理是永远不泯灭，无论如何要实现的。

这位中华民族的印度朋友的话又在我耳朵里响起来。他，安得华博士，为了同情，到中国前线来工作了二十个月，吃了二十个月的辛苦，把自己的身体也弄病了。在这离去的时候还这样恳切地献出他的关心："要团结"，他说："大家都要联合起来，站在一起，然后可以赶走日本帝国主义者，打倒它！否则的话，恐怕就很有问题。"他用他那和善的平易的语调给我们说了许多遍，像叮咛似的："大家要紧紧的联合起来，不能够分裂。"

这正是一个典型的负责的医师的态度和口吻。他不停地用手来帮助他表达那说不出的恳切的意思；眼睛注意地盯着那个翻译，又不时地向我们扫一眼，好像担心我们会不太注意他的话似的。我想，这个好心的医师大概就常常是这样地叮嘱他的病人的。

这是真理，而真理无论如何要得到胜利。我抬起头，示威似地向那灰暗的天空瞪了一眼。于是刚才那种轻快的会谈又一句一句地浮到我的脑子里来。

首先，他在楼梯口高高兴兴地欢迎了我们，中等身材，和善的脸孔，是那种一见就叫你觉得诚恳和平易可亲的人。他说他是一九三八年秋季到中国来的，经香港、广州到长沙，参加中国红十字会的救护总队部。后来又到汉口。武汉撤退后到宜昌的后方医院，停留了一个时期之后才转重庆去延安。

"你看见过毛泽东吗?"

"许多次"，他显得非常愉快地说，他不知道什么时候，或者能不能再到中国来了，和这些巨人的会晤将永远是他的最最光荣的记忆吧。他说他还见过王明、周恩来、博古、王稼祥等。

"你觉得怎么样呢?"他怀疑似地笑了一笑，然后说："他们是共产党，但现在他们是抗战第一。我们有一个同伴懂中国话，这些领袖们演讲的时候他差不多每次都去听，他们每次都是说的怎么样团结努力打日本的问题。"

接着我们问起八路军，他们从三件事情上可以看出他们的特点："第一，老百姓都自动的愿意加入八路军，用不着征兵，他们永远不会觉得补充不够。第二，官兵平等，大家穿着同样的衣服，吃同样的饭，住同样的窑洞。没有等级的分别，大家都很快乐。第三，官兵之间非常和睦亲爱，大家在一起玩耍、谈笑、打篮球。尤其是后者，好像是每天下午照常的功课。"但是，这里，他特别认真地告诉我们："虽然这样，你不要以为他们是随随便便，没有纪律的。他们大家都听命令，服从指挥。所以能够每次打胜仗。比方说吧，我们常常看见彭德怀将军搭住士兵们的肩膀在街上走，但是，打起仗来没有谁会不听他的话的。"他说得那么充满着坚信。

能够随口有条有理地说出一点两点三点来，似乎对这个问题有过研究，但是他说："你们知道，我不懂中国话，这是我的最大的困难。听不懂，我只能专凭眼睛看。这是我的眼睛看出来的结果。比方老百姓和军队的关系也是这样，老百姓没有不高兴帮八路军的。他们常常送各种东西慰劳他们。特别在收复一个地方之后，老百姓把猪啊、鸡啊、衣服啊、鞋子啊，什么都搬来了。这个绝对不是军事征发，不是强迫他们送来的。无论谁都可以从那表情看的出来，是自愿的！”

谈到在前方工作的困难的时候，他说主要的是药品和人手都不够，他们初来的时候，在军队中发现一种被臭虫咬了中毒的病，患者肚子胀大起来。后来还是打电报到印度，请那边由飞机送些药品来才解决这问题。“现在总算一天天进步起来了，但还得努力想办法”。自然他是特别注意这个的。

我们问起他的身世，他生长在印度，在爱丁堡大学学了五年外科。接着到伦敦，在那里先后做过两个医院的医师和一个医院的院长。这个时期的物质生活要算是过得顶舒服的，待遇很高，他过得非常好。后来回到印度，在拉克拉地方的大学做过教授。一九三五年又去欧洲，花了整整两年的功夫游历了瑞士、奥地利，也到过柏林和莫斯科。一九三七年到西班牙，帮助人民政府医疗他们勇敢的斗士。这里他开始献身于人类解放的事业。一九三八年到中国来。

“以后的话，暂时不能说一定”。他回答我们关于他的将来的问题：“我是想休息一下，但也不知道究竟怎样。现在欧战爆发了，要到印度看一看才能说。”

他说他不是国民大会会员，但是与国民大会有关系。是的，现在他的祖国也更需要着他了。让我们预祝你胜利，可敬的朋友，预祝你们也得到幸福和自由！

“你对于这次欧战的看法怎么样呢？”

“关于这个，详细的情形我不是很清楚。参加西班牙的战争以来我就可以说没有好好的看过报了”，但是，他扬了一扬他的眉毛，稍微带着点儿严肃地接下去：“这种战争是无论如何应谴责的。”

最后，当我们站起来告别的时候，他又忽然说起前方的需要来。除了药品人手之外，许多士兵穿了日本的黄呢大衣，但许多却还穿得很不够，也希望后方多多帮助，从这絮絮的关心里我们可以看出这个异国斗士的热情。谢谢你，可敬的朋友。

《新华日报》1940年5月25日第二版

陕甘宁边区医药事业猛进

（本报延安通讯）陕甘宁边区年来各项建设事业，突飞猛进，各种物资供给，已渐不受经济与交通之困难，多能自创自制，仅以药物一项而论，自来源困难后，此间自制药品年来有很大成就，在边区医药人员，在中药西□或中药代替西药工作中获得有效成绩，计八路军卫生材料厂自制药品达四十余种，药力与西药比较相差无几。此外光华制药厂自制之清胃散、胜利茶、退热散、八路行军散、调经丸、疟疾丸、砂症丸、平胃散、补脑丸、保婴丹等十三种药，对边区军民保健卫生，裨益甚大，所产数量亦至为可观，计本年一月至六月六个月中，共制药廿万包，至于所采购原料计三百余种，均系各县土产，故□□极低。现该厂已将工作经验编成通俗□物之□□，并拟创办国医人员训练班，造就国医人才，推广国医制造。

《新华日报》1940年10月5日第一版

美红会三职员来华

（中央社华盛顿五日合众电）美国红十字会职员贝克博士等三人，今日由此启程赴旧金山，转乘机飞华。彼等抵华后，将督责运输并分配大批药品与衣物。按贝克氏，于一九二一年曾一度在中国红十字会服务，此次共行者，为美国赈济处副处长魏斯柳与该处主计员费佛。

《新华日报》1940年10月6日第二版

美红十字会运粮来华赈灾

（中央社华盛顿十六日合众电）美国红十字会当局称：该会已托美轮“柯林斯威士”号，自西雅图运载米麦共五百吨赴华，以救济中国难民。又美轮“华盛顿”号，定十九号驶远东，“快运”号亦定二十五号离美，该二轮将运载药品、衣物至仰光，再由仰光经滇缅路运华。

《新华日报》1940年10月17日第二版

美红会医药将运来华西

（中央社讯）据美国红十字会代表贝克及□斯晏称：首批医药共重二百余吨，约值美金三十余万元，将由滇缅路运来华西，贝克氏现已与我当局会商运输手续，不日前往仰光□□□□，该代表之员费佛，已由香港直接往仰光，就地监视。又运药品分配停妥后，将继续进行其他救济事业，华东救济区不日将由美运粮至沪，由上海美军□年会□□干事主持分发。

《新华日报》1940 年 10 月 20 日第二版

美红会代表昨日飞渝

（中央社香港廿一日电）来华主持分配药物之美红会代表贝克、魏斯柳及费佛，廿一日飞渝，将谒我当局商洽，始转仰光料理运输。

《新华日报》1940 年 10 月 22 日第二版

美红会运药来华救济中国难民

（中央社华盛顿五日路透电）美红十字会宣称：决定援助数百万美元作救济中国难民之用，现红十字会已由专轮两艘，运输救济用品赴华，一艘系开往“自由中国”，另一艘则系开往日占区，将来救济办法如何确定，将以此两艘专轮抵华后之结果而定。其开往“自由中国”之专轮中，有价值三十五万元之药品，该轮已由纽约开驶，预计十二月可抵仰光，转由滇缅路运华，其另一艘系由西雅图开往上海，是□食品将在日占区分配给灾民。若灾民果能分得实惠，则红十字会拟将数百万元之救济用品赴华。

《新华日报》1940 年 11 月 6 日第二版

美红会又募集大批药品来华　贝克等来渝主持

（中央社昆明三日电）美红会又募集巨款五百万美金，为我购买大批医药用品，并派该会中国救济会事业部主任贝克，副主任魏斯柳来华主持救济事项。贝氏等由我红总会秘书长潘小萼陪同，于十一月廿八日自滇缅公路乘车抵昆，现贝氏偕潘氏于三日乘欧亚机飞渝。闻美红会首批药品计一百廿吨，将于十七日运抵仰光，魏氏因照料运输，不日即将离昆飞缅。

《新华日报》1940 年 12 月 4 日第二版

美红会运药来华救济我战区灾民

（中央社华盛顿十九日合众电）美国红十字会顷宣布：美国救济中国战区灾民捐款，已达一百万美元。昨有维他命丸两万颗，自旧金山由飞机运往马尼剌，转运至中国。另有两批，定于十二月二十四日及三十一日，由飞机转运至中国。此外，另有维他命丸十万颗，定于明日由“塔虎脱总统”号运华。过去运华之小麦、米、药品、衣服，共值二十九万美元。

《新华日报》1940 年 12 月 20 日第二版

红十字会征求会员　许世英播讲红十字周意义

（中央社讯）中国红十字会总会理事许世英，二日晚在中央广播电台广播讲演，题为：《为什么举行红十字周》，兹志要词如后：

中国红十字会在抗战三年以来，办理战时救护工作，如何努力，早有事实的表现，毋待鄙人赘述。不过三年以来，中国红十字会的职责，一天一天的加重，事业一天一天的扩充，救护伤兵而外，还要顾到各地方空袭的救护工作，我们工作的范围，是十分广泛，工作的性质，是十分紧张。

差幸三年以来，中国红十字会能秉持领袖屡次救国爱民的训示，又深得海内外广大的同情与帮助，已有相当充分的款项和药物来应付，这一□最艰难的救护工作，综其数量，总在几千百万元。若非海内外这样的通力合作，红十字会今日的救护事业，可以说无多大成就，更谈不到事业的扩展了。

这次我们从今年元旦起，至一月十日止，将举行我们的红十字周运动，广征红十字会会员，推进红十字会会务，无疑的有赖全国民众来帮助我们征求会员，因为红十字会的会员，是红十字会的基本力量，这一点是特别要请各位认识的。

我们红十字会会长王儒堂博士说过：“红十字会的组织，非从分会努力合作不可，红十字会会员，亦须由各地分会广为征求，方能造成新的记录，这便是举办红十字周的主要目标。”希望全国民众予以热烈的赞助，人人以做红十字会会员，为今日在救国救民工作上所应尽的责任，那么中国红十字会的前途，是更无限量了。今天是民国三十年元旦第二日，恭祝我们听众新禧与健康快乐。

《新华日报》1941 年 1 月 4 日第二版

延安国医大团结　国医研究会开幕　旅延各大学同学会成立

（本报延安讯）国医研究会第二届代表会于九月十日至十三日在延安开会，举行改选，讨论中心为国医科学化，沟通中西医药，中西□□□共同开展医药工作等问题，大会通过发展医药卫生等具体办法。讨论会时，各会员代表均将一向保守秘密之“祖传秘方”一一讲出，供医药参考。按□会于去年六月成立，初仅会员四十余人，现已达二百零八人，分会已有十一处。

又留日同学八十余人，最近为了联络感情，砥砺学行，加紧与各地留日同学的团结，乃设立延安留日同学会，发表宣言，组织各种日本问题研讨会，征集日文图书馆等项提案，席间并有日本人民反战同盟延安支部及日本工农学校代表松本敏夫谈话。

此外国内各大学，如北大、复旦、同济、暨南等留延同学会亦先后□□成立。中国大学同学会九月二十一日并开会纪念吴承仕先生逝世两周年。

又保定军官学校延安同学会九月十三日假军人俱乐部成立。

《新华日报》1941 年 1 月 5 日第二版

美医药品将继续援华

（中央社华盛顿十四日路透电）美国红十字会息，美国医药物品现正运抵中国，故该会仍能继续援助中国。自滇缅路重开以后，美国医药物品即由美国运出，现正经由滇缅路在运往中国内地途中。据该会调查，滇缅路虽时遭空袭，但情形至为良好。自开放以来，已有货车五十辆，上载重要医药用品及器具运入中国，以后尚将有更多之物品运入，预料此项物品输入中国者，或将达百万元之巨，因此类援助并无限制。

《新华日报》1941 年 1 月 15 日第二版

美人士医药援华

（中央社哈瓦斯纽约航讯）美国名流所发起之“中国救济委员会”业已于月前成立，并已推举名作家赛珍珠女士为主席，罗斯福总统夫人、财长摩根索夫人、美国红十字会会长维斯夫人等均系委员，各捐美金一百万元，由中国行政院院长蒋中正夫人宋美龄女士赠以纪念品一件，以致谢意。该会成立以来，美国各地著名仕女陆续加入者，为数甚众。美国时报并曾发表社论，对于该会工作倍加称道，略谓，中华民族即在艰苦抗战之中，仍努力建国大业，特该国战区人民，扶老携幼，逃避内地各省者及死于炮火者，不可计数。更加难民营养不足，流离颠沛，既属痛苦万分，随时随地，且有发生疫病之可能。红十字会医药救济队，顷正从事努力预防工作，俾在医药上改造中国。该会共有固定及流动医院五百所，从事急救工作，并兼事指导饮食养生，防止疫病。凡我美国人士，此后当源源接济医药用品，务使英勇的天赋的中华民族，得以永保健康。

《新华日报》1941 年 1 月 30 日第二版

孙夫人在港为伤灾募捐

（香港航讯）孙夫人宋庆龄、宋子文及颜惠庆等所主持之保卫中国同盟，顷为国际和平医院及昆明惠滇两医院筹款，特聘请著名舞蹈家戴爱莲女士及著名低音歌唱家斯义桂君以及香港合唱团等，于本月二十二日在□乐剧院举行音乐舞蹈大会。

国际和平医院系根据一九三八年在英伦举行之国际和平代表大会援华决议案而设立，三年以来，在各方努力下及国际友人物质、工作技术上的帮助，现已建成有四个工作中心地区，共有医院八所，其分布地区：1. 五台山一所，2. 陕北二所，3. 晋东南一所。两年来经过他们救护的负伤的战士，为数极多。

《新华日报》1941 年 1 月 30 日第二版

名医梁金生先生访问记

时间太仓促了，我和梁先生的谈话只四十分钟，然而他给我以强烈的印象。他直爽热情的谈吐，健康黑红色的脸，和他那种忙于工作，紧张的神态，是没有出乎我的意料之外的，使人感动。还在我们没有会晤时，早已耳聆他是我国的岐黄妙手，积极推行中医科学化的倡导者。然而他绝不是资本家，他是一个革命的科学家，他的努力不仅在于克服抗战时期医药困难，而尤对于我国数千年来之医学传统的发展，给以极宝贵的贡献。

在他那办公室里，无例外的和延安其他机关相同，是一间粉白的窑洞，里面放着三张椅子，当我被介绍进去时，里面有三个人在工作，梁先生是在靠窗的一张椅子上。

我们开始谈话时，梁先生正手捋一封一封的求诊信拆阅，不时从门口进来一个病人，及光华制药厂的职员，梁先生与我的谈话，只得边说边做，他显得非常忙碌，但是却很镇静。

他回答我第一个问题是关于光华制药厂合作社中的组织情形："为了克服抗战中的医药困难，供给边区人民及八路军病员的治疗，以补西药之来源缺乏计，光华制药厂是于一九三九年九月间创办的，发展的结果，日益扩大，先直属西北工合领导。合作社设理事会，梁先生任主席，现简称中国工业合作协会光华制药合作社，主席下有采办科、劳务科、保育科、会计科、公务科，下有碾药间、制药间、干燥间、包装间，每间设有主任，现制药工人有五十余人，此外尚有诊室和疗养所，系归合作社理事会主席领导。"

梁先生没有等着我问，他接着说下去了："边区虽然经济落后，但富源却蕴藏不少，即以药类而言，这里就有很多，如：防风、当归、黄柏、五味子、益母草、赤芍、柴胡、黄芪等数十种，过去这些东西，是被埋在地下，□□出现，制成药品了。抗战时期，特别困难的是医药，我们迎接了这一任务，自力更生，以解决抗战一部分的困难。"

我正要往下问时，门口进来一位河南腔的同志，梁先生立起身，离开桌子，同那个人握手。我们需要五千斤当归，梁先生一边谈，一边从胸前掏出一个纸条放在桌子上，又取出一个信笺，奋笔疾书了几行，便交于那位同志。

……"关于药材的来源，虽然边区很多，但是仍然不够用，除依靠边区外，主要的是河南供给最多，像当归这种药，边区的产量就不够。"……

我接着询问下去："现在药厂出几种药？产量几何？"

"现在我们已经制出了十二种药品，制出之药，先于疗养所实验。

现已制出——光华退热散、八路行军散、光华红白痢疾丸、光华平胃散，光华补脑丸、光华止咳散、光华补血调经丸、光华沙症丸、光华保婴丹、光华胜利茶、固风丸、清道丸……过去每月产量，各种药品为一万包。为了顾及大众及服务社会，定价每包都不过二角洋。”

我对于药理药效问题，颇可相信，记得曾服过一包胜利茶，其功颇不亚于西药中之阿司匹林，但阿司匹林每片便要二元，而胜利茶每包则不过一二角钱，依然可以治病，其他药品，则在延有口皆碑。

药品之销路问题据梁先生讲，大部都在边区及边区附近。过去在陕北由于封建军阀的统治，人民医药常识非常贫乏，仅有一二位中医，即已是凤毛麟角。人民疾病，只知求神拜佛，以致疫病蔓延，尤其是庸医误人，使人民不敢相信医药。过去死亡率尤以儿童居多，现在正努力提高边区人民医药卫生常识，并制出药品，供给人民疾病之需要……

我又问：“制药与附设之疗养所近况如何?”

“疗养所是为重伤病人而设，时间还很短，不过数月历史耳。现有所长一人，护士数人，大都均服汤药，按中医方法进行医治。现已住过百五十余人，所医好者，有胃病、肺病、淋病、痢疾、伤寒、睾丸炎、阑尾炎等。”

记者惊奇于这一会谈的那些数字！我贸然发问了：“中医有何特长?它与西医是如何比较的?”

梁先生笑了，它额头上的纹，松动了一下，谈道：“西医有西医之特长，中医有中医之特长，我觉得中医特长有二：一是药味丰富，它不仅包括植物且有矿物及动物之类；二是治疗方法，是‘辩证法’的，中医治病分‘望闻问切’，望者望病人之气色，问者问其症状，闻其声音，然后切脉。中国数千年来，即以此为治病之规律方法，每个中医的功夫，即看其是否应用此四法。但中医缺点也很多，过去中医的一些理论书籍，大□□很多，但亦有‘唯心论’存在，如抽象地讲些‘阴阳二气’，以及‘五行生克’的荒唐之论。今日中医确需根据过去基础，保存扬弃，往前再进一步，即我们所谓中医科学化是也。然而这不是一件容易事，因为中医比较一般的都缺乏自然科学的基础，要使中医科学化，必须学中医者兼深刻研究自然科学，同时必须有好的环境和物质基础……”

这一简单道理，我颇认为公允，但仍有一问题，难于启口，但我决然问了：“过去在外边常闻中西医互不相当，且相互攻击，在延安是否亦有此等问题?”

在记者说过这句话后，颇感到惶恐，恐辞不顺。然而梁先生大笑了，他说："外传中西医之矛盾，其实际乃饭碗问题耳。在延安我们中医没有此种想法，即西医也毫无此种现象，原因是这里的医生，都是为抗战服务，并非争饭碗也。"

最后梁先生云："光华制药合作社，广有发展前途，即使遭受意外，边区内之药料也可以自给自足。"

我还欲询问关于诊试室的情形，但已到下办公时间，我只得辞别这位诚厚的主人，慢慢从山上踱下。

延安每个人都在庄严地工作，他们没有虚伪，只是努力于自己的工作，这伟大的行伍，梁先生是其中之一。

《新华日报》1941年2月28日第二版

美国红十字会赠我一批卡车

（中央社上海二十七日合众电）美国红十字会当局顷称：现有美国卡车三十五辆，正在运往仰光转华途中。又该会顷任命传教士琼森为该会会长陪克之助理，琼氏在江西美以美会服务，先后已垂三十年之久。

《新华日报》1941年3月1日第三版

美各援华团体救济我难民　联合发起募款运动

（中央社纽约三日专电）此间联合救济中国难民委员会，昨日发起募款五百万元，协助中国境内救助事宜。此次募款为全国性之行动，在美国尚属第一次。又援华团体六个，分别于医药、教育、经济、慈善等方面援助抗日之中国，此次联合一致为募款努力，定期五个月募毕。联合救助中国难民委员会主席为纽约之□特兰托拉斯董事长伯莱恩，赞助人有罗斯福总统夫人，共和党要人威尔基，名作家赛珍珠，前任驻法大使弗里德，银行家拉蒙特及洛克菲勒第三。伯莱恩称："美国人民应予正冒极大困难与强敌作战之中华民族以实际之援助，庶几，亚洲第一个伟大而民主之独立民族，可对人类文明尽其伟大之贡献。"

《新华日报》1941年3月5日第一版

美红会为散发赈品将派员来华协助

（中央社华盛顿十二日合众电）美国红十字会宣称，著名赈济事业家麦尔斯定于今日离美前往中国，协同美红十字会在华救济难民指导长威塞里亚斯在华工作。该会捐赠之药品、衣服及食物已在运华途中，麦尔斯将任分发救济品之助理指导长。据美红十字会当局称，今后该会将续有大批救济品捐赠。麦氏在世界大战中服务红十字会，曾在西伯利亚及美中西部诸州办理救灾工作。麦氏先赴夏威夷，定本月二十三日由夏威夷乘飞机赴港，然后赴渝。

《新华日报》1941 年 4 月 13 日第一版

延安日本友人纪念三一五　向国内苦斗弟兄遥致敬礼

（本报延安通讯）三月十五日为日本田中内阁于一九二八年首次残杀日本共产党的残酷日子，在华日本人民反战同盟延安支部特于是日假延安日本工农学校召开纪念大会，出席者有该同盟全体成员，我国出席者有王学文、李初梨、江右书等共约四十余人。首由该同盟书记森同志报告“三一五”事件详细经过情形，对日本无产阶级英勇战士革命先烈渡边政之、辅岩田义道、吕野荣太郎及小林多喜二等光荣事迹有深刻叙述，并向长时期被监禁于监牢，苦斗十二年之久的市川正一同志表示最大敬意，指出今天日本国内工农劳苦群众虽然不能公开地纪念“三一五”，但是在工厂里，在农村中，在轮船上，广大的劳苦人民却都在暗地里纪念血腥地□日，日本统治阶级，能剥夺他们的肉体生命，却不能削减他们的思想和热爱真理的潜伏力量，最后述及当此帝国主义大战与世界革命高潮的暴风雨的前夕，确信在最近的将来，日本人民一定能够打倒军阀推翻法西斯的反动统治，而建立自由幸福的人民政府。演词激昂淋漓，听众为之动容。次由高山、海田、中小路等同志相继登台演讲，提出：“踏着先烈的血迹前进”，“为光荣牺牲的同志复仇”，“立即释放市川正一同志”等号召。继由王学文、李初梨等同志致辞，李氏谓延安纪念“三一五”尚属第一次，其意义非常重大，今日、中共同志共聚一堂，为打击共同敌人——日本帝国主义而奋斗，是无产阶级国际主义的具体体现，最后合唱“赤旗”、“囚徒之歌”等歌散会。

《新华日报》1941 年 4 月 14 日第一版

延安筹备纪念护士节

（延安专电）五月十二日是国际护士节。这个日子也是英人首倡战地看护事业的南丁格尔女士的诞辰。现在延安为了提倡护士工作，提高护士的地位，使得前后方都认识到护士工作在革命运动中的重要性，特决定在那天举行纪念会，并广为宣传慰劳。凡各地有重要医院的，均一律开纪念会，并在报纸上发表纪念文章。对于所有从事护士工作者，均实行慰劳与激励，提高他们的工作地位，加强他们的技术学习，改善他们的生活待遇云云。

《新华日报》1941 年 5 月 12 日第三版

延安成立日本工农学校　上月中举行开学典礼

（本报延安通讯）延安日本工农学校于五月十五日六时于□□□大礼堂，举行开学典礼，日本工农学校全体学员，十八集团军朱德总司令，及各界代表近二千人出席，台上高悬该校校旗及在华日人反战同盟盟旗。首由傅钟同志致辞，次由朱德总司令讲话，希望不久将来，日本工农学校学员能回国组织日本的革命军，来与中国的革命军携手，共同打倒日本法西斯，并预祝日本工农学校能迅速在华北各抗日游击根据地普遍建立。辞毕，即选读各方祝辞及各地贺电，再次由在华日人反战同盟的□□□□上，誓与日本法西斯奋斗到底。最后由各该校全体学员列队致谢，并选读誓词。仪式完毕后，即举行余兴，有日本歌曲、舞蹈及该校学生演出之日语话剧“前哨”及少年剧团演出之“公主旅行”等剧，至十二时欢散。

《新华日报》1941 年 6 月 17 日第一版

日本人民反战革命同盟会成立一周年纪念宣言

今日为在华日本人民反战革命同盟会成立一周年纪念。一年来，该会本着其成立宣言及纲领，反对日寇侵华战争，努力协助中国抗战。其主旨不仅在西南建立支部，在延安在华北亦树立了组织。其工作不仅在后方组织了巡回工作团，反战话剧的演出，反战小册子的出版等，而且在前线向日本军队，做了英勇的反战工作，□川诚二、大川邦男及松山连夫等战士，均不幸在前线壮烈牺牲，英义可风。我们于该会一周年之际，特向为中日两国人民自由而牺牲之战士，谨致沉痛哀悼，对该会及其全体英勇战士，谨致热烈慰问，并祝该会继续努力，打倒中日两国的共同敌人——日本法西斯强盗。兹除将该会一周年宣言转载于后，以飨读者外，并附数语，以资纪念。

《新华日报》1941 年 7 月 20 日第三版

美援华总会成立　我方多去电祝贺

（中央社纽约航讯）全美援华联合总会成立后，已接到我国内贺电多件，一致表示欣慰与合作。蒋委员长之密切关怀，可于孔副行政院长祥熙电文“蒋委员长与熙对贵会之努力深致感佩，愿此运动极为成功”中见之。蒋夫人电云：“余欣悉在美各援华团体已联合成立全美总会，领导之集中自将增进唤起美国大众之实效无疑，中国民众，将视此为美邦关怀之具体表现，因此会将代表全美人民而非仅止于某区域也，以是之故，吾人对此工作深致感佩。”国府林主席电云：“中国人民深感贵会在此急需之时，加以同情与援助，余深信贵会统一之行动将获更大之成功。”外交部长王宠惠电云：“在全美援华联合总会成立之际，余谨致吾人诚挚之感谢，且深信我中国友人之联合努力，将获更大之成果。”孙夫人宋庆龄女士电云：“余衷心赞助美国援华联合总会，集中在美各援华团体活动之努力，对于美邦友人愿致问候，对贵会之努力愿致庆贺。”又中国红十字会会长王正廷氏亦去电该会董事会主席布连氏致谢。

《新华日报》1941 年 8 月 8 日第一版

美红十字会宣布续助我大批药品

（中央社华盛顿七月二十日航讯）美国红十字会会长达维斯称，美国红十字会现续行购买药品一百万元，供给自由中国，将以最迅速方法送达，以应内地各省之急需。据报，缅甸边界至重庆间，疟疾猖獗，现该会在巴达维亚购买奎宁丸一千万粒，运往疟疾盛行之地带。达氏并称，医疗疟疾之“阿施必灵”药丸二十万粒，已由夏威夷装飞机运往重庆，美国红十字会在中国境内作救济工作所用去之款额，已超过三百五十万美金。

《新华日报》1941 年 8 月 8 日第一版

美红会药品经缅运华

（中央社华盛顿二十三日合众电）美国红十字会宣称：该会在华各种工作日益扩充，小麦及食米现用美国船只运往港沪，并有大批医药品运至仰光，取道滇缅路运华。现该会用于战时救济之用费达四千七百零八万七千零五十二美元，其中用于英国者达二千五百三十四万零三百三十美元，用于中国者近三百万美元。

《新华日报》1941 年 8 月 25 日第一版

陕甘宁边区医药界致苏联医药界电

（塔斯社转）苏联医药界：法西斯强盗蛮横，肆行侵略，挟举国之兵力，屠杀爱好和平之苏维埃人民，残酷兽行，举世罕见，凡属爱好正义和平之世界人士，莫不同仇敌忾，怨愤填胸。贵国在伟大人民领袖斯大林同志英明领导之下，揭起抗敌之义旗，以谋国土之不被法西斯强盗所蹂躏，并期世界弱小民族之彻底解放，艰苦奋斗，时逾两月有余，战局愈趋好转，在英勇红军顽强战斗下，最后胜利必属于苏维埃，而法西斯强盗势必遭受到应有惩罚。敝会谨以陕甘宁边区医院全体医药卫生工作者，一致声援，更与和平的苏维埃人民共同淬发，为争取国际反法西斯战争之最后胜利，全世界弱小民族之解放而迈进！

《新华日报》1941 年 10 月 28 日第二版

美报主张早日统筹同盟国战略　旅美侨胞参加红十字运动

（中央社纽约二十六日路透电）纽约前锋论坛报今日社评，主张同盟国之作战方略早日通盘筹划，不容延缓，自由法军所以突然占领圣丕兰及米凯隆岛，即由于战略尚未统一所致。

（中央社华盛顿二十五日专电）纽约讯，据今日纽约时报称，旅美华侨及希腊、菲律宾侨民为最先组成参加目前之红十字运动者，其他外国团体，亦将群起。中国驻美大使胡适博士及林语堂夫人对此运动热烈赞助。

《新华日报》1941 年 12 月 27 日第一版

美红会助我巨款作救护伤难之用

（中央社讯）中国红十字会自抗战以来，所有前后方伤兵救护及平民治疗等各项工作，每月开支数达百余万元左右，大部经费仰于海外侨胞。自太平洋战事爆发，此项侨捐即受影响，美红十字会驻华代表伊文思、李德二氏，有鉴及此，特电商美国红十字会拨款维持此项艰巨工作，顷闻美红会已电复先补助中国红十字会经费美金十万元，另赠中国妇女指导委员会及战时儿童保育会美金五万元，亦由中国红十字会收转。据伊文思表示，美红会将来对中国红会经费尚可源源接济，此举已引国内各界人士感奋。

《新华日报》1942 年 2 月 10 日第二版

延安成立白求恩护士学校　朱德总司令出席延大医科毕业礼

（本报延安通讯）延安医科大学第十五期毕业暨白求恩护士学校成立典礼，二月十二日下午一时，在柳树店医大礼堂举行。朱总司令、叶参谋长等均莅会讲话。会上，朱总司令恳切训勉毕业学生及在校护士：要有为社会为革命服务的精神，才能把医务工作做好，要不断学习，不断锻炼，才能把技术提得高，要做到这两点，白求恩是最好的榜样，每个医务工作者都应当学习。并指出护士和医生一样重要，同是革命工作。把护士看成勤务是错的，没有护士，单靠医生把病医不好，我们尊重医生，并尊重护士。叶参谋长指示三点：一、医务工作要有为人类服务的博爱精神，视人之病为己之病，耐心仔细，不苟且行事；二、每个人应该站在自己的岗位上，大家努力，不能忽视哪一种工作，只有把各种工作有机地联系起来，革命的机器才能很好地运转；三、做什么爱什么，学医的就应该把医学知识及技术学好，成为专家。最后由学生致辞。据悉，医大第十五期毕业学生共二十五人，自二十七年开学，迄今三载，毕业后将分派延安各医院实习一年，□白求恩护士学校学生的数十人。

《新华日报》1942 年 4 月 2 日第二版

英美医药援华

（中央社伦敦六日路透电）外务部次官劳氏，昨在下院内宣布：英政府已拨款四万一千五百镑，无条件协助中国红十字会。

（中央社纽约五日电）联合救济中国难民委员会今日宣布：价值两万美元之药物及医药供应品，现已首途运印，然后由某路转运中国。

（中央社讯）此间接华盛顿迟到消息：罗斯福总统曾公开致函联合救济中国难民委员会，赞助该会本年度七百万元募款运动，以为全美“中国周”倡导。罗斯福总统已派总统府情报司司长麦克勒区，于四月十一日晚九时亲往我国大使馆呈递罗斯福总统专函，播音台广播全世界，我国政府与人民均已直接听到此项广播，当时曾由胡大使宣读林主席答词，表示谢忱。

《新华日报》1942 年 5 月 7 日第三版

英方拨款赠我红会

（中央社伦敦七日路透电）英政府已拨四万一千五百镑赠送中国红十字会，此为英政府直接拨款赠予该红十字会之第一次。查英方人士去年发动救济中国难民募捐运动时，英政府亦曾慨捐五百镑，以利中国红十字会工作之进行。

《新华日报》1942 年 5 月 9 日第二版

红十字新建医院昨举奠基礼

（本市讯）中国红十字会总会新建重庆医院一所，于昨（十日）上午十时，在高滩岩举行奠基典礼，到各机关长官，刘总司令峙，金署长宝善，沈副署长克非，社会部代表陆京士，美红会驻华代表顾仁，以及各界来宾、张参政员一麟、黄参政员炎培等共计三百余人，由该会王会长正廷，杜副会长月笙，刘副会长鸿生，潘秘书长小萼，唐处长承宗，冯处长子明、郭处长□□等亲自招待。

《新华日报》1942年5月11日第三版

英助我红会共达五万镑

（中央社讯）英大使馆讯：英红十字会曾于本年四月以六千英镑捐助我国红十字会医疗队，英国救济中国难民募捐委员会以二千五百镑捐与我红十字会。又本年五月六日，英政府以我国军人医疗工作尚有加以援助之必要，特在下院宣布，决拨款四万一千五百镑捐我国红十字会，连英红十字会及英国救济中国难民募捐委员会之两笔捐款，共为五万镑。该款业由薛穆大使交我国红十字会会长王正廷，英方之慷慨捐助，乃英政府及其人民对我红十字会工作表示深切同情与援助之明证。

《新华日报》1942年6月20日第三版

日人革命觉醒　延安反战日人成立在华共产主义者同盟
打倒日阀　建立人民政权

（本报延安通讯）在华日本共产主义者同盟，于六月二十三日下午假日本工农学校举行成立大会。会场正面高悬马克思、恩格斯、列宁、斯大林、片山潜、毛泽东之巨像及同盟盟旗，两旁置有鲜花。空气至为严肃，首由主持人推选斯大林、季米特洛夫、市川正一、毛泽东、朱德等五同志为大会名誉主席。继报告同盟成立经过，指出同盟之成立，表示在延之日本同志之飞跃进步。其中部分同志已有参加共产党之要求。现参加者已达二十四名，本同盟不等于党，但为党之准备阶段。本同盟之成立，对于日本之革命运动，对于同盟成员本身都具有历史的意义。希望同盟盟员加倍努力，克服一切困难，从外部来促进日本共产主义运动。最后指出同盟之所以能够成立，必须感谢中国共产党及八路军，对我人之莫大援助。至此，全体盟员在森健同志率领下，高声朗读“加入同盟之宣言”，谓“当我加入在华日本共产主义者同盟时，谨在日本及中国民众面前，作下面的宣言：一、为同盟之目的、同盟之利益，贡献我一生，永不背叛；二、绝对服从同盟之纪律、决议、命令，并严守秘密；三、在工作、学习、自我锻炼、日常生活各方面，须为他人之模范。”接着通过同盟盟章及杉本同志建议致书毛泽东同志致敬书。各代表讲话一项中，朱总司令代表中国共产党及八路军致辞。

《新华日报》1942 年 7 月 26 日第二版

水藻代药棉　延安医药界新发现

（本报延安通讯）苏联籍阿洛夫医师，因□于目前棉花来源困难，价格昂贵，而外科治疗又非大量药棉不能维持工作，特在延河内采集水藻甚多，晒干后用纱布包成垫子，加以消毒，即可当引流排脓棉□之用，经临床试验，证明水藻之吸水排水引流能力，约五倍于纱布，七倍于棉花，延安各名医一致公认结果良佳，准备大批使用。（按：水藻代药棉办法，过去在苏芬战争时已为苏联外科医生所采用，在今日卫生材料来源阻断的延安，阿洛夫利用延河水藻亦实验成功，诚我敌后负伤战士之福音，亦医界一大事件。）

《新华日报》1942 年 9 月 10 日第二版

红十字周十月一日起举行

（中央社讯）中国红十字会第二届红十字周，定于十月一日举行。该会会长王正廷对记者谈，红十字周举行期内，列有两项中心工作，即宣传与征求会员也。第二届预定征求纪念会员十万人，下年拟扩至一百万人。

《新华日报》1942 年 9 月 19 日第三版

红十字周今天开幕

（本报讯）中国红十字会定于今天下午一时，在夫子池新运服务所举行第三届红十字周的开幕典礼。红十字周的意义，是在宣传该会的工作，并扩大征求会员和进行募捐。征求队总队长由孔副院长担任，分队长为金宝善和卢致德。同时，该会为筹募一部分捐款，特于今日起在公园路青年会举行国画展览会，陈列许士麒、傅抱石、张聿光等名画家的作品一百六十多幅。昨天午刻，该会秘书长胡兰生氏特招待新闻界午餐。席间，胡秘书长历述该会工作概况。该会在全国范围内，现有分会九十一处。救护总队部共辖十个大队，除两个预备大队驻扎贵阳总部外，其余八大队都在各战区工作。在后方，则重庆有医院两所，诊疗所三所，贵阳有诊疗所两个，并拟于最近期内，在昆明筹设诊疗所和医院。该会的经费大部分为依靠国外的援助，今年美国红十字会曾捐助美金十万元，英国红十字会曾捐助五万英镑，其中半数是捐给林可胜博士的。但每月的经费，随物价的高涨而增加，不够的数目很大，深望国内同胞也多多捐输，使红会的事业和工作能日益扩展。胡秘书长特别称颂纽西兰和南美洲的侨胞，他们长期捐款给红会，援助祖国的抗战。最后，谈到该会今后方针，胡氏极力主张多为民众谋福利，使捐款的人获得精神上的安慰。

《新华日报》1943年10月1日第三版

红十字会半年工作概况

（中央社讯）中华民国红十字会第二届红十字周，一日晚六时假新运服务所开幕，到孔祥熙、许世英、金宝善等，暨红十字会副会长刘鸿生、监事屈映光及会员二百余人。席间由许世英主席致辞，刘鸿生报告工作概况，首述半年来工作，略谓：

一、关于前线救护方面的工作，一为缅甸之役的救护，一为浙赣之役的救护。以言缅甸之役救护，当国军入缅后，本会救护总队部即抽调各队人员，新组医疗队三队，为入缅作战国军服务，由林总队长可胜亲自率领，由三月二十日从筑出发，抵达缅境之时，前方战事日烈，兼程驰往，开始工作。总队部继又派遣医务队三队，救护车一队，赶入缅境，及至抵达滇边，前方战局变化，后遣之队无法前进，即留滇边工作。至于林总队长亲率之各队，因深入前方，后路截断，乃向印境转进，暂驻加尔各答。至于浙赣之役救护情形，本会所派遣之医务队原在军队或野战医院服务，战幕揭开后，各队乃与原部院一致行动，进退有序，与工作密切配合，成绩殊属可观。此外配置于各战区者尚有百余队。

二、关于后方医疗工作。先就重庆市方面言之，依人口之比例分配病床，则一百万人口中应需病床六千只，最低亦需二千只。现重庆市人口约一百六十万人，根据卫生署统计，全市公私医院共有病床五百只，连同临时病床亦不过一千。处于非常状态下，如空袭、伤害或疾病流行，均感不敷应用。因此在成渝公路高滩岩新建重庆医院一所，约在十月间可以开幕。

三、关于救侨方面。太平洋战争爆发后，本会与赈济委员会合作，担任一部分运侨工作，并在救护总队部设立归侨招待所。

四、关于分会方面。分会为本会之基层组织，抗战以前，原有分会五百十二处，战□在西南省区□设分会，在此半年中新成立分会，四川省三处，云南省两处，湖南省一处，广东省一处，尚有正在筹建中者，分会前途殊令人乐观。以上四点，为本会半年中工作之荦荦大者。

末由金宝善、洪□友讲演，至九□散会。

《新华日报》1942年10月2日第三版

红十字会辟小儿科应诊

（中央社讯）中国红十字会总会夫子池新运模范区诊疗所，为响应社会部救婴工作运动，特辟小儿科，于十七日起聘请小儿科专家何馥贞医师在所应诊。

《新华日报》1942年11月20日第三版

蒋梦麟任红会会长

（中央社讯）蒋梦麟氏新任中国红十字会总会会长之职，已于二月八日到会视事。

《新华日报》1943年2月17日第二版

美举行红十字月

（中央社华盛顿二十八日路透电）美国红十字会会长达维斯，本日下午对全国广播，宣读罗斯福总统之致辞，总统本拟亲自对全国的演说，然因染恙未果。总统于致辞中声称：余已宣布以三月为红十字月，在此一月中，须使每一战场上之每一美国战士，均能获得其所需要之一切。红十字会欲能供给此等需要，至少亦需一万万二千五百万美元。此即吾人所应知者，即吾人不能失败。

《新华日报》1943 年 3 月 2 日第三版

陕甘宁边区医药上一大跃进　医大年产牛痘苗二十万支

（本报延安通讯）医科大学微生物学系，为克服边区药品来源困难，曾在去年制出牛痘苗廿万支，分发前后方各机关使用。现接各地来电，均证明成效良好，其品质与从外面购来者并无差异，并要求该校今年继续研制，以供使用。据微生物学系曲兼系主任及陈、刘二技师谈：该类牛痘苗大人小孩均可施种，种过一次后可以免疫数年，今年制造计划原定为十万支，每管可种三人，共供三十万人之用，现因边区玻璃厂已可解决毛细管（装牛痘苗的玻璃管）供给问题，使包装及保管方面不复再有困难，故将视各地的需要情况，尽量增加产量。

《新华日报》1943 年 3 月 22 日第二版

柯棣华大夫逝世

华北国际和平医院第一分院院长柯棣华大夫，不幸于民国三十一年（一九四二年）十二月九日午前六时十五分逝世。柯棣华大夫于一九四一年六月曾患癫痫症。一九四二年一月复发，旋即痊愈。十二月八日晚八时四十五分又开始癫痫，特别严重，历时三分钟，始行恢复知觉，不料数小时后，病情恶化，自八日午后十一时起至九日午前六时十五分止，每隔十至十五分钟发作一次。在发作时间内，知觉全无，并呈癫痫状态。最后，终于医治无效，不幸逝世，享年三十有二。

柯棣华大夫系印度马□特族人，一九一一年生于孟买。曾在孟买大学医科毕业。一九三八年加入国民大会援华医疗队，于是年春季来华。后即随队转赴十八集团军工作。一九四一年至晋察冀边区任国际和平医院第一分院院长，此医院系为纪念白求恩大夫逝世而建立的。柯棣华大夫自来华北后，曾以一个革命者的英勇精神担负医疗工作，并为十八集团军解决极大的医疗苦难。今竟逝世，本军将士对之无限悲悼。我们深信，柯棣华大夫的革命精神，将与白求恩大夫的革命精神，同为不朽。柯棣华大夫的遗爱，特与白求恩大夫的□爱，永远同存于华北游击将士之纪念中。（延安电）

《新华日报》1943 年 3 月 22 日第四版

致柯棣华大夫家属的慰问信

亲爱的朋友：

我谨代表十八集团军和中国共产党，为柯棣华大夫的逝世，向你们致最深切的悲悼。柯棣华大夫曾予华北敌后五台区最需帮助的军民以无可比拟的贡献。

柯棣华大夫系于一九三八年，受印度国民大会之命，参加其所派遣的印度援华医疗队，去到延安，于一九三九年进入华北游击区。他在华北曾经到过许多地方，最后定居于五台区，担任已故白求恩大夫的继承者，国际和平医院院长，直到逝世。他的中国同志都爱他，尊敬他。为了在抗日游击根据地中之最高贵的任务，为了给伤病战士兄弟般的友爱，他曾救活了许多抵抗日寇侵入自己祖国的战士的生命，还帮助了许多人免于残废。我们受惠于他的极多，使我们永不能忘。

柯大夫曾是中印两国人民友爱的象征，是印度人民积极参加反对日本黩武主义和世界法西斯主义的共同战斗的模范。他的名字将永存于他所服务终生的两大民族之间。

我们在全体爱自由的人类的共同损失中，分担你们的悲痛。谨致热烈的敬礼！

周恩来

《新华日报》1943 年 3 月 22 日第四版

美国红十字会赠我美金五万　美医药援华会代表抵兰考察

（中央社华盛顿二十三日合众电）美红十字会宣布：以五万元捐赠中国红十字会，“以协助应付其战时之责任”。据悉，此项基金之使用，将由中国红十字会会长蒋梦麟博士予以监督。

（中央社讯）美国红十字会驻华代表尼克尔斯氏今日宣布，美国红十字会捐赠法币一百万元（美金五万元）予中国全国红十字会，此乃具体表示扶助其姊妹机构之工作，有此捐款后，美国红十字会捐赠之大量有价值之医药供应品（此乃在使人不能置信之环境下运入中国），当可迅速送至各战区，救济中国之受伤人民。此款将由中国红十字会会长蒋梦麟博士及总干事胡兰生作如下之分配：计四分之一用为保管兼支配供应品之费用，二分之一为供应品之运输及分配至各战区之费用，四分之一用以协助战区人民救护之工作。胡兰生博士及尼克尔斯氏不久将赴内地，俾能立即应用该项捐款。

（中央社兰州二十三日电）美国医药援华会代表贝克曼，前来西北考察我各卫生机关设施情形，二十三日由卫生署副署长沈克非陪同自渝飞抵兰州。闻贝氏在此间稍留，即将转往西安一行。

《新华日报》1943 年 3 月 25 日第二版

英国红十字会拨款廿五万镑在我国从事救济工作

（中央社据英使馆讯）伦敦六日电：英国红十字会于六月一日之会议中，宣布该会已提出二十五万英镑，以备在中国从事红十字会工作。克里浦斯夫人所主持之联合援华委员会，又以二万五千镑充实是项经费。

《新华日报》1943 年 6 月 8 日第二版

加民众之热情三团体献金济我难民灾童
加红十字会少年捐助中国儿童尤可感激

（中央社渥太华十五日专电）今日下午，蒋夫人在政府大厦中国所内所举行之隆重仪式中，自三个加拿大团体代表之手，接受救济中国战时难民及难童之赠金二十八万七千元加币，此三团体之代表由中国公使刘师舜介绍，一一与蒋夫人握手。加拿大援华基金会代表亨特上校，首操华语，向蒋夫人致候，继诵读预先准备之声明，谓谨代表该会呈献十七万七千元，聊表加拿大人民对英勇之中国战友景仰之忱。渠解释称：此款有三分之一系由安大略中等学校女学生所筹募，专为救济中国难童之用者，渠并表示希望蒋夫人他日与蒋委员长重游加境。亨氏词毕，由该会会计、加拿大帝国银行经理凯恩将支票恭呈蒋夫人。加拿大红十字会主席陶德斯，继呈支票十万元加币，并称：此乃“贵我两国间，互相同情与谅解之小小表示”，渠向蒋夫人保证，加拿大红十字会将继续帮助“在此次战争中受祸甚烈”之中国人民。十五岁女童德丽斯哥尔，代表加拿大少年红十字会八十五万人呈支票一万元加币，彼向蒋夫人称：此款谨为救济中国男女儿童之用，并请蒋夫人代向中国儿童致意，希望彼等认加拿大少年红十字会会员为真正之朋友。至是蒋夫人向三团体之代表致答词，代表中国人民对加拿大人民之友情与赠予，表示诚挚之谢意。彼称：不仅中国沿海受战祸，即腹地亦然，因此死亡之人民，以百万计，流离失所者，以亿计。惟得与英勇盟友如加拿大者相处，中国为共同目标所作之牺牲，亦非徒然。彼称：彼尤其为中学女生对中国难童之捐赠所感动。蒋夫人对行期匆促，表示遗憾，惟称：彼之访问渥太华，亦即访问全加拿大，彼希望战后□□重开时，中加两国合作将更趋密切。

《新华日报》1943 年 6 月 17 日第二版

印人热心援华　巴思华博士建议再派医药团来华

（中央社孟买二十八日专电）印度医药援华团团员巴思华博士，今日在向当地记者发表谈话时说：他会提议再派一医疗团到中国，以为印度对中国目前表示衷心同情和印人反对法西斯主义的□证。印度医药援华团是国民大会党在一九三八年所组织，服务于中国各重要地区，并有促进中印关系的功用。巴思华博士并说：柯棣华医士就在医治伤兵时逝世，团长安得华努力服务，直至其本人积劳成疾，方行退休。团中两个青年的医生数周以前，还在中国战场工作。发言人叙述中国战时情形，甚为生动，他说：日军虽极残酷，然中国的抵抗从未动摇，准备积极作战。

（本报外讯）印度援华运动，最近多集中在医药援华方面，曾来我国服务的巴思华大夫，近又策动印度国民大会，组织另一医药援华团来华；而印共于今年五月召开第一次全代会时，也曾通过决议，设法组织印度援华医疗队一队，到中国前线、敌后和后方的军队中工作，以发扬印度国民大会所倡导的中印两大民族间的团结精神。据讯：此项号召发出后，志愿报名来华的医生已有六人。

《新华日报》1943 年 8 月 30 日第二版

第三届红十字周昨天举行开幕礼

（中央社讯）中国红十字会第三届红十字周，一日下午二时，在新运服务所举行开幕礼，到卫生署金署长宝善、国民党市党部杨主任委员公达、贺市长代表等百余人，美国医药援华会、万国红十字会都派代表到会。由该会刘副会长鸿生主席，报告会务概况。继由金宝善等致辞，金氏指出现在中国红十字会会员人数仅二十万人，凡我同胞都有介绍入会的责任。美国医药援华会代表也诚挚希望中国红十字会发扬光大，为人类谋福利。四时许礼成。

《新华日报》1943 年 10 月 2 日第二版

英第五批援华捐款已经分配给各机关

（中央社讯）英国联合援华捐款顾问委员会最近在蒋夫人私邸开会，讨论伦敦汇来第五批捐款十五万镑分配事宜，到委员蒋夫人、孔夫人、王秘书长宠惠、英国大使薛穆夫妇、英大使馆一等秘书盖治、英国红十字会代表布兰特、内地教会主教胡敦、中央银行郭局长景琨。经长时间讨论后，决定分给若干医务、教育和慈善机关，特别顾到他们的需要和捐款人的意愿。兹将接受上述第五次捐款机关和分配款额列下：全国战时儿童保育会一万五千镑，中国工业合作协会九千镑，抗属生产事业三千镑，全国妇女慰劳总会三千镑，全国儿童福利协会二千镑，伤兵之友社五千镑，荣誉军人及家属特别实验区五千镑，基督教高等教育机关一万镑，基督教中学一万二千镑，全国学生救济委员会一万镑，豫灾六千镑，粤灾六千镑，中国红十字会八千镑，卫生署五千镑，国际救济委员会四千镑，保卫中国大同盟所设的国际和平医院（编者按：该院设在晋察冀区，创办人是加拿大共产党员白求恩医生，印度医药援华队曾在该院服务）一万镑，曲江国际医疗服务队五百镑，全国盲人福利协会五千镑，公教医疗服务工作二千镑，中华基督教协会五千镑，中华基督教协会联合战时工作委员会一千镑，岭东基督教协会（汕头英国长老会）二千镑，全国基督教青年会二千镑，重庆医院小儿科一万镑，常德战区赈济二千镑，岭南大学五千镑，曲江卫理公会五百镑，其他二千镑，共计十五万镑。

《新华日报》1944 年 2 月 8 日第二版

英援华募款超过百万镑　英红会捐款百八十余万

（中央社据英使馆讯）伦敦六日电：截至三月底为止，联合援华募款运动共已募集一百零二万七千镑。

（中央社昆明七日电）英红会顷汇款国币一百八十八万元，捐赠我红十字会昆明办事处，作为在滇设置滇处站经费。该处决在昆明、曲靖、下关、保山等地。

《新华日报》1944 年 4 月 8 日第二版

中国红会募款　各方热烈响应

（中央社讯）中国红十字会总会自去冬发动募款后，首先收到新疆省政府捐助国币五万元，接着有广西省政府一万元，中央银行五万元，中央信托局三万八千余元。其他机关厂商接着响应的，还在源源而来。最近又得英国红十字会捐款二万五千镑，指明用途为办理西南灭虱站和运输所需。兹悉该会本年每月经常开支已达七百万元上下，收支不敷很大。这种伟大慈善救济事业，还有赖于各界热心慈善人士继续捐助，踊跃捐输。

《新华日报》1944 年 4 月 13 日第二版

中国红十字会请各界捐物品

（中央社讯）中国红十字会总会，因救护医疗工作范围广泛，每月所需各项物品很多，以前大都由国外捐助。近来因运输困难，来源稀少，库存将有匮乏之虞。该会特发起国内同胞捐助物品运动，举凡汽油、布匹、文具等，都在募捐范围之内，希望各界热心响应，共襄善举。

《新华日报》1944 年 4 月 22 日第三版

中国红十字会抗战中的努力

（中央社贵阳二十五日电）中国红十字会会长蒋梦麟，在招待新闻界茶话会上报告红会抗战七年来的工作说：从二十六年到三十二年间，红会救护总队先后派出一百零八个医务队，到滇、黔、川、桂、湘、粤、赣、浙、皖、闽、鄂、豫、陕等省和各战区，担任救护工作，经诊治的内外科病人，包括军队、平民共约一千万人。所需药品都是美国赠给，每月达十吨。至于红会的经费，政府每月补助三百五十万元，盟邦美国、英国、加拿大捐助很多，合计每月收入约五百万元。但因战时运输困难，汽油消耗很大，所以每月支出恐不敷在一百五十万元以上，还有赖国内人士的捐助。红会在这种情况下，各级工作人员都能刻苦奉公尽职。

《新华日报》1944 年 5 月 26 日第二版

美红十字会援助我药品二百多吨

（中央社据美新闻处讯）华盛顿廿二日电：美国红十字会宣布，该会在一九四三年十一月到一九四四年五月间，已有药品和一般医院用品二百三十五吨以上，由空中运到中国。

《新华日报》1944 年 6 月 24 日第二版

延安科学界的发现　野蔷薇是含维生素 C 最多的植物

在南方我们知道橘子、柑子、橙子是含维生素最多的东西。在延安的山沟里有很多开黄色及红色花的、有刺的野蔷薇，那花蒂与花蔓中含了更多维生素 C，但现在还没有全被人们知道。

野蔷薇干了的花蔓（剔除里面的种子与白绒毛的），每公斤（二中国市斤）含有维生素 C 二千到四万国际单位，每人每天只要吃半公分（瓦）到十公分（瓦），就可以足够维持一个人一天的维生素需要。

平常的胡萝卜每公斤只含维生素 C 三〇单位。菠菜每公斤只含□〇〇到一〇〇〇单位。野蔷薇花蔓所含的维他命丙既然这样丰富，而且山沟里到处都有这种植物，我们就不应当白白放过它。

当野蔷薇刚开完花，要结果的时候，是采集最好的时机。采来后把花蔓里面的种子与白绒毛都去掉，晒干后就可以吃了。（生吃虽然也好。）吃的时候，可□着干花蔓洗净了吃或泡茶吃，或煮烹着吃（不要太煮久了）都可以。

《新华日报》1944 年 8 月 22 日第四版

中国红十字会总会举行四届红十字周　蒋梦麟招待报界报告工作

（中央社讯）中国红十字会总会第四届红十字周，十月一日起已经开始。该会会长蒋梦麟，副会长杜镛、刘鸿生，五日□请征募队各队长和新闻界人士举行茶会，由蒋会长报告会务概况，大略说：本会经费固定的每月只有七百万元，其余全仗各方捐助和会员会费，总计每月只收入八千余万元，颇为拮据。至于工作方面，自民国廿六年到三十三年六月止，外科□医人数计八百万一千四百十二人，内科计三百三十六万一千五百十四人，施用 X 光计七十一万五千〇九十三人，辅助士兵特别营养八十四万〇一百九十六人。本会医疗队十三省市共百〇三队，至于本会药品，全靠美国红十字会捐赠，每月约十吨。

《新华日报》1944 年 10 月 6 日第二版

边区卫生工作从城市深入乡村　延安大批模范卫生保育人员受奖

（本报延安通讯）陕甘宁边区自经毛泽东同志号召，要人人做到“人财两旺”之后，各地卫生工作，不仅在城市开展，并且深入各乡村。卫生工作经过合作社的组织路线以后，发展更为迅速，单是今年延安受奖的卫生保育工作模范人员，就有七十三名。就曲子的保健药社来说，今年就□□治急性传染病就达三百九十五人之多，而且对病人就从来不取报酬。该社三位医生，除经常下乡给老百姓治病之外，还不断研究和试制新的药品。到现在试制成功的已有二十多种。该社最近打算扩大股金到一百万元，并打算开中医、兽医训练班，招收学生十四名，准备在学成后，分派到各乡村服务。

又讯：绥德分区专署正积极筹划举办保育训练班，据悉，这个训练班□□筹备，已与抗大卫生部协同，决定在抗大卫生部医院附近成立。训练时间，第一期是三个月，课程暂定普通保育、妇女卫生、助产学等。

又讯：这里西药来源异常困难，边区卫生处李处长为了解决这项困难，苦心钻研，采取这里所产中药原料，用科学制药方法，制成丸散、酊剂等十多种，计有：麻樟丸、咳利痰尽、白陶土、健胃散、婴儿散、妇福灵、远志酊、陈皮酊、复方樟脑酊、红色大补丸、仁丹等。各医院和卫生机关试用报告，都说自制药品功效不下西药。目前边区三分之二的药品，都是自制的。

《新华日报》1944 年 10 月 6 日第二版

红十字总会扩大征求会员

（中央社讯）中国红十字会总会，自从在十月一日开始举行第四届红十字周以来，各地负责征求会员的单位已开展工作竞赛。本市方面，除原聘征求队长外，继又增聘重庆市商会主席周懋植等百余人，正向各阶层中广泛征求。本市征求队已□解会费和捐款者，有贺国光等。至征求会员时期，原定十月三十一日为止，兹因各方纷纷加入，决暂延长结束日期。

《新华日报》1944 年 11 月 3 日第二版

英红十字会帮助服务伤兵经费

（中央社讯）伤病之友社十五届服务人员训练完毕，学员三十人都在二十三日出发，到四川各县、湖北、陕西和远征军中参加服务工作。又英国红十字会和该社合作组织伤兵服务队四队，每月资助经费三十万元，该社和救世军负担工作。

《新华日报》1944 年 11 月 24 日第三版

美国红十字会在华活动增加

（中央社据美新闻处讯）美国红十字会在中国的活动比以前增加几倍，工作人员一九四三年是十二人，一九四四年增加到六十六人，自一九四五年上半年起，又有六人来华。另有战地服务所二处成立，目前该会有战地服务所七处，工作人员十人。过去一年内，因该会某地工作人员移动，服务所一处停办，医院人员扩充工作亦暂时停止，后被日军所俘虏。除美方人员外，该会各地站所又雇用中国工作人员三百名。在去年十二月中，前往该会各地站所治疗的，总计达十六万一千五百零三人，平均每一站所每日约有三百五十病人。各地工作人员在一九四四年内所处理的福利事件，计三千三百八十三起，比一九四三年的一百二十七起大为增加。

《新华日报》1945 年 3 月 22 日第二版

边区解放区病者福音　留延国际友人傅莱医生试制青霉菌素成功

（本报延安通讯）陕甘宁边区中西医药研究会，于五月二十日上午九时在边区参议会大礼堂举行第一次医药学术报告，特请该会留延国际友人傅莱医生，报告怎样运用边区现有条件制造青霉菌素（即盘尼西林）并展览所用器材，具体说明制造的过程。这次到会的医药工作者和对这问题还有兴趣的听众有几百人，其中并有不少中医，傅莱医生的报告“粗制青霉菌素”用时二小时。（按：青霉菌素是世界美药之一，有杀灭病菌特效，是美国医药界发明的，现经傅莱医生苦心研究，竟在文化落后的边区制造成功，对保障人民与干部的健康，增强抗战力量，将有莫大的功劳。）以下是傅莱医生报告的大略。

青霉菌素是从青霉菌的分泌物中提制出来的一种药。有粗制的与精制的二种，现在我们试制成功的是粗制青霉素菌。此药的功用是抑制细菌的分裂繁殖，它对葡萄状球菌、连锁状球菌、脑膜炎双球菌、肺炎双球菌、淋球菌等都有很强的制菌作用，能治好由这些细菌所引起的化脓性伤口、脑膜炎、肺炎、败血症、脓胸、淋病等病症。此药对治疗由葡萄状球菌所引起的病症的效力特别强，超过磺胺类药物，因此是一种很宝贵的药。不过此药对伤寒、副伤寒、流行性感冒、肺结核、痢疾、麻风等都无效，所以它不是能治疗一切病的万能美药。

现在英美等许多制药厂都用大金属桶大量培制此药，一年的产量有几万镑，而我们则是在最近才开始试制的。此次试制成功，首先得力于美国朋友的帮助，高压蒸汽锅、青霉菌芽孢和制培养液的原料以及各种研究参考资料，都是他们赠送的。其次，边区政府批准了实验费，在财力和物力上给了很大帮助，又得到延安各大医院的帮助，才在医科大学成立实验室。实验由傅莱同志主持，医大王学礼、宋同珍两同志做助手，于三月二十四日开始，到四月底已制成粗制青霉菌素。

用这种药现在已治愈五个病员：一个是脓胸，曾用磺胺药物治疗无效，未施手术，后来用青霉菌素治好了。一个患多获性瘘管，患者从一九二八年起，十几年没有治好，这次用青霉菌素治疗，一个伤口已经完全好了，另一个也好了一大半。此外还治好了上眼睑化脓□、下腿溃疡三个病员。

总结这次实验成功的经验，除因为有上述各方面帮助外，最主要的一点，就是有精密的统计工作，每次操作都有精密记载，根据记载又做研究、分析，使工作得以顺利进行，而得到成功。

关于今后要做的工作，傅莱同志说：是要进一步选择边区物产制造适宜的培养液，制造青霉菌芽孢供给其他各解放区自制此药用，培养制造青霉菌素的技术干部。

报告完毕，傅莱同志和他的助手指引听众参观他们带来的样品，对许多中医同志特别做了较为详细的解释，中医同志都认为大开眼界，希望以后能多多举行这样的学术报告。

《新华日报》1945 年 7 月 4 日第二版

二、《新中华报》资料集锦

欢迎国际友人

印度援华医药团一行五人，于本月十二日抵延，这兴奋了延安每个人的心。

印度朋友长途跋涉，饱经风霜，带来了国际人士的伟大同情，亲切地表现了中印两大民族的联合。特别是印度人民，给我国抗战以精神物质上的鼓励，我们表示无限的钦敬与谢意!

毛泽东氏说过，国际援助是争取抗战胜利的重要条件之一。印度友人的来延及给我们的鼓励，更证实了这一分析的正确。我们深信：我们继续坚持抗战下去，会有更多的国际朋友，以至各民主国政府更进一步的援助。我们时时努力着：中国的抗战与国际爱好和平人士的反法西斯斗争紧密的结合起来，一致为保卫世界和平民主而奋斗!

《新中华报》1939 年 2 月 12 日第三版

八路军制药厂制成药品四十种　试验后成绩优良

（本市讯）八路军军医处，于今年初成立制药厂，至今只三个月，制成中西药品四十余种，计四十多大箱，已于日前运抵延安备用。内西药有氯化钙、康福那新、鱼肝油等二十余种，而以各种□□最为优良，系由翁远技师监制。中药有止咳丸、红色补丸等十多种，乃由尹贵田技师监制。各种药品，首先经过自己化验后，送到西安各化验室检验，再经过动物实验，少□□施用。使用结果，查明各种药品效力显著，有几种药品，比市上售卖的还优良。

时间只三个月，就有这样好的成绩，主要的是由于全厂工作同志的努力。他们为了完成预定的计划，在三月内赶制一批药品，常常工作终日，直到晚间十点钟才睡，星期日仍然工作。在紧张工作中，每天仍规定有三小时的学习，一小时政治课，讨论会在休息时间举行。最近成立药剂班，由胡博士兼任教育主任，课程有防毒学、化验学和制造术。□拟□□□□有的基础，制造大批药品。尤其是中药部，正在研究分析各种中药，把它制成各种丸散膏丹，以代替西药使用。最近将成立材料部，大量制造药棉和纱布。将来还要设立玻璃部和铁工部，制造各种玻璃用品，解剖用具。

《新中华报》1939 年 3 月 31 日第三版

救济我国各地难民　美国红十字救济会运第二批美麦来华

（香港十四日电）美红十字救济会，续运第二批美麦救济中国难民，数达一万二千吨，已开始运华。其中四千吨，交此间粤国际救济会，作救济华南难民之用，余则运沪，转捐其他方面之难民云。

《新中华报》1939 年 4 月 16 日第二版

八路军军医院举行开幕典礼　到会各首长代表共五百余人

八路军总军医处自接到中共中央提议在边区成立模范军医院后，即积极计划筹备，历时月余，初步筹备工作现已就绪，于五月三日下午一时举行开幕典礼。到会者有八路军政治部谭主任、滕参谋长，后方勤务部易主任，十八兵站分监部张部长，中国红十字会在边区工作的各队代表，印度医疗队，八路军军医处长姜齐贤同志，边区各卫生机关代表，及全体休养员和工作人员约五百余人。首先由该院长苏井观同志报告开会意见及该院今后所担负的使命，勉励全院工作同志誓死为争取全国军医院的模范而努力。

随后请姜处长报告该院成立之经过："……虽然我们现在的设备很简陋，还不能满足休养员同志的要求，还没有达到我们理想中的目的，可是我们已经花了近两万元的建设筹备费，还有许多外来朋友给予技术上的帮助，我相信在国际朋友和全国各界人士帮助之下，再加上全院工作人员的努力，一定能使我们的军医院适应现实的需要，成为八路军的模范医院，成为全国的模范军医院……"

续请到会各首长讲话，语多勉励工作人员站在自己的工作岗位，为抗战建国伟大的卫生事业而奋斗。最后，休养员同志致辞。高呼口号后尽欢而散。

《新中华报》1939 年 5 月 7 日第三版

如何消灭我们的敌人——传染病
延安市卫生人员俱乐部第七次卫生报告

报告人——防疫队蒋主任

一、第二敌人——传染病的分析

第二敌人的番号，大约有一百几十种，它们分五个大队向我们进攻：第一个大队为饮料传染，第二个大队为接触传染，第三个大队为呼吸传染，第四个大队为胃肠传染，第五个大队为不属于上面四种传染的其他传染。

世界各国所规定的法定传染病不同：美国有四十种，日本有十种，我们中国有九种，就是伤寒、霍乱、天花、白喉、赤痢、鼠疫、流行性脑膜炎、猩红热、斑疹伤寒。凡是得了这当中的一种传染病，无论公务人员也好，老百姓也好，都有报告政府的责任；政府方面就有管理的责任。如果有人不报告，就可以用法律制裁。

军队方面的特别传染病，分两大类：第一大类包括鼠疫及霍乱，第二大类包括斑疹伤寒、天花、白喉、猩红热、疟疾、回归热、流行性脑膜炎、破伤风等。如果得了第一类传染病就应该用电报报告，如果属于第二类，就可十天报告一次。

敌人兵种——细菌的分析。敌人的兵种分两大类：第一类为普通细菌，用八百倍的显微镜就可以看见；第二类为滤过性毒菌，用放大二千倍的显微镜还不很看得清楚，其微小可以想见。以它的形状说，第一类兵种有：

（一）球状的：有几个或十个球菌形连锁成一串，如连锁状球菌；有许多球形垒起来成一串葡萄状的，如葡萄状球菌；有两个在一起臂挽着臂的，如淋病、脑膜炎细菌等；也还有四个联在一起，相依为命的，如四连球菌。

（二）杆状的：虽然它们都为棍子形，但是有短而胖的矮个子，如伤寒细菌；有瘦而长的高个子，如结核杆菌。

（三）螺旋状的：如梅毒、回归热细菌等。

第二类兵种——滤过性毒菌，如麻疹、天花都属于这一类。

分别这些细菌的方法：某些细菌以看他喜欢染什么颜色，有的一碰见红颜色就变成红的；有的碰见红颜色并不变红，然而碰见绿颜色就变成绿颜色了。有的常是两个相连着的，但是可以由它们相隔的远近，分别它们是属于哪一类细菌，如淋病细菌两个相隔较远，而脑膜炎细菌却是两个亲密得分不开。

细菌可以单独生活到几个月以上，而滤过性毒菌必须要靠细胞或是血液才能生活。

他们当中也有摩擦，互相进攻，甚至互相残杀。淋病细菌如果要碰到绿脓杆菌一定要把它消灭的。不过它们有的也能共同生活，如白喉和猩红热细菌是很能相处的。

他们也是讲究“天时地利”，如果温度很合适，有它们的营养料，一个细菌在二十四小时内就可繁殖五万万个。

二、第二个敌人的威力

在欧美各国死于传染病的，每年一千人中平均有十五人，我们中国呢？提起来非常惊人，每年一千人中平均有三十个人要受到第二个敌人的摧残而丧命。三十个人虽然值不得大惊小怪，但是以我们全国四万万五千万人口来说，每年就得死去一千二百五十万人，这不是一个惊人的数字吗？我们抗战快两年了，死伤的战士还不过一百几十万人，而死于传染的就有那么多。这些损失如果用来做国家建设事业，可以开办大学一百个，造铁路十万公里；要是用来开荒，那是更不待言的。

以上的统计是为平时，如果在战争期间，传染病就会增加，大约要占全部牺牲人数的三分之一。为什么在战争的环境中死于传染病的人会多呢？有三个原因：（一）生活不规律。（二）集体卫生的被忽视。（三）流行性大。这是一个战争中的严重问题，当意大利进占阿比西尼亚的时候，许多人推测意大利的士兵死亡率一定要增加，因为地理气候的变更，尤其阿比西尼亚的地势正处在热带。但是事实不然，意大利设立了二百多个临时卫生防疫机关，而且特别注意公共卫生，因此意大利五十万大军进入阿境，死于传染病的并不多。相反的，阿比西尼亚的天花、斑疹伤寒的盛行，实在令人吐舌。当时有句流言：“天花进占了阿比西尼亚的北战场，斑疹伤寒进占了阿比西尼亚的北战场，阿比西尼亚失败了！”这句话虽然过分强调，但是我们说第二个敌人是同样不能忽视的。

三、第二个敌人如何向我们进攻？

敌人主要的战术是打埋伏，分五路向我们进攻：第一路由饮食，如伤寒、霍乱、痢疾等；第二路由接触，如天花、梅毒、白喉等；第三路由飞沫，如流行性感冒、麻疹、白喉等；第四路由昆虫——苍蝇、跳蚤、虱子、蚊子、老鼠都能传染病因，如疟疾由于蚊子、霍乱由于苍蝇、鼠疫由于跳蚤、斑疹伤寒由于虱子等；第五路由创口，如破伤风等。这次我们的敌人进攻晋西北，死于破伤风的很多。

敌人来侵略我们施用的阴谋手段是利用汉奸组织伪政府，我们的第二个敌人也会组织伪政府。譬如伤寒症的汉奸是人自己本身，差不多我们健康的人，口鼻以及内脏里平常就有敌人在打埋伏，而且使人防不胜防。过去美国有一个厨子接连到了九家，他的主人都死了，调查的结果，知道他过去害过伤寒，虽然已经痊愈了，但是伤寒菌种没有消灭，他做的菜里就带进了伤寒菌，他自己因为本身有了免疫性不会再害伤寒症的，因此害了他的主人，这位厨子无形中当了传染病的汉奸。

四、如何可以消灭我们的第二敌人?

总而言之一句话：早想办法！因循拖延，或“亡羊补牢”都是要不得的，一定要在没有生病之先想办法。

（一）提高抵抗敌人的意义和智能，要使得大家都知道。不但能知，还要能做能行。要普遍的进行卫生教育以防止敌人的进攻，如果迟迟不能知道就要用种种方法使得他了解。

（二）用游击方式来消灭敌人。敌人的侵略是无孔不入，因此我们就应该多方面的消灭。

广泛的开展游击战争，敌人到哪里，就消灭到哪里。厕所里面有大肠、伤寒、赤痢等细菌，对它们应取包围的形式——挖得很深，最好加上盖子离饮水远一些。普通土质离水应在五十公尺以上，免得它向饮水突击。所有选择饮水时必须看它的周围有没有厕所，如果有的话，就应该常常消毒。

垃圾里面也藏着各种细菌，每人每天平均有五磅到十磅的排泄物和垃圾，里面有瓜子壳、草纸、剩汤剩饭、擤鼻涕的纸——有的人擤了鼻涕往墙上一抹，旁人又来抹一下，细菌就传到别人身上去了。所有人应该注意垃圾的卫生，政府应该指定垃圾厂。

污水、洗脸水、病人的洗碗水里都埋伏着敌人，遇到机会就起来了——因为它的身体很轻，空气干燥，就容易爬起来。

应该杀灭昆虫，因为昆虫也为敌人进攻路线之一，使用蚊帐和灭鼠灭蝇，消灭虱子也是不能忽视的——常晒被、洗澡可以免除传染斑疹伤寒。阿比西尼亚军队，有百分之三十是被虱子消灭的。

《新中华报》1939 年 5 月 16 日第四版

八路军军医处筹备卫生展览

八路军军医处为着加强本军及陕甘宁边区保健工作，提高军民卫生常识，推动全国卫生工作起见，特发起举行卫生展览会，于“七七”开幕。昨假延市卫生人员俱乐部召开筹集大会，到会者有中国红十字会各队、防疫队及边区各卫生机关代表三十余人，当推选……军医高自立同志等为筹集委员，常委会正副主任推姜齐贤、王奇才两同志兼任，下分设秘书股、征集股、设计陈列股、宣传股、总务股，各股人选已确定，即日开始工作，向前后方卫生机关征求陈列品云。

《新中华报》1939 年 5 月 23 日第三版

延川红十字会发起筹募慰劳抗属加战时生产

在坚持长期抗战的过程中，补充财力物力是保障胜利条件之一。在今天的延川，因战争致使生产力不足，将影响到人民生活。该县红十字会为改善人民生活及增加战时生产和救济抗战军人家属，使前线各个战士兴奋杀敌，安心抗战，争取最后胜利起见，发动募捐号召，各界同胞均解囊赐助，踊跃的筹募，兹将筹款数目详列于后：

县公署三十五元三角

县政府八元

县委六元

抗敌后援会九元二角

城市商会三十二元

八路军一一五师供给部二十元〇九角

永坪镇二十五元

中区镇延水关四元

禹居区镇三元

东阳区五毛洋火二包

共计一百四十三元九角

《新中华报》1939 年 6 月 25 日第四版

病人的福音　边区医院扩大
特附设护士训练班及化验室　保证看护周到病者早日康复

（安塞讯）边区医院自改由边区政府领导后，即在安塞兴修窟洞和房屋百余间，现已大部分完工，该院亦早于上月十五日起，开始收容病人。

该院现有规模，已较前大为扩充，全院工作人员即已增至百人以上，将来拟收容病人百余人。为使看护周到，已附设护士训练班，训练大批护士，现已由各机关学校调来数十人，俟人数到齐，即可正式开始上课。

该院治疗共分内、外、产妇和小儿等四科，并为求得病人早日康复及诊断正确计，特开一化验室，除原有之 X 光线外，更添置显微镜及其他化验仪器多种，以充实化验工作。工作人员除有特殊工作外，一律参加生产，每天上山劈柴，以求燃料之自给。并且还去扛木板，帮助建筑工程早日完成，且可藉此改善伙食，改良大家的生活。该院一俟工程全部完成，即举行落成典礼，届时必有一番盛况。（江平）

《新中华报》1939 年 6 月 25 日第四版

记一个模范休养所

邓友民

奔流的延水，到了××驿以东，它环绕着疏落的村舍，在这里，人们常常可以看见一列一列的担架，抬着光荣负伤的“彩号”或积劳成疾的病员来了；苍白的脸色，伴着不断的呻吟。也常常可以看到一□一□伤病痊愈的健儿，愉快地高唱着歌声，离开这里重上前线杀敌或回到工作中去。这便是××兵站医院的模范修养所——第一所。

第一所之所以能够得上“模范所”底荣誉的标志，绝不是偶然的：它有许多优良的作风值得学习。

这里的工作人员，从所长、指导员，一直到护理员、炊事员，他们不但对工作有着高度的责任心，同时更可宝贵的，他们对休养员发挥着无限革命友爱的热情，使每个伤病员都感到像受了慈母底爱抚般的温慰！尤其对因重伤或重病而感受痛苦的同志，他们一点也不怕麻烦的守护着，用种种方法去减少伤病员的痛苦。伤病员需要临时找医生看看或要点药什么的，不管什么时候，他们从没有拿“过了办公时间”或“不到办公时间”之类的话来搪塞过。一些小毛病——如沙眼之类，他们也细心地替你治疗，总希望一个休养员在出院的时候，成为一个完全健康的人。所长、指导员常常到各病房去慰问并征询他们的意见，态度是非常诚挚与友爱的。

在医疗方面，不得不感谢红十字会第二十三医疗队。开刀的手术都由他们担任；他们每天冒着烈日——有时还淋着雨踏着泥泞跑十里山路从××驿来到一所为伤病员换药，从没有间断过。他们为抗战服务的热情，博得了休养员们崇高的敬佩，大家献给该队五位大夫及护士两面荣誉的锦旗。

一所工作同志不但热烈的工作着，并且还努力参加生产。在河边天天有几个同志在不断的浇水，灌溉着一块棋盘似的菜畦，那里面长满了肥硕的蔬菜，是他们劳动底果实。靠了这个，从夏天起就很少□小菜了。同时他们种在山坡上的谷米，已经低垂着沉重的穗子，等待着他们去收割呢！

不但工作人员在紧张地学习，去提高他们的医疗技术与政治文化水平。休养员只要可以下坑的，都被“自学会”吸收在学习的浪潮里。甲组讨论，乙组上课。休养员同志们，非常关心着时事问题。前几天，一位从延安来养病的同志，听了一些□完全的国际新闻，因此知道了苏德协定的事。对这个问题大家讨论了两个半天，凭各人过□对国际问题的常识来分析这个事情，争论得很起劲。过了一个多星期，得到登载有这个问题的新中华报，才澄明当时的某些见解是错了，某些见解是对的，做出了比较正确的结论，才给乙组报告。在院里的同志们都希望报纸能够早些寄到。一所负责同志也很注意休养员的文化粮食的供给，能够把仅有的两份报纸先送到病室里去传观。

模范所的模范的地方是太多了，如像给餐方面的力求改善，对清洁卫生的讲求，消毒的严密，工作人员对人态度的和蔼可亲，大家的亲爱团结……我们希望其他的休养所虚心的去观摩、去学习，赶上模范的一所，同时也希望模范的一所不以今天的成绩为满足而更加进步。

《新中华报》1939 年 11 月 10 日第四版

白求恩同志给聂司令等的信

聂司令
保管委员会巴克白劳德
援华委员会李姆博士
亲爱的同志们：

这个报告是加拿大—美国流动医药队从一九三九年二月二十一日至七月一日这个期间内的工作检讨——这是四个多月处于非常紧张中的游击战争情况下在冀中所进行的工作。我已经提出了关于二月和三月的工作报告，内附对卫生事务建议改进的三个备忘录。

（一）在这四个月的期间我们医药队经过了四次战斗——三月十四到十九在留韩（译音）（在越渡滹沱河的地方），四月十五在大段汀（译音），四月二十六到二十八在吉会（译音），五月十八在宋家庄（译音），在这几次会战中医药队离火线始终没有超过八里地，有时甚至还要近些。

（二）在战地实施手术的总数有三一五次——初次护士的包扎不计在内。

（三）在冀中走过的总距离，有一五〇四里（五〇〇哩）。

（四）建立手术室和包扎所十三处。

（五）组织了两个新的流动救护队（一队为刘将军的队伍服务，另一队为贺龙将军的队伍服务）。

（六）给医生和护士的训练课程有两种。

注释：

（一）四月是我们最忙的一个月。在吉会的战斗中四百作战的日军伤亡了三四〇人。我们的伤亡有二□〇人。医药队驻在离火线七里的地方，在六十九小时不停的工作中给一一五名伤者施行了手术。

（二）医药队在河间东北四十里的杨家庄险些被俘了。上午五点钟的时候我们先于十分钟之前接到警报，离开该庄之一头，而四百敌军便进来了。由于我们那有能力的经理员（龙同志）的机敏工作，并由于全体队员都骑了牲口，将所有的医疗器具装于鞍袋之中，全体队员和装具都得保全了。如果我们像平常那样携带装具，那就得像骡子一样丢弃。病号们或是藏在草丛里或是由老百姓背去，一个也没有被俘获。

（三）给两个日本俘虏（受伤的）施了手术，（一个裁去了一条腿），十天之后两个俘虏都归还河涧敌方去了。

（四）有十五次手术没有实行麻醉，因麻药用完了，我们缺乏防腐剂和棉纱，但以后从保定得到了一些。

（五）在吉会以及宋家庄，我们手术室所在的庙宇被炮火燃烧了，可是我们的队员并无伤亡。

（六）一千多受伤者从冀中运到冀西是胜利的完成了，一个也没有失落。因为这个行程是很危险的，所以应当对司令部及情报部的工作致最高的褒誉。所中受伤者都是乔装老百姓而搬运的。

（七）在冀中没有医院。六个分区中旧有的医院都是迁到西方去了，卫生工作便由团旅游击支队卫生队负责。希望我们所能建立的流动救护队（实际是战地医院，不过设备是暂时的简陋的）的老例能广泛的实行起来，今年可望建立七个这样的救护队（每一个师或游击队的□区都有一个）。

（八）在冀中大部分的地方药剂的供给是很缺乏的。从××采办发生了困难，教士们被严密的被监视着。一批药剂在途中会被日本人检查，当运往某教会医院，当时该日本人等遂将所有瓶子和包裹登记起来，以后到教会去验看。教会报告说药剂被游击队“劫”去了，以解释药剂没有到来的原因。

（九）我们发明了一种新的运输方式。搬运战地医院的农具，携带一个手术室、一个包扎室和一个药方的全部。所有必需品足够施行一百个手术、五百次包扎以及五百的药剂的装备，可用两个骡子来驮运。我正在写一本书名曰《游击战争中师战地医院组织和技术指南》，那里对这种运输方式将有一个描述。

（十）附上到最近的支出账目（账目从略）。

（十一）末了，本队在六月底离开冀中，因为当时雨季正在到来，短期内预料是不会有战争的。我必须感谢全体司令员（特别是贺龙将军和刘将军）和全体战士们对我们热烈的招待和经常亲密的合作，并致敬礼！

诺尔曼·白求恩

晋察冀军区医药顾问

一九三九年七月一日寄自冀西新柏（译音）

附言：

我相信每个人对于在距前线仅一、二哩的战地能胜利的施行手术都感到快慰。不仅能在那儿施行，而且是必须如此的。为了举例说明这点，我愿意述及两个被步枪子弹穿过肠子的伤者施行手术的情形：第一个伤者是在受伤后十八小时施手术的，第二个在受伤后八小时。两个伤者的伤状几乎是相同的——子弹是从与肚脐平行的地方进入腹内。两者的大肠和小肠都有十个穿口和裂缝，同时粪便逸入腹腔去。（包括有蛔虫）。两者又都因肠间膜动脉管的破裂而大量出血，使腹内积满了血。两者都是在夜里在一个肮脏的菩萨庙里，在蜡烛和手电筒的光亮下施行手术的。第一个伤者次日便死了，但第二个则平安的痊愈起来，虽然在第□个星期内每天夜晚要在简陋的担架里被搬运六十里。生与死的区分，就是八小时与十八小时的区分。

有两次灌注血液的手术是在前线很困难的情况下施行的。我请你们注意董同志（我们的译员），由他第二天（在四个月内）捐赠血液又救活一个人的生命！注意张医生，他在捐输了三百立方□的血液之后又继续工作了十二小时。

对于折断腿骨，使用托马斯式铁制夹板的成功是表现出来了。这需要经常实施，特别是在冀中那儿往东往西的长途输运一定要实行的。不幸我从美国带来的橡皮膏用完了，我们没有胶布或收缩性的绷带可用了。

很大数目的受伤者，他们的伤处得以及早开刀，因而避免了发炎，能在一个月内归队服务，颇为全体司令员所赞许。

当时对于这种治疗有着两个重要的障碍：

一、医生们没有训练，二、即使外科医生有擅长的话，也没有外科器械提供他们使用。

我已回来彻底的下定了决心，因为教育本地区的医生和护士是任何外国医药队的主要任务。

诺、日、（吴文寿译）

《新中华报》1939 年 12 月 2 日第四版

八路军军医院

（本报专访）医生同志们的工作很忙，根据一两个月的情形来讲，患内科的比较多，这里有时可以收容到一百七十八十个人。医生们整天为了工作，不辞辛苦的耐心的细心的为病人诊治着各种不同的病症。并且他们还经常举行着医务座谈会，来讨论一些关于医务上和实际上发生的问题。

谢谢！国际朋友们

这里更值得我们提及的，就是我们的国际友人——印度援华医疗队的三位印度医生同志也在这里很辛苦的工作着。他们非常热心地忍受着生活的艰苦和工作上的限于物质条件的诸多困难，用着正义感和人类伟大的同情，来帮助了我们边区的艰难困苦的医疗工作。当记者怀着极度之敬意与谢意去访问安德华队长及巴思华、柯棣华两位同志时，他们在满面工作的愉快的微笑中和记者谈话，对边区的艰苦奋斗表示了极大的同情。

工作之余　还要学习

说到这里的护士同志，她们都是住过抗大或陕公的学生，又跑到卫生学校去学习，几个月后便到这里来担任着相当艰苦的看护病人的工作。她们用着青年人的纯真热爱的心情，来耐心与细心的善于体贴病人，看护病人。这里有医疗护士和助理护士，她们四十个人分成三班，轮流的工作着，每天保证能有八小时的工作时间。其余便是学习，每天听着医师的指导，上着医务课，增进医学的知识，探讨着医学上的问题，并且与每天的实际工作联系起来，从实践中更获得增进理论上的修养。对于革命的理论，抗日救国和解放民族与社会的道理，他们也都尽量抽空去学习。这些年轻的女同志们——她们每天在努力着，不间断的，紧张的工作着又学习着。

充满了革命友爱

在医院里充满着亲密慈爱温和的空气，医生和病人，护士和病人，都成了一家人的那样彼此关心着。夕阳下病人扶着拐杖踱出病室来散步，印度医生同志到□被病人迎接着说笑，护士们，青年的女儿们响起了欢愉的歌声，似乎是在给着病人一种欣快的安慰。

医院的一般情形就是这样。医院的工作同志们正在人力物力诸多困难条件之下努力着，他们愿望着，务使痛苦的病患者到这里来很快解脱痛苦，在肉体上与精神上能得到更多的满足与安慰。他们现正在初创的基础上为建立一个边区的更高模范而努力，相信在这样的不断努力于积极工作之下，我们的八路军军医院将更臻于完善与模范的地位。

《新中华报》1939 年 12 月 3 日第三版

中央医院访问记

叶　澜

记者于日前往访新成立的中央医院，承兼该院院长的中共中央卫生处长傅连暲接待引导参观，兹志内部情况如后：

中央医院设有妇产科与内、外科，割分做几个病院。产科是该医院中主要的一部分，平时可容产妇二十五人。另外并附□有一个婴儿室，将初生的孩子和母亲分开，一统集中在这里，由护士专门照料。这室中有着很好的设备，以谋得婴儿的健康。现在室内正有着十个婴儿，那新生的生命，□藏在雪白的被褥下，安然熟睡在小小的摇床里。

这里有预备室、接产室，还有一个手术室，手术室内置备着一套比较齐全的器械，已够普通一般施行手术的应用。

至于妇科有五个病室，内科有五个病室，外科有七个病室，另外还有四个隔离病室。全院最高可容到一百病人。现在住院病人有五十多个，这是一个经常的记录。住院者以产妇为多，内外科病人较少。

在药房中存贮着许多的各样的药品，其中有一些，就是我们自己的出品——为八路军制药厂所制造，如经变通、壮□神，以及氯化钙、悦□夫拉文、福白龙、廉福邦心等多种的注射剂。这些药品有十几种，现在被该医院采用着，据说是成效很好。处在医药极短缺的今日，我们治疗疾病，许多医药品的需求供给，正需要我们自己来研究制造，以谋得解决的。

说到医生——这里他们改称为医疗员。该院现有六人，如产科与内、外科各设有主任医生。他们虽然分工，却在密切的彼此协助着。这里的医生大都是在边区医院或八路军军医院服过务，他们热忱的辛苦的从事于边区的医务工作已经有一二年，有着很好的成绩。一位魏一斋医生，过去是军医院医务主任，现在是中央医院的医务主任。一位金茂岳医生，过去是在边区医院服务，是中国红十字会第卅五队的队长，现在担任着中央医院的妇产科。此外还有邵、刘等医生。

至于护士——这里他们改称为护理员。现在只有十六人，她们的工作确是够忙的，平均要一个人护理照顾到三个病人。她们做着医疗工作和勤务工作，整日着穿着清洁的白衫来去于各个病房中，她们伺候病人不分昼夜。虽然她们工作辛苦，然而她们工作很热情，她们是受过中学教育的女儿，现在贡献自己的力量于革命的医疗工作。然而她们却是未受过护理训练的一□，现在只有在迫切的工作需要中来学习。医院里为她们设立了训练班，规定了课程表，每日里有一点钟医□课，由医生教授着医药常识与技术修养。另外每周有四点钟的政治课，这是在夜间，由中央干教部派人讲授党建的。这第一批已经自九月间开始了。

医院里悉心于病人的生活，对他们的饮食，尽量的向改善方面做去。现在每个病人每日药金二角钱，一般吃着大米和面食，也吃着肉和鸡。另外预备着牛奶等流质的食品，以供特殊病人需要的营养。医生为他们□，在每日晨至午为治疗时间，每逢星期二四六举行会议。

中央医院自九月六日起就已开始工作，收容病人；其后又经过充分的筹备，乃于十一月七日——这一个充满着光明的人类历史上最伟大底节日，举行了正式的开幕。

中央医院是中央直接领导下的一个医院，它的建设方向，无疑的是走上了“最高的模范”的道路，它今日已有着良好的基础，在这一座为医治调养“民族的珍宝”底疾病而热忱的工作着的人们底努力下，在不断的克服困难中，并将会受到更多的外来的帮助，中央医院在今日建立了自己胜利前途的路标。

《新中华报》1939 年 12 月 13 日第三版

国际工合委员会捐款十万元帮助边区开发毛织工业

（本报特讯）今年九月间，中国工业合作国际委员会委员斯诺先生，及全国工业合作协会委员孟用潜先生等，来边区视察工合运动，后对边区工合事务所所办之合作成绩大为赞许。二氏为解决边区经济困难及开展边区工业合作事业起见，斯诺先生曾允在工合国际委员会之捐款项下拨款帮助边区工业合作事业的发展，现已由工合西北办事处转来中国工业合作国际委员会经募的马尼拉区捐款十万元，并指定此款为发展边区毛织工业合作事业之用。闻工合延安事务所自接到此项捐款后，正积极筹备，建立厂基，购置机器，招请工友，聘请技师等。国际工合此种热心的帮助，边区毛织工业将有更大的发展。

《新中华报》1939 年 12 月 23 日第三版

第二十三医疗队

记得平型关、□□等地的战斗结束以后，那些因战斗而负伤的英勇战士们开始成批地向着黄河西岸转运的时候，西北的大地是那么的寒冷和荒凉呵！连片的荒山，覆盖着重重的白雪。

为着执行我们的战斗的任务，为着救护这些参战而负伤的将士们，我们——中国红十字会二十三医疗队，在总会派遣下，冒着北方寒冷的冰雪，来到了陕北

那是一个清楚的日子——一九三九年×月×日，我们接到八路军军医处的通知，指定我们到××医院工作，当我们那样兴奋的去那个医院时，一路上欢迎我们的标语是那么新鲜而悦目呵，我们快乐地想着：将一个何等重大的任务和工作，在我们几十个的肩上担负起来。

到指定地点我们略事参观后，我们就在这个医院里住下了，在严重而紧张地工作里我们想不到休息，天天为着施用手术、检查伤病、敷药，为着医院医疗单位的零散，我们每天还得到医院十里以外去工作，在艰苦的生活中，我们耐心地看护负伤的病员。短短的一年来，我们医好了四〇二九五人，检查了病员一五九〇人，施行手术六三五人，由于我们组织与分工的确当，队员们工作热忱是提高了，因为医院里的热心帮助我们，一年来获得了这些惊人的成绩。

对于医院的工作人员与休养员，我们是能够善于运用统一战线的工作，外边那些技术工作者的高傲自大，在我们已经不再有，在我们是完全战胜了它。我们对他们互助互让，精诚团结。我们用全部精神来照顾这医院里的负伤将士，艰苦工作，我们获得了该医院负责人的信任和嘉奖：我们做到了医院工作，无论是生活上、学习上，做到了真正的与负伤病员打成一片，我们关心着负伤病员的痛苦，经常的给伤病员解释他们在休养中某些医疗上所怀疑的问题，我们帮助伤员解决困难，改良他们的生活，我们甚至在极少数的办公费里每月抽出六十元的公费作为补充他们营养的费用。负伤病员的每次出院，他们对我们的热忱，是说不出的热忱，他们那么坚毅的对我们说："我们一定在战场上多杀几个鬼子来报答你们。"

其次谈到我们的生活，那是非常紧张地，我们的口号是"工作第一"。学习方面，我们在实际工作中研究了医药知识与技术，有组织有计划的阅读报章杂志，我们在医院当局领导之下，我们组织了医学研究班，每周休息日都进行讨论和请人报告。我们欢迎一切人走进我们手术

室来，我们给他们详细解释如何进行手术的情形，此外我们并负责教育医院里的护士员。

谈到我们的手术室，虽然内部并没有很多的设备，但是在这中间却医好了无数的伤病员。这个手术室是得到无数的伤病员怀念和爱护的，在里面挂着负伤病员赐送的纪念品，八路军总司令送的一面绿色的旗帜。

二十三队这支年轻的队伍，为着救护成千百万的负伤战士，在艰苦的工作，我们相信二十三队会在侯道之、谢景奎、李汇文正确的领导下要坚强，更能创造更大的成绩的。

《新中华报》1940年2月21日第四版

中国红十字会第二十三医疗队离延　军医处特设宴欢送

（本报讯）中国红十字会第二十三医疗队，自前年春来延，已历时二年有余。此二年中，先后工作于边区医院，第□后方医院，拐峁驿休养所，及第□兵站医院等处，医治伤病，帮助边区医疗工作之发展，成绩斐然。顷悉该队奉总会命他调，八路军军医处特于二十一日下午设宴欢送，到该队全体及本市医药界同志。席间，觥筹交错，相与话别。是日晚复于中央大礼堂举行干部欢送晚会，到千余人。晚会开始，后勤政治部副主任报告开会意义后，即由周恩来同志致欢送词，略谓廿三医疗队在边区工作已经二年余，以其医术优良，设备齐全，使边区医疗工作获得不少帮助，该队同仁工作努力，不辞辛苦，实为感激，末谓该队在边区工作时间较久，对边区一切情形洞悉，希此次离延后，能将边区真实情形，报诸国人，以揭破奸人之造谣污蔑等语。继即请该队队长侯道之先生讲话，彼对该队在边区工作期间，蒙边区政府各界人士之关怀帮助，深致钦谢。

□西盟游击司令奇玉山将军因公赴渝，道经延安，是日参加晚会，周恩来同志并致欢迎之词。奇氏于彼之讲话中，谓蒙古人民是反对摩擦，彼等所要求者，历为全国团结一致，抗战到底。

晚会节目由旧剧研究会演出“失街亭”，直至深夜始散。

《新中华报》1940年4月26日第二版

三、《八路军军政杂志》资料集锦

八路军军医院

田　野

现在经过八路军领导者的积极努力，加以爱护正义的国际友人（特别是印度朋友们的援助），它便在人们的期盼中艰苦的诞生了。首先在医药方面说，一般的普通日用药，尚称齐备，尤其近来因国际友人，印度援华医疗队的援助，带来了大批药品，而且有不少的珍品。

现在可以这样说，在全八路军、全边区，军医院手术器械的，无疑义的是首屈一指的。如五官科手术器械、接骨科手术器械，价值数千元，据说头盖骨也可以取开，这在八路军是从来没有过的。这些都是印度援华医疗队捐助的。

我们亲爱的国际朋友，外科专家安德华和柯棣华正用他们熟练的手，细心地，把那些豆大的弹片，从民族英雄的血肉中取出来！这简直是一幅动人的画面呀！

在此要特别值得报告的，是印度救护队的医生。他们在中国工作的共五人，队长是参加过西班牙政府军抗战的安德华博士，（他们）都是经验丰富的专家，除二人留边区医院工作外，在军医院工作者为安德华、柯棣华、巴斯华三人。他们对工作是这样积极负责：不论割治大小病症，两位外科专家安德华与柯棣华（巴斯华是五官科专家），大半亲自动手，常常一天割治十多个伤员。他们在烈阳下跑来跑去，汗水从他们黑亮的额头上滴下来。他们是活泼愉快的生活着，“我感觉最大的不快是语言不通！”柯棣华这样说。也可说是他们三个人的同感，因此他们在积极的学习着中国话，尤其是柯棣华，普通中国话已经能够脱口而出，虽然他们来中国不过三四个月的光景。

在开荒的热潮里，医生们也脱去白衫，扛起锄头，作了和山野搏斗的劳动英雄。特别印度医生们，热烈地参加到我们的生产队伍里来，在一起流汗，高唱着我们听不懂的印度歌。

《八路军军政杂志》1939 年第一卷第六期

印度救护队访问记

马寒冰

……第八路军政治部、第八路军军医处、鲁迅艺术学院为他们举行了一个很充实的晚会。中共中央的领导者，中国广大人民的领袖毛泽东同志，王明同志等亲自接见了他们，这些都表现出中印两民族，在烽火遍地的中国、在模范抗日民主根据地的边区，是怎样热烈地拉起手来，共同为着反法西斯斗争而努力。

（爱德华）他说我不但要到中国，而且要到陕北第八路军工作，我的理由是：陕北交通不便，医疗困难，如果我用同一个力量在别的地方工作，并不见收到怎样大的效果，而在八路军则起着相当大的作用，所以我很坚决地参加八路军……

（爱德华）他说："我们真没有想到八路军能够利用各种方法来克服困难，如第□兵站医院利用大水锅代替消毒器，军医学校利用自行绘制的来代替各种模型和标本，利用中国的柴胡代替阿司匹林。这些都不容易使人家相信。然而，今天我亲眼见到了这个奇迹。"

他们在这里工作获得了全边区人民的爱护和欢迎，这可以从毛泽东同志致印度国民大会的信中看出来："印度国民大会的同志们：你们派来的印度救护队，他们非常努力，和我们过着同样艰苦的生活，八路军的同志们都欢迎他们，今逢祝启华大夫暂时回国之便，敬写此信，表示我们的敬意和谢忱！毛泽东　五月十二日"。

《八路军军政杂志》1939 年第一卷第七期

哀悼诺尔曼·白求恩博士

马海德

在替别人施行手术时不幸受了伤，之后又受到致命的传染，虽然费尽了各种方法，他终于在一九三九年十一月十三日离我们而长逝了。他本来打算在十一月间离开中国到美国去，为八路军作战地区进行讲演及募捐。在离开之前正在清理着他的工作，他感觉到华北部队中的伤员病员之需要外间的帮助是十分迫切的，他要尽一切力量来为他们解决这方面的需要。

白求恩博士生在十九世纪的八十年代，作了三十五年以上的医疗工作，第一次世界大战时曾服务于战场，回到加拿大去之后，一方面行医，一方面从事于研究工作；后来担任了加拿大空军军医队的队长，同时在这些年里依然继续研究工作，在肺部外科工作中成了唯一无二的先驱。他自己患着肺病，他对肺部治疗的外科手术发生浓厚的兴趣，在肺部手术的实施上成了第一等的专家。他大大的改进了这方面的技术，发明了许多种的手术用具，遇有肺部生瘤或肿溃的时候，能够把整个的一页肺取出来，这样可以救治许许多多的生命。他成了一个世界闻名的专家，曾被世界上几个最大的医科大学聘去讲授肺部外科治疗，他被邀请加入皇家医学院外科学士会做会员——这是一个外科专家所能得到的最高荣誉。

所有的这些工作和成就，都不能够满足他内心里的要求，他总在追寻着更能使他自己服务于那真心需要他的人们——劳苦大众，他知道他的心应该放在那一边，他在不断地向他的目的努力奋斗。但是他所选择的道路并不一定是清楚的，经过了几年的痛苦摸索之后，他终于在工人阶级先锋的组织里满足了自己的期望，他加入了加拿大共产党，成为一个非常积极的党员。

西班牙战争爆发以后，他随同加拿大志愿军到西班牙去，领导一个医疗队的工作，服务了一年多，创办、组织、建立了西班牙伤兵的输血工作，在这一方面还是一个创举。到后来，在他领导之下，整个西班牙政府军里都建立了分所。在他这一件工作上得助于苏联已经实行的“封管血液”法——把新鲜血封装在管子里，携带便宜，随时可用。在他早年的战争经验里，对于输血法便发生很大兴趣，后来在这方面成了世界上的高等专家，大大的帮助了对于伤兵的治疗，救活了不计其数的生命。

他回到加拿大和美国去，为西班牙政府军进行医疗募捐，这期间，抗日战争爆发了，他被请托带领一个美国加拿大医疗队到中国来。

两年之前他到中国来，在八路军里工作，他不仅随身带来了大批的药品、埃克斯光等等东西，而且他自己一身就兼具了高度的政治觉悟、高妙的医疗技术和真正的组织能力，这从他两年来做的惊人的工作中就可以清楚的看出来。所有认识他的人或是跟他在一起工作过的人，都可以证明他在各方面都进行了难以计数的工作。

在医疗工作方面，他工作的记录是非常令人吃惊的，他总在不知疲倦的工作，有时候甚至在一天之内替十个以上至十五个人施行手术，在一个月之内他平均要替一百三十个人施行手术，而在去年一年之内，经过他施行手术的要超过一千人以上。这里是他在四月到八月一日四个月间的一个典型的工作记录：施行手术三一五人，走路一五〇四里，建立了十三个不同的医疗站和救护站，组织了两个手术治疗队，为了医生和护士的深造，主讲了两种课程。在这一期间，他个人还亲自领导一个手术治疗队在前方工作，离开火线从来不会超过八里地，他的绝大部分的治疗工作，是在这样靠近火线的地方进行的。有一次他在炮火之下施行手术，炮弹就直落在临时手术室的对面，在战斗结束后四十九个钟头之内，他一气割治了七十一个伤兵。

若要对失血过多的伤员施行手术，首先必须准备他所失去的血量才有可能，在这样的情况下，白求恩博士运用他在西班牙的医疗工作经验，用输血的方法来解决了；可是这儿没有苏联的“封管血液”，是要从健康的人直接取出，再注射到伤员的身上去，因此他积极发动组织一个健康人的血液队，专供失血过多的伤员补偿血液。在起初没有人愿意，因为当地的中国人民对于输血是不懂的，于是白求恩博士以大无畏的牺牲精神、高度的国际同情心，以身作则，取出自己二百西西的血液为一个伤员注射从而使伤员得救。

就在他从事医疗工作期间，他还做了许多其他的工作，他写了三本关于战时救治的著作，他设计“流动手术治疗队”的组织，这样的治疗队要紧靠火线几里地以内，以便腹部、胸部和脑部重伤的能够在几个钟头之内施行手术。这样的设计，世界上他算是第一个人，这类的伤口一过二十四个钟头便无法治疗了。他组织了一个模范实习医院，主持了五台山第一个医务训练班，他又是“国际和平医院”的院长，该院的高度技术水准和惊人成就，在八路军里获得了极高的声誉，这都不能不归功于他的主持。他的口号是：我们要到受伤的人那里去，不要等受伤的人来找我们。这个口号他是百分之百执行了的。

《八路军军政杂志》1939 年第一卷第十一期

介绍八路军中的一个国际朋友

董均伦

他的名字叫 B. K. BASU——巴素，是一九三九年春到边区来的印度援华医疗队的一名队员。

他生于加尔各答，毕业于加尔各答大学医学院。在学生时代，即参加社会活动，为了印度民族的解放，加入了印度国民大会为常年会员。

当印度国民大会决定派遣医疗队来华的时候，巴素同志最热烈的首先报名参加了，但中间经过了许多波折。因为每一个队员都需由英总督府审查，巴素同志想尽了许多方法，才得被选录为医疗队队员。

由印度出发，所经过的地方，都受到华侨的热烈欢迎，在香港他们又遇见了宋庆龄先生，告诉了他们中国抗战的一般情形，使他们更加兴奋。

医疗队经过粤、湘，到了汉口，帮助中国红十字会作医疗工作。后来，又到了重庆，在山城里的战时行都休息了几天，巴素同志就提议来边区。

他们到了边区，受到中国共产党和边区人民的热烈欢迎。他们五个人中，两个在八路军卫生学校任教授，其余的工作于八路军军医院。巴素同志在医院里任着五官科的职务。

全院五官科病人最多，每天只就门诊的人就在二十人以上。七个月的统计，五官科共施行大小手术八十六次。

巴素同志不仅在医学上有着熟练高明的技术，同时对革命理论也有相当的素养。这是他在医疗队中超人的地方。

每日生活简朴，但吸烟卷是他最凶的嗜好。

数月以前，他代替了逝去的国际友人白求恩大夫，到前方服务，迄今还辗转于晋察冀边区的各个战线上，为英勇抗敌的八路军做医疗工作。

《八路军军政杂志》1939 年第二卷第八期

八路军中的国际友人——穆勒

董均伦

他叫穆勒——M. MUDDLER，犹太人，生于德国柏林，父亲经商，积蓄颇丰。高中毕业后，他考进柏林大学医学院，打算学一手医学技术。

一九三八年，他在《国际通讯》杂志上见到登载的介绍白求恩大夫参加中国抗战的通讯，在这里使他认识了中国共产党领导下的八路军。

1939 年暑假毕业后他便只身前往中国，在延安受到八路军和全边区群众的热烈欢迎。他在八路军军医院作外科手术医师，每天平均作两三个大手术，剜枪弹一类的手术还不在此列。

工作了将近三个月，他要求到前方去救治更多的伤病员。临行前，写了寥寥的五行字，寄给他那在德国纳粹压迫下的双亲，说他参加了中国共产党领导下的八路军。他在火线上的流动手术组里，救治着更多的为祖国而流血的战士。

《八路军军政杂志》1941 年第三卷第五期

主要参考文献

一、资料

贵州省档案馆藏：《中国红十字会救护总队档案》，全宗号M116。

贵阳市档案馆藏：《中国红十字会救护总队档案》，全宗号40。

陕西省档案馆编：《抗日战争时期陕甘宁边区财政经济史料摘编》，陕西人民出版社1981年版。

贵阳市政协文史资料研究委员会编：《贵阳文史资料选辑》第22辑《红会救护总队》，1987年编印。

中共中央文献研究室编：《周恩来年谱（一八九八——一九四九）》，人民出版社1989年版。

中央档案馆编：《中共中央文件选集》第11卷，中共中央党校出版社1991年版。

中共中央文献研究室编：《毛泽东年谱（一八九三——一九四九）》，人民出版社1993年版。

中国红十字会总会编：《中国红十字会历史资料选编，1904—1949》，南京大学出版社1993年版。

贵阳市档案馆编：《抗战时期的中国红十字会救护总队》（内部资料），1995年编印。

池子华、郝如一主编：《中国红十字历史编年，1904—1949》，安徽人民出版社2005年版。

贵阳市档案馆编：《战地红十字——中国红十字会救护总队抗战救护实录》，贵州人民出版社2009年版。

中共中央文献研究室、中央档案馆编：《建党以来重要文献选编（1921—1949）》第九、第十四、第十九册，中央文献出版社2011年版。

池子华、严晓凤、郝如一主编：《〈申报〉上的红十字》，安徽人民出版社2011年版。

中共中央党史研究室第一研究部编：《共产国际、联共（布）与中国革命档案资料丛书》第18卷，中共党史出版社2012年版。

池子华、张丽萍、傅亮、汪丽萍主编：《〈大公报〉上的红十字》，合肥工业大学出版社2012年版。

池子华、丁泽丽、傅亮主编：《〈新闻报〉上的红十字》，合肥工业大学出版社2014年版。

池子华、崔龙健主编：《中国红十字运动史料选编（第1辑）》，合肥工业大学出版社2014年版。

池子华、丁泽丽主编：《中国红十字运动史料选编（第2辑）》，合肥工业大学出版社2015年版。

马强、池子华主编：《红十字在上海资料长编（1904—1949）》，东方出版中心2015年版。

池子华、欧贺然主编：《中国红十字运动史料选编（第3辑）》，合肥工业大学出版社2016年版。

池子华、阎智海主编：《中国红十字运动史料选编（第4辑）》，合肥工业大学出版社2016年版。

池子华、丁泽丽主编：《中国红十字运动史料选编（第5辑）》，合肥工业大学出版社2016年版。

池子华、李欣栩主编：《中国红十字运动史料选编（第6辑）》，合肥工业大学出版社2016年版。

池子华、崔龙健主编：《中国红十字运动史料选编（第7辑）》，合肥工业大学出版社2017年版。

池子华、李欣栩主编：《中国红十字运动史料选编（第8辑）》，合肥工业大学出版社2017年版。

池子华、刘思瀚主编：《中国红十字运动史料选编（第9辑）》，合肥工业大学出版社2018年版。

《中国红十字会月刊》《中国红十字会会务通讯》《红十字月刊》《救护通讯》《总会救护总队部工作简报》《新中华报》《新华日报》《解放日报》《申报》等。

二、专著

庞京周：《抗战与救护工作》，商务印书馆1938年版。

行政院新闻局：《中国红十字会》，1947年编印。

［美］艾格尼丝·史沫特莱：《伟大的道路——朱德的生平和时代》

(梅念译)，生活·读书·新知三联书店 1979 年版。

[日] 日本防卫厅防卫研究所战史室编：《中国事变陆军作战史》(齐福霖译)，中华书局 1981 年版。

八路军西安办事处纪念馆编：《红色桥梁七贤庄》，陕西人民出版社 1982 年版。

中共党史人物研究会编：《中共党史人物传》第 9 卷，陕西人民出版社 1983 年版。

[美] 艾格尼丝·史沫特莱：《史沫特莱文集》(陈文炳、苗素群译)，新华出版社 1985 年版。

[印度] 曼凯西·桑塔拉姆·科棣尼斯：《永恒的桥梁——柯棣华大夫传记》(任鸣皋、皮美艳译)，河北人民出版社 1985 年版。

[新西兰] 路易·艾黎：《在中国的六个美国人》(徐存尧译)，新华出版社 1985 年版。

顾维钧：《顾维钧回忆录》，中华书局 1985 年版。

[美] 海伦·斯诺：《旅华岁月——海伦·斯诺回忆录》(华谊译)，世界知识出版社 1985 年版。

[美] 艾格尼丝·史沫特莱：《中国在反击》(陈文炳等译)，新华出版社 1985 年版。

[美] 艾格尼丝·史沫特莱：《中国的战歌》(江枫译)，作家出版社 1986 年版。

陕西卫生志编纂委员会办公室编：《陕甘宁边区医家传略》，陕西科学技术出版社 1991 年版。

[日] 石垣绫子：《一代女杰——史沫特莱传》(陈志江等译)，光明日报出版社 1992 年版。

王向东：《战争与疾病》，人民军医出版社 1993 年版。

陕西卫生志编纂委员会办公室编：《陕甘宁边区医药卫生史稿》，陕西人民出版社 1994 年版。

黄克诚：《黄克诚自述》，人民出版社 1994 年版。

中国红十字总会编：《中国红十字会的九十年》，中国友谊出版公司 1994 年版。

金立人主编：《上海抗日救亡史》，上海社会科学院出版社 1995 年版。

本书编委会编：《白衣战士的光辉篇章——回忆延安中央医院(1939.4—1950.8)》，陕西人民出版社 1995 年版。

吕荣斌：《周恩来在国统区》，中共中央党校出版社 1996 年版。

梅剑：《延安秘事》，红旗出版社 1996 年版。

［瑞士］亨利·杜南：《索尔费里诺回忆录》（杨小宏译），山东友谊出版社 1998 年版。

赖伯年主编：《陕甘宁边区的图书馆事业》，西安出版社 1998 年版。

沈庆林：《中国抗战时期的国际援助》，上海人民出版社 2000 年版。

孙柏秋主编，池子华、杨国堂等：《百年红十字》，安徽人民出版社 2003 年版。

［苏］彼得·弗拉基米洛夫：《延安日记》，东方出版社 2004 年版。

池子华：《红十字与近代中国》，安徽人民出版社 2004 年版。

王建朗、曾景忠：《中国近代通史》，江苏人民出版社 2005 年版。

军事科学院军事历史研究部：《中国抗日战争史》，解放军出版社 2005 年版。

池子华、郝如一等：《近代江苏红十字运动（1904—1949）》，安徽人民出版社 2007 年版。

朱鸿召：《延安日常生活中的历史（1937—1947）》，广西师范大学出版社 2007 年版。

池子华：《中国红十字运动史散论》，安徽人民出版社 2009 年版。

［美］埃德加·斯诺：《西行漫记》（董乐山译），东方出版社 2010 年版。

池子华、郝如一主编：《红十字运动与慈善文化》，广西师范大学出版社 2010 年版。

王奇生：《党员、党权与党争：1924—1949 年中国国民党的组织形态》，华文出版社 2010 年版。

池子华、郝如一主编：《中国红十字会百年往事》，合肥工业大学出版社 2011 年版。

戴斌武：《抗战时期中国红十字会救护总队研究》，天津古籍出版社 2012 年版。

戴斌武：《中国红十字会救护总队与抗战救护研究》，合肥工业大学出版社 2012 年版。

池子华、张丽萍、汪丽萍主编：《中国红十字运动的区域研究》，合肥工业大学出版社 2012 年版。

全国政协文史和学习委员会编：《四个时代的我：陈翰笙回忆录》，中国文史出版社 2012 年版。

［加］罗德里克·斯图尔特、莎朗·斯图尔特：《不死鸟——诺尔

曼·白求恩的一生》(柳青译),中国青年出版社2013年版。

池子华:《红十字运动:历史与发展研究》,合肥工业大学出版社2013年版。

池子华等:《红十字:近代战争灾难中的人道主义》,合肥工业大学出版社2013年版。

池子华等:《红十字:文化传播、危机管理与能力建设》,合肥工业大学出版社2014年版。

简海燕、池子华主编:《〈红十字会救伤第一法〉——孙中山唯一译著的整理与研究》,合肥工业大学出版社2014年版。

池子华:《晚清中国政治与社会》,苏州大学出版社2014年版。

马强、池子华主编:《红十字在上海,1904—1949》,东方出版中心2014年版。

池子华:《红十字运动:历史回顾与现实关怀》,合肥工业大学出版社2015年版。

袁灿兴:《国际人道法在华传播与实践研究(1874—1949)》,合肥工业大学出版社2015年版。

苏菲:《我的丈夫马海德》,作家出版社2015年版。

池子华:《红十字运动:历史审视与现实思考》,合肥工业大学出版社2016年版。

池子华:《红十字运动:历史传承与当代发展》,合肥工业大学出版社2018年版。

池子华等:《中国红十字运动通史(1904—2014)》,合肥工业大学出版社2018年版。

池子华:《晚清时期中国红十字运动研究》,科学出版社2019年版。

三、论文

马海德:《忆延安时期的体育生活》,《新体育》1980年第8期。

王启星、王彪、严卫民、陈联:《政协委员中的中国籍外国人》,《瞭望》1983年第6期。

赵安博:《抗日战争时期延安日本工农学校》,《历史教学》1985年第3期。

阎树森:《抗日战争时期对日本战俘的改造与中国共产党的人权保障政策》,《北京大学学报》(哲学社会科学版)1992年第1期。

杨天石:《保卫中国同盟与中国“工合”运动的珍贵文献——读宋

庆龄往来英文函札之一》，《中国社会科学院研究生院学报》1993 年第 2 期。

许祥文、王笑天：《人道主义的伟大历史实践——兼论抗日战争时期我军对日军战俘的保护与教育》，《南京政治学院学报》1996 年第 3 期。

焦彦芹：《野坂参三与日本工农学校》，《日本问题研究》1998 年第 3 期。

周秋光：《民国北京政府时期中国红十字会的慈善救护与赈济活动》，《近代史研究》2000 年第 6 期。

周秋光：《民国北京政府时期中国红十字会的国际交往》，《湖南师范大学社会科学学报》2002 年第 4 期。

朱文奇：《何谓“国际人道法”》，《武大国际法评论》2003 年第 1 期。

池子华：《抗战初期中国红十字会的战事救护》，《江海学刊》2003 年第 4 期。

池子华：《1937 年中国红十字会淞沪抗战救护简论》，《徐州师范大学学报》（哲学社会科学版）2003 年第 4 期。

邓红、郑立柱：《抗战时期晋察冀边区的疫病及其防治》，《河北大学学报》（哲学社会科学版）2004 年第 4 期。

池子华：《中国红十字会救护总队部的“林可胜时期”》（上、下），《南通工学院学报》（社会科学版）2004 年第 2、3 期。

池子华：《中国红十字会救护总队抗战救护的几个断面》，《苏州大学学报》（哲学社会科学版）2004 年第 4 期。

池子华、吕志茹：《“复员时期”的中国红十字会》，《河北大学学报》（哲学社会科学版）2004 年第 6 期。

池子华：《孙中山与中国红十字运动》，《光明日报》2006 年 1 月 6 日。

池子华：《略论孙中山对中国红十字运动的贡献》，《民国档案》2006 年第 4 期。

尚劝余：《尼赫鲁对中国抗战的贡献》，《抗日战争研究》2007 年第 1 期。

王玉贵：《论中国共产党的日本战俘改造工作》，《江苏社会科学》2008 年第 5 期。

吴佩华、池子华：《从战地救护到社会服务——简论抗战后期中国红十字会的“复员”构想》，《民国档案》2009 年第 1 期。

王元周：《抗战时期根据地的疫病流行与群众医疗卫生工作的展开》，《抗日战争研究》2009 年第 1 期。

池子华：《红十字会创建：中国慈善界“第一伟举”》，《中国社会科学报》2010 年 7 月 20 日。

戴斌武、池子华：《中国红十字会救护总队抗战救护述论——以武汉广州会战时期为中心》，《深圳大学学报》（人文社会科学版）2010 年第 5 期。

戴斌武、池子华：《抗战初期中国红十字会战地救护工作述论》，《历史教学》（下半月刊）2010 年第 9 期。

戴斌武：《中国红十字会救护总队与战时三合一政策》，《贵州社会科学》2011 年第 2 期。

董根明：《抗战时期中国红十字会组织的整建与救护工作述评》，《抗日战争研究》2011 年第 3 期。

孙国林：《马海德——“革命化”、“中国化”的美国医学博士》，《党史博采》2012 年第 6 期。

袁灿兴：《抗战时期的中国红十字会总会救护总队》，《文史天地》2012 年第 8 期。

沈荟、钱佳湧：《埃德加·斯诺的红色中国理想——斯诺访问苏区的动因探究》，《采写编》2014 年第 1 期。

徐锋华：《社团与政治：宋庆龄和保卫中国同盟研究》，《史林》2014 年第 2 期。

路银芝：《管窥我国抗战时期延安的体育实践活动》，《兰台世界》（上旬刊）2014 年第 2 期。

池子华：《孙中山：红十字文化中国化的先驱》，《中国红十字报》2014 年 8 月 15 日。

池子华：《她与“红十字”割不断的“缘”——宋庆龄对孙中山博爱精神的继承与弘扬》，《中国红十字报》2014 年 9 月 5 日。

池子华：《红十字人在敌后战场——中国红十字会抗战期间的敌后救护行动》，《中国红十字报》2015 年 7 月 7 日。

池子华：《抗战中一支不能忽视的人道力量——中国红十字会战时救护行动概述》，《光明日报》2015 年 9 月 5 日。

池子华：《鲜血染就人道之“红”——纪念抗日战争中为人道事业捐躯的红十字英烈》，《中国红十字报》2015 年 9 月 8 日。

匡胜、陈胜华、孙伟：《抗战期间共产国际、联共（布）对中共援助再研究》,《中国井冈山干部学院学报》2015 年第 4 期。

尹韵公:《斯诺笔下的毛泽东与抗日战争——兼谈 1939 年斯诺再访延安的几个问题》,《党的文献》2015 年第 5 期。

金兴礼:《史沫特莱、朱德和尼赫鲁与印度援华医疗队》,《兰台世界》2015 年第 25 期。

李洪河、李乾坤:《抗战时期国际社会对华医疗援助探析》,《中州学刊》2015 年第 10 期。

韩伟:《抗战时期延安日本工农学校的创建及其历史贡献》,《青海师范大学学报》(哲学社会科学版)2015 年第 5 期。

池子华、阎智海:《全面抗战时期国际红十字组织对华人道援助述论》,《史学月刊》2016 年第 1 期。

赵红、张思文:《21 世纪以来艾格尼丝·史沫特莱研究述评》,《延安大学学报》(社会科学版)2016 年第 4 期。

任中义:《试论史沫特莱对新四军医疗卫生工作的历史贡献》,《延安大学学报》(社会科学版)2016 年第 4 期。

池子华、傅亮:《中国红十字运动区域研究:理论与方法》,《河北学刊》2016 年第 6 期。

池子华:《从〈红十字会条例〉到〈红十字会法〉——中国红十字事业的法制化进程》,《中国红十字报》2017 年 2 月 28 日。

王向华:《伟大的国际共产主义战士傅莱》,《北京党史》2017 年第 3 期。

徐锋华:《周恩来与宋庆龄的救济福利事业》,《史林》2017 年第 2 期。

薛承:《抗战时期共产国际中国问题研究小组若干问题述论》,《中共党史研究》2017 年第 10 期。

叶慕安:《宋庆龄:“一朵永不凋谢的花”》,《党史文苑》2018 年第 3 期。

王海龙:《哥伦比亚大学藏毛泽东宋庆龄等抗战书信真迹的发现及解读》,《江苏师范大学学报》(哲学社会科学版)2018 年第 2 期。

池子华:《林可胜:图云关的“战地传奇”》,《中国红十字报》2018 年 3 月 30 日。

池子华:《宋庆龄:抗战时期的红十字“守护者”》,《中国红十字报》2018 年 4 月 13 日。

王帅、池子华:《金茂岳:毛泽东朱德周恩来题词的“红都名医”》,

《中国红十字报》2018年4月20日。
池子华：《柯棣华：从印度来的第二个“白求恩”》，《中国红十字报》2018年6月29日。
池子华：《高恬波：北伐救护队女队长》，《中国红十字报》2018年9月28日。
池子华、王帅：《他是一只“不死鸟”，毕生致力于全人类解放事业》，《中国红十字报》2018年11月13日。
池子华：《救护总队里的“西班牙大夫”》，《中国红十字报》2019年1月11日。
王帅、池子华：《马海德：“医林乔木，友好飞鸿”》，《中国红十字报》2019年1月18日。
池子华：《饱经风雨，彰显人道本色——中国红十字会115年的发展历程》，《中国红十字报》2019年3月8日。
池子华：《史沫特莱与林可胜——“伤兵之母”与她心中的“男神”》，《中国红十字报》2019年3月15日。
池子华、阎智海：《希尔达：别样的中国“红”》，《中国红十字报》2019年4月9日。
池子华：《宋庆龄与白求恩》，《中国红十字报》2019年4月16日。
池子华：《从合办到自立：中国红十字会的上海转型》，《上海师范大学学报》（哲学社会科学版）2019年第2期。